本书依据《教育部办公厅关于公布2021—2022学年面向中小学生的全国性竞赛活动》人文素养类作文竞赛获奖作品编写

我和我的祖国系列丛书

全国性竞赛活动作文类竞赛
获奖作品选集

（第一辑）

主编：葛东雷

·点评与写作指导·

·相关写作素材链接（课程思政融合案例）·

中央民族大学出版社
China Minzu University Press

图书在版编目（CIP）数据

全国性竞赛活动作文类竞赛获奖作品选集．第一辑／葛东雷主编．—北京：中央民族大学出版社，2023.6（2024. 3 重印）

（我和我的祖国系列丛书）

ISBN 978-7-5660-2228-8

Ⅰ．①全…　Ⅱ．①葛…　Ⅲ．①作文－中学－选集　Ⅳ．① H194.5

中国国家版本馆 CIP 数据核字（2023）第 101998 号

全国性竞赛活动作文类竞赛获奖作品选集（第一辑）

主　　编　葛东雷
责任编辑　戴佩丽
封面设计　舒刚卫
出版发行　中央民族大学出版社
　　　　　北京市海淀区中关村南大街 27 号　　邮编：100081
　　　　　电话：（010）68472815（发行部）　传真：（010）68933757（发行部）
　　　　　　　　（010）68932218（总编室）　　　　（010）68932447（办公室）
经 销 者　全国各地新华书店
印 刷 厂　北京鑫宇图源印刷科技有限公司
开　　本　787×1092　1/16　　印张：23.25
字　　数　387 千字
版　　次　2023 年 6 月第 1 版　2024 年 3 月第 2 次印刷
书　　号　ISBN 978-7-5660-2228-8
定　　价　132.00 元

编委会

前　言

2021年，教育部办公厅发布《2021—2022学年面向中小学生的全国性竞赛活动的通知》，加大了对人文素养类竞赛的支持力度，公布了6项作文竞赛。教育部规范竞赛活动，是为了全面落实党的教育方针，坚持社会主义办学方向，坚持立德树人根本任务，对提高学生的写作能力、语言表达能力起到了至关重要的作用。

“作文”一词，在《现代汉语词典（第七版）》中有两种解释，一是写文章，二是学生作为练习所写的文章。从古至今，“作文”都伴随着中国学生的成长，从古代的“科举”到今天的“申论”，都在强调“作文”对一个人命运的重要性。科举制兴起于隋朝，前后历经一千二百余年，中国古代科举考试主要有“墨义、帖经、策问、诗赋、杂文”五种考察形式，而文章写作在科举考试中占有重要的地位，往往是“一文定终身”。在现今公务员考试的申论科目中，也同样是在考察考生的文本分析能力和写作能力。企事业单位在选拔录用人员时，除了考察其专业能力外，同样注重考察面试者的语言表达能力、沟通交流能力、写作能力。现如今网络发达，人们获取信息的渠道日益增多，这对于写作而言是一件有利的事。作为语文教师，应该充分利用一切可利用的时间丰富学生视野，鼓励学生阅读中外名著，利用一切机会提高学生的写作能力和语言表达能力；作为学生，要多听、多读、多写，提高自己的阅读鉴赏与语言表达能力，重视写作，热爱写作，在写作中长本领。

我们相信全国各地一定有很多学生想要参加作文比赛，并以此为契机检验自己的写作水平，本书恰好将教育部竞赛名单中的6项作文竞赛部分院校的部分获奖作品选录在一起并出版，能够为广大师生提供借鉴和参考。希望本书能给大家带来启发，同时我们也希望未来能够收录更多学校、更多学生的优秀作品，进一步丰富这本书的内涵。

本书在每篇作品后设置点评与写作指导、相关写作素材链接（课程思政融合案例）两个模块。点评与写作指导是编委老师们针对作品给予的评价，同时也对这一类作文写作应该注意哪些问题提出了指导意见，具有极强的针对性。相关写作素材链接（课程思政融合案例）的设置能够进一步丰富写作素材，提高读者的知识储备和素材积累，做到举一反三。

在本书编写过程中，主编、副主编、编委认真挑选作品、修改作品，撰写点评与写作指导、相关写作素材链接（课程思政融合案例）等，温进等同学负责相关资料整理工作。编委会人员及工作单位如下：

主　编：

葛东雷　　北京工业职业技术学院

副主编：

徐　丰　　渤海大学附属高级中学
于　晓　　北京市第五十四中学
朱　丹　　北京工业职业技术学院
刘馨阳　　渤海大学
王一诺　　南开大学文学院
王一宁　　济源职业技术学院
闫　肃　　锦州市现代服务学校
王桂林　　盖州市陈屯学校
唐语笛　　杭州市申花小学
郭城坊　　朝阳师范高等专科学校
师文佳　　北大附中新馨学校
张　骁　　北京市一六一中学回龙观学校

于晓航　　大连市金州区城内小学
薛　冰　　辽宁大学文学院
敖日格乐　　青海民族大学铸牢中华民族共同体意识研究院

编 委:

丁洪伟　　辽宁省康平县高级中学
于淼淼　　杭州云谷学校
王玉玺　　辽宁省康平县高级中学
王封霞　　中央民族大学博士研究生
王鸿霞　　北京邮电大学附属小学
王　鑫　　渤海大学文学学士
田媛媛　　康平县融媒体中心
吕羿蒙　　中央民族大学博士研究生
任　雪　　鄂尔多斯职业学院
朱冬浩　　辽宁省康平县高级中学
刘　伟　　沈阳市浑南区实验小学
刘　宁　　康平县郝官屯九年一贯制学校
李中圃　　鞍山市立山区光明小学
李　梦　　中央民族大学博士研究生
李冬敏　　辽宁省康平县高级中学
张　琰　　深圳市新安中学（集团）外国语学校
张宝娣　　新民市职业中等专业学校
何冠熠　　北京工业职业技术学院
阿茹恒　　中央民族大学博士研究生
陈　雪　　盘山县高级中学
罗　翔　　渤海大学附属高级中学
赵书仪　　锦州市逸夫中学
赵明亮　　辽宁省康平县高级中学
钟美侠　　康平县悦明小学

姜文迪	康平县向阳小学
姜　赫	中央民族大学博士研究生
徐嘉怡	中央民族大学硕士
徐　璐	康平县郝官屯镇人民政府
高卿云	中国社会科学院大学博士研究生
郭香廷	中国人民大学附属中学第二分校
彭语盈	建昌县新区初级中学
韩亚超	辽宁铁道职业技术学院
鲁瑞瑞	中国人民大学附属中学朝阳学校
温　泉	康平县第二中学
靳则宏	河南广播电视台

本书依据教育部办公厅《2021—2022学年面向中小学生的全国性竞赛活动的通知》人文素养类作文竞赛获奖作品编写，但由于多方面原因，本次编辑出版的作品主要选自于北京工业职业技术学院基础教育学院学生的获奖作品，仅代表部分院部分校获奖作品质量与水平，文责由作者本人负责，特此说明。今后将逐步完善，争取收录更多学校的优秀作品。由于时间仓促，加之作品数量较大，难免有错误之处，欢迎大家批评指正。欢迎作文类竞赛获奖学生所在学校与我们联系，推选优秀作品，我们希望这本书的内容更加丰富，质量得到进一步提高（联系邮箱：502836283@qq.com）。我们衷心希望这本书能够发挥其应有价值，让更多的学生更加热爱阅读、热爱写作、热爱中国的语言和文字、热爱中华优秀传统文化，希望这本书能够让更多的人受益。

编者

2023年6月

目　录

3　全国中学生科普科幻大赛获奖作品选录…………………… 119

4 “叶圣陶杯”全国中学生新作文大赛获奖作品选录 …… 191

5 “语文报杯·时代新人说”全国中学生征文大赛获奖作品选录 …… 239

1 全国中学生
环境保护优秀作文征集活动
获奖作品选录

生态健康处处在　绿色环保在我心

王雪一

自然资源是人类生存和发展的基础。资源是一切可被人类开发和利用的客观存在。现实生活中我们需要合理利用自然资源和社会资源，实现人类的可持续发展。面对生态环境的保护，我们又应该怎么办呢?

据统计，我国煤矿资源回收率仅在40%左右，特别是小煤矿的回收率只有15%，可见浪费了多少资源。从1980年至2000年，全国煤矿资源浪费高达280亿吨！纵然我国自然资源丰富，但在工业快速发展的进程下，在经济利益的驱使下，人们无节制地开采早已违背了自然法则，自然资源的现状不容乐观。近几年来，人类对海洋资源的肆意索取和对海洋环境的破坏和污染，是鱼类数量锐减的主要原因之一。正是由于人类的过度捕捞，全球有25%的鱼类已经灭绝或者濒临灭绝。同时，由于人类生产活动所产生的废物和污染物大部分都排进了海洋里，破坏了海洋动物的生存环境以及一些其他动物的栖息地和繁殖地。这一情况直接威胁着大量海洋生物及鱼类鸟类的生命。雨果曾经说过："大自然是善良的慈母，同时也是冷酷的屠夫。"人类经常将自己周围的环境当作一种免费的商品，任意地糟蹋而不知加以珍惜。

但值得庆幸的是，我们已经开始认识到环保问题，并从自身做起！

在惠州，一条长约10公里、污水横流、臭气熏天的臭水沟，经过10个月的全面整治，如今实现了"河畅、水清、岸绿、路通、景美、人悦”。这一切，都源自惠州近些年来践行绿色理念，走绿色发展道路。再开新路，再添动力，再强措施。党的十八届五中全会提出了创新、协调、绿色、开放、共享的五大发展理念。“垃圾”也可以转化成资源，变废为宝。广州市的白云区废旧家具资源处理中心每月大约能处理500车次废旧家具。该中心还配备了专业拆解队伍，对废弃家具进行拆解，废木、废海绵、废弹簧等90%以上的可回收物都可以分离出来，用作生物质能发电、保温材料等。这一举措大大节约了资源，也减少了大部分固体废弃物的排放。

环境问题也是可以治理的。日本有十分之七的国土都是山地，降雨量大，水流急，历史上洪涝灾害严重。从20世纪50年代初开始，日本政府制定了一系列保护和发展森林资源的法律和法令，通过各种方式提高全民族的绿化意识。在多年的坚持和努力下，如今日本的城市掩映在绿林花丛之中，乡村更是郁郁葱葱。

另外，在我国，“三北防护林带”有效地控制了风沙的南侵，积累了人类战胜荒沙的经验。长江上游的植被重建工程历时二十余年，取得了较为显著的成效，最近又加大了重建的力度，划定了天然森林禁止砍伐区，扩大封山育林的区域。

习近平总书记指出：“绿水青山就是金山银山。”树立好全民环保意识，搞好生态保护和建设，就要大力培养人们的环保意识，要让人们正确认识到环境保护的重要意义。保护环境是全人类的义务，因为我们只有一个地球！

【此作品荣获第三届全国中学生环境保护优秀作文征集活动国赛一等奖】

（作者：王雪一　贯通2102班）

◎**点评与写作指导**

该作品以“环境保护”为主题，开篇就提出“要合理利用自然资源”，明确作者观点。接着作者运用客观数据和实例，准确直观地让读者认识到资源日益紧缺、环境日益恶化的现状，从而揭示保护环境的必要性。从我国自然资源到世界海洋环境，多角度选材，又具有代表性。再结合时政和新闻说明环境保护，重在行动。通过讲述发生在中外的实例告诉我们环境是可以被治理好的。层层深入，有说服力。最后引用习近平总书记的话实属点睛之笔，概括短促有力，发出号召。

写作此类文章时应注意结构严谨，由浅入深，行文时可参考本文的结构脉络。同时可以多积累“环境保护”主题的素材，近现代中外的事例都可以作为参考。坚持节约资源和保护环境是我国的基本国策，是近年征文常见的主题。因此在作文时也可引用相关的时政新闻，增强文章的时代性。

◎相关写作素材链接（课程思政融合案例）

位于云南大理的“高原明珠”洱海曾因污染而黯然失色，如今这里满目青翠、碧波荡漾。在洱海畔的喜洲古镇，美国人布莱恩·林登经营民宿已有10多年，他对其中的变化深有感触。“从前，生活污水不时沿着街边流淌，有些垃圾直接露天焚烧，洱海也被蓝藻暴发困扰。”为修复洱海生态，政府采取湿地恢复、退耕还林等措施，洱海水质有了显著改善，湖边还修建了漂亮的生态廊道。

（摘自《人民日报》）

美丽中国　双碳有我

宋晋辉

近年来，极端天气频发，气候条件恶化，温室效应越来越严重，环境恶化是自然给人类敲响的警钟。加强生态建设，实现绿色发展迫在眉睫。在这种情况下，2020年9月，我国在联合国大会上首次提出“双碳”承诺，“十四五”成为我国实现碳达峰的关键期和窗口期。“双碳”目标是指我国力争在2030年前达到碳峰值，2060年前实现碳中和。作为当代青年学生，我们要践行“双碳”有我的理念，实现美丽中国的愿景。

我国实现“双碳”目标时间急迫，低碳技术创新面临挑战。许多欧盟国家在20世纪90年代就达到了碳达峰，欧盟将碳中和目标定在了2050年。欧盟从碳达峰到碳中和跨越了几十年，美国也在2007实现碳达峰，他们也将碳中和定在了2050年，时间跨越了四十多年。而我国经济基础薄弱，我们只有三十年时间从碳达峰到碳中和，相当于欧盟国家时间的一半。由此可见我国想要达到碳中和的目标要比发达国家时间短、难度大、任务重，这是对我国的一项重大挑战。化石能源是我国主要的消费能源之一，其中煤炭是化石能源消耗的主体。而绿色低碳技术创新难、研发慢、费用高，相对于传统技术创新，低碳技术创新面临更大的研发困难，研发结果具有不确定性。

想要实现“双碳”需要优化能源结构、减少化石能源的使用和排放、加大绿色环保能源开发、加强生态环境保护。大力促进风能、地热能、潮汐能、太阳能等清洁能源的开发使用。对于一些重工产业进行改革，由高能耗、高污染、高碳排放转变成低能耗、少污染、低碳排放的模式。不断加大科技研发力度，通过技术创新来达到“双碳”目标。在出行方面，减少使用高耗能的传统交通工具，推进新型交通工具发展，或对传统公共交通工具进行改造，在民众中宣传低碳出行的理念。我们要贯彻国家新发展理念，促进生态环境保护，深刻理解“绿水青山就是金山银山”的生态理念，根据环境的差异选择适合的环境保护方式。与此同时，也要为动物保护好它们赖以生存的栖息地。

我国应积极将石化、冶炼、化工等方面引入碳市场，扩大碳市场应用领域，降低企业碳排放量，从而更快地减少碳排放，加快碳中和目标。国家相关职能部门需要出台相应的法律法规、产业政策来推动社会和企业逐步淘汰落后的产能和技术，使人们具有节约能源，绿色低碳环保的意识。“双碳”目标和经济发展并不冲突，朝着“双碳”目标前进时，不需要制约经济的发展。反之，经济发展也不能以牺牲生态环境为代价。国家要逐步探索在保护生态环境的基础上实现新发展格局的道路。

总而言之，要想实现碳中和、碳达峰，改变人们的理念、优化能源结构、改变产业布局，是实现经济社会绿色低碳转型的必经之路。

【此作品荣获第三届全国中学生环境保护优秀作文征集活动国赛一等奖】

（作者：宋晋辉 贯通2102班）

◎**点评与写作指导**

作品紧紧围绕我国应如何实现“双碳”目标这一主题展开，由提出目标的背景、面临的实际困难，到如何实现这一目标，由点到面，深入浅出，将实现“双碳”目标的措施讲得清楚明白。开篇直接入题，简明扼要，有代入感，能够给读者留下深刻印象。结尾一句“总而言之”收束全文，篇末点题。文章思路清晰，叙述详略得当，逻辑性强，紧扣主题。语言简练精准，通俗易懂，不失为一篇佳作。

写作这类文章时要注意站在读者的角度，首先理清概念，语言尽可能通俗易懂。材料选取要有典型性、代表性，同时要注意事例的客观性、准确性。在提出建议和号召时，可以从身边的常见事例入手，能够使读者更有代入感。

◎相关写作素材链接（课程思政融合案例）

关于“双碳”，我们能做什么？

为了人类社会的可持续发展，碳减排势在必行，这已经成为各个国家的共识。2020年9月，中国也加入了减排大军。那么，为了实现“双碳”目标，我们可以做些什么呢？

在生活中，尽量乘坐公共交通工具，少开私家车。购物时自带环保购物袋，少用或不用塑料袋，减少塑料污染。使用空调降温时温度不要过低，有需要时尽量购买低能耗家电或新能源车辆。

如何才能做到环境保护

王 焱

地球是我们赖以生存的家园，她养育着我们全世界76亿人口。同时，世界上任何的动植物也离不开她。随着世界经济的发展和科技的进步，人类逐渐走向高科技时代，而环境污染的影响也随之而来。为了保护我们美丽的地球，建设生态文明，加快形成绿色发展模式和生活方式，我们要减少对大自然的污染、加强自然环境保护、提高大众的环境保护意识。

保护环境，首先要减少对大自然的污染。一提起污染，我们可能首先会想到工业废水。工业是我国国民经济的主导产业，是推动国家发展的重要部分。但工业发展产生的废水对大自然的破坏也是巨大的，它会增加地下水的硬度和其中的有害化学物质，影响地下水的使用。地下水的污染，会间接给人们的身体健康带来危害，所以要尽量减少工业废水的排放。其次，有害气体的排放也是造成环境污染的因素之一。如今，我们的生活水平逐渐提高，出行方式也发生了改变，大多数普通家庭已经开上了汽车。汽车虽然能够让生活更高效，节省人们的出行时间，但是它排放出来的气体会对空气造成污染。过量的二氧化碳会形成温室效应，导致冰川融化、海平面上升等问题。所以，我们尽量选择自行车或公交车等绿色的出行方式。

加强对自然环境的保护也非常重要。水是万物之源，不可或缺。可以说，没有水就没有生命的存在。所以，我们要加强对水资源的保护。可以大力发展绿化，增加森林面积，滋养水源。还可以利用污水进化技术，把污水进化成中水，达到回收利用的目的。不仅是水资源，植物对环境也有很大的帮助。研究表明，一棵树一年可以吸收大约18.3千克的二氧化碳。如果把陆地上空余的地方都种上树，那么它们提供的氧气是不可估量的，这会给陆地上的动植物带来很大的益处。陆地和海洋也是息息相关的。保守估计，全世界每年流入海洋的垃圾可达到850万吨，这给海洋生物带来了巨大的影响。每年因为海洋垃圾而死亡的生物不计其数。

大众的环境保护意识是决定自然环境是否良好的重要因素。在日常生活中，我们有很多方式可以节约资源，从而达到保护环境的目的。比如用洗完食物的水来清洁地面，或者用洗完衣服的水来冲厕所。在大街上不乱丢垃圾，扔垃圾时做好正确的垃圾分类。另外，还可以加大环保工作的宣传力度等等。如果能把每个地方都当成自己的家，那么我们的家园将会得到前所未有的改变。保护环境是我们每个人的义务和职责，让我们为建设美丽的家园共同努力吧！

【此作品荣获第三届全国中学生环境保护优秀作文征集活动省赛二等奖】

（作者：王焱 贯通2102班）

◎**点评与写作指导**

文章标题即抛出主题——环境保护的措施。本文以“环境保护”为中心论点，站在宏观角度提出三个观点，论述时采用客观具体的事例作论证，最后发出号召。是一篇主题明确、思路清晰的议论文。首段交代背景，提出了三种保护环境的措施，为后文的展开作了铺垫。接着文章层层分析，面面俱到，就减少对大自然的污染、加强自然环境保护、提高大众的环境保护意识这三个方面展开论述，逻辑性强，有说服力。最后面向未来，提出希望，有感染力。

写作议论文时要注意论点鲜明准确，论据合理充分，结构安排详略得当。论据可分为事实论据和道理论据。常用的论证方法有举例论证、道理论证、比喻论证、对比论证等。

◎相关写作素材链接（课程思政融合案例）

感动中国：绿树植荒山——杨善洲

2011年“感动中国十大人物”获奖者杨善洲是为人民群众奉献一生的党的基层干部。1988年6月，杨善洲在退休后主动扎根大山，在大亮山带领大家义务植树造林，这一干就是22年。建成面积5.6万亩，价值3亿元的林场，并将林场无偿捐赠给国家。2010年10月10日15时08分，杨善洲逝世，享年83岁。

杨善洲获得“全国绿化十大标兵”“全国绿化奖章”“全国老有所为先进个人”等众多荣誉，被誉为“活着的孔繁森”。2019年，杨善洲获得“最美奋斗者”荣誉称号。

为何环保　如何环保

李　誉

自原始社会起人类文明不断发展，人类也不断对环境进行改造。到工业革命时期，人类改造环境的速度明显加快。到了上世纪末，人类对于环境的改造导致了环境不同程度的破坏。改造环境应当在保护环境本身协调发展的基础上进行，满足不同程度的生存需求，以及科学技术和社会经济发展的需要。像这样能够达到发展经济的目的，同时保障了生态持续性的发展方式被称为“可持续发展”。因此，环境保护成为了人类可持续发展的首要目标，是决定人类未来能否实现可持续发展的重要条件。

对不同的环境要采取不同的保护手段。要从环境类型、环境内容、破坏程度、破坏类型等多种角度来确定如何保护环境。

对于陆地环境，可以采取措施管控森林植物资源的开发。首先对低矮植物进行研究，当发现其中有植物属于濒危物种，或对自然界生态有重要影响，如大量小型动物或昆虫等其他生物的生存需要这种植物时，则必须对其进行保护。而人类对高大树木等大型植物进行生态恢复时，则需要通过限制树木砍伐，对因开发而导致大量树木减少的林区进行恢复。还可以通过植树造林的方式保护森林资源。森林是陆生态的重要支撑，不仅对空气的更新起到重要作用，更是各种生物的栖息场所。过度开发陆地的矿产资源也会造成对环境的破坏，滥采滥用矿产资源会污染环境、影响生态。例如，煤炭的过度使用就会导致大量二氧化碳等气体排放，造成温室效应，导致大气污染日渐严重。

对于海洋环境，各国应当对人们肆意捕捞海洋生物的行为进行管控。此外，人类曾在海洋中排放大量污水，目前仅有少数国家及自发性组织对其采取举措，进行回收处理。各国都应当积极参与海洋环境的保护。

目前，温室效应问题也是大气环境中最紧迫的问题。低碳已成为当前人们生活的主要方式，节电、节水、节油、节气等行为都属于我们现在所倡导的低碳生活。低碳生活不仅仅是一种生活方式，更是一种积极生活的态度。

新的科学技术和生产方式也在推进着环境保护向前发展。例如采用生物技术，秸秆也能造纸，这是树木造纸的可替换方向，有利于保护森林资源。现在，新能源汽车已经比较普及，其中最常见的就是以电力作为驱动的汽车。纯电动汽车的优点有零排放、在行驶中无废气排出、不污染环境、噪声小等。不过，纯电动汽车的缺点也阻碍着其推广，例如充电时间长，有些城市充电桩数量少等等。这些问题需要通过技术不断革新来解决。

环境保护离不开国家的引导。国家不仅仅要关注现在，更要关注未来。要树立“环境保护没有完成时，只有进行时”的观念，无论如何都应当坚持环境保护是发展的一部分。在环境保护中，企业尤为重要。企业应当积极推动“双碳”目标及其他环保目标的实现。企业应当树立环保责任感，环境保护不是一种营销手段，而是造福地球所有生命的伟大举措。世界上有许多优秀的企业，例如美国的苹果公司、亚马逊等企业，他们的大楼设计都与自然紧密贴合。苹果公司的大楼内部几乎没有空调，而是通过特殊的物理通风结构来解决温度的问题。

在这个世界上，每个人、每个国家，都应当为保护环境贡献一份力量，都应当提高保护环境的意识。我们都是这个世界上的一员，我们来自自然，所以我们不应当破坏它，要明白如何与自然和谐共生，这样才能够不断地向着未来持续发展。

【此作品荣获第三届全国中学生环境保护优秀作文征集活动省赛二

等奖】

（作者：李誉 贯通2101班）

◎点评与写作指导

该作品围绕着“环境保护”这一主题，探讨陆地、海洋、大气等不同环境下不同的环保措施，明确了环境保护的责任主体，紧扣标题“如何环保”，条理清晰，首尾呼应，结构严谨。语言虽不华丽，但好在质朴真切，平易近人。作者选取的事例都能够有力地支撑作者的观点，恰到好处，有代表性，能够体现出作者丰富的阅读经验和素材积累。结尾处升华主题，照应前文，有感染力。

在写作过程中，表达观点时一定要注意思路明晰，由点到面，详略得当。观点和观点间要有内在联系，由浅入深。在材料的选择上，首先要确定事例的真实性、准确性，其次就是能否辅佐、支撑、证明观点。

◎相关写作素材链接（课程思政融合案例）

在传统农业中，处理秸秆最主要的途径就是焚烧。但焚烧秸秆不仅大大降低了秸秆的使用率，造成资源浪费，还会对空气造成严重污染。由此可见，秸秆再利用是保护环境，提高资源利用率的主要途径。在这样的背景下，秸秆造纸的方法应运而生。使用此种方法造纸时不需要进行漂白工序，在变废为宝的同时还节约了纸张的生产成本，同时也减少了漂白工序对人体健康的损害。

水光山色

刘　露

雨果说："大自然是善良的慈母，同时也是冷酷的屠夫。"大自然，这个我们赖以生存的家园，如水，能载舟，亦能覆舟。

青山环绿水，白云缀蓝天。从古至今，我们在地球母亲的怀抱中得以生存，单是山的秀丽，海的辽阔，花的芬芳，就足以让我们感受到生命的鲜活。中华上下五千年的文化在地球上代代相传。我们在地球上繁衍生息，地球妈妈也用甘甜的乳汁哺育着我们一代又一代人。

"水光山色与人亲，说不尽，无穷好。"李清照一言道尽了这人与山水之情。曾经，环境保护在绝大多数人眼中是无用之事。在追名逐利的道路上，人们将唯一的地球村破坏得满目疮痍。人类出于自己的私心，一味地追求利益，将她折磨得天昏地暗，让她流着痛苦的眼泪。于是，地球爆发了。因为人们乱砍滥伐，她降下沙尘暴；因为人们浪费资源，乱排废气，她生气地让全球气候变暖，冰川融化；因为人们向溪流里倒污水，她流着泪引发赤潮水华…… 当工业革命的瘴气笼罩了蓝天，当病树前头再没有万木之春，人们方才醒悟：我征服了一切，却站在墓群中间。曾经被认为是无用之事的环境保护竟是我们生存发展的重中之重。

好在，为时不晚。现在，我们对环境保护的意识已经逐渐增强了。习近平总书记指出，绿水青山就是金山银山。正像总书记所说的，环境的价值重如泰山。我们应该打好蓝天保卫战，守护我们的家园，让李清照诗中的“无穷好”能够再次变成现实。

我们应像保护眼睛一样保护生态环境，让世间万物可以在骄阳下焕发出勃勃生机。从《中华人民共和国环境保护法》的公布到停止进口洋垃圾的禁令，再到全国推行垃圾分类的举措；从片面追求经济效益、破坏生态环境，到实施可持续发展战略…… 我国为保护环境做出了巨大努力。从光盘行动到拒绝使用一次性餐具，再到绿色出行，我们每个人也都在为保护环境做力所能及的小事。我相信，在国家与个人的共同努力下，地球母亲千疮百孔的身体一定会痊愈。让我们伴着“千里莺啼绿映红”共同奔向那“绿树村边合，青山郭外斜”的美好生活。

【此作品荣获第三届全国中学生环境保护优秀作文征集活动省赛三等奖】

（作者：刘露 贯通2105班）

◎**点评与写作指导**

作品开篇引用雨果的名言，吸引读者阅读兴趣，直接引出本文主题——保护自然环境，守护地球母亲。前半部分道出环境现状及原因：各种污染都是人们咎由自取；后半部分结合时政新闻及国家方针政策，说明保护环境的举措。结尾点题，首尾呼应，升华主旨，感染力极强。文章多用排比句，增强语气语势，是一篇集抒情、描写、议论于一身的佳作。文辞优美，语言清新秀逸，令读者印象深刻。

在议论中如何穿插抒情？首先要情真意切，忌虚情假意。直接抒发内心所想所感，文章中自然有真情流露。其次要点到为止，忌矫揉造作。议论性的文章还是应以阐述作者观点为主要目的，切不可一味堆砌华丽辞藻。此外，还要注意平时多积累作文素材，才能言之有物。

◎相关写作素材链接（课程思政融合案例）

垃圾的种类

根据《公共机构生活垃圾分类工作评价参考标准》，垃圾可分为可回收物、其他垃圾、厨余垃圾和有害垃圾。可回收物主要包括废纸、塑料、玻璃、金属和布料五大类；其他垃圾（上海称干垃圾）包括除上述几类垃圾之外的砖瓦陶瓷、渣土、卫生间废纸、纸巾等难以回收的废弃物及尘土、食品袋（盒）；厨余垃圾（上海称湿垃圾）包括剩菜剩饭、骨头、菜根菜叶、果皮等食品类废物；有害垃圾含有对人体健康有害的重金属、有毒的物质或者对环境造成现实危害或者潜在危害的废弃物。

（摘自百度百科）

一棵小草的祈祷

张煜瑶

我是一棵无名的小草，
在白云下轻轻地摇。
远处的松林是我的朋友，
陪伴我的还有潺潺的小溪和唱歌的小鸟。
有时候，我们什么都不用说，
静静地躺在阳光下，
世界就如此美好！

那一天，阵阵轰鸣打破了拂晓，
那个月，松林被连根拔起，机器日夜喧嚣，
那一年，几十根烟囱高高耸立，
冒出的黑烟赶走了盘旋的小鸟。
我不明白发生了什么，
只能对天上的明月诉说自己的困扰：
渺小的我们也值得拥有家园，
为什么我们不能和谐地一起迎接清风和晚照？

后来啊，天空的雾霾让人们戴上了口罩，

偶尔湛蓝的天空，仿佛是上一世遗落的珍宝。
人们终于拆除烟囱，请回了松林、芦苇、连翘，
重新流淌的小溪旁，鸟儿又唱起了久违的歌谣。
……

我愿我的真心能化作一串风铃，
每一阵风吹过，都能重复我最虔诚的祈祷：
保护环境就是保护自己，我们都是地球母亲的骄傲。
我的祈祷穿越万水千山，暮暮朝朝，
亲爱的人们啊，
你们可曾听到！

【此作品荣获第三届全国中学生环境保护优秀作文征集活动省赛三等奖】

（作者：张煜瑶 贯通2005班）

◎点评与写作指导

该作品借物抒情，韵律和谐，结构工整，是一首构思巧妙、贴近生活的现代诗。作者站在“小草”的角度，即“小草”就是作者自己。以“小草”的心理活动为主线，借“小草”之口，如歌谣般唱出了生灵因生态环境改变而变化的感受，表达了“保护环境就是保护我们自己”的主题，情真意切，妙笔生花。在修辞上，作者运用了拟人、比喻、铺排等手法；在描写上，本诗运用了动作描写、心理描写、细节描写、语言描写、正侧面描写相结合等手法，抓住细节，写出情思。

诗歌的语言要求用最简洁的词句来传达尽可能丰富的内容，因此诗歌的语言必须凝练，概括性、跳跃性强。塑造诗歌形象时，可采用白描、渲染、衬托、联想与想象等多种方法。

◎相关写作素材链接（课程思政融合案例）

中国现代诗歌

中国现代诗歌是指五四运动以来的诗歌，主要指新体诗。其特点是用白话语言写作，表现民主、科学的新的时代内容，打破旧诗词格律的束缚，形式上灵活自由。最初试验并倡导新诗的杂志是《新青年》，继之《新潮》《少年中国》《星期评论》等刊物也发表新诗。其倡导者和初期作家主要有胡适、刘半农、沈尹默、周作人、俞平伯、刘大白等。

（摘自百度百科）

低碳生活=生活习惯

陆雨姗

习近平总书记曾指出：“我们要倡导绿色、低碳、循环、可持续的生产生活方式”“建设天蓝、地绿、水清的美丽中国，让人民切实感受到发展带来的生态效益。”党的十八大以来，习近平总书记倡导的绿色低碳生活理念已然深入人心，正逐渐改变着人们的思想观念和生活方式。

那么，什么是低碳生活呢？首先，我们需要知道什么是低碳。随着世界工业经济的发展，世界气候面临越来越严重的问题。二氧化碳排放量越来越大，全球灾害天气频发，已经严重危害到人类的生存环境和健康安全。人类曾经引以为豪的高速增长或膨胀的GDP也因为环境污染、气候变化而大打折扣。低碳生活（low carbon living）则是指减少二氧化碳的排放，低能量、低消耗、低开支的生活方式，主要是通过节电、节气和回收三个环节完成。

我们如何正确地做到低碳生活？在日常生活中，尽量地节约水电资源，尽量绿色出行，尽量少使用一次性用品。这些行为说起来简单，但在生活中能够真正做到却是不容易。就拿节电这一项来说，有数据表明每节约一千瓦时电，相当于节约4升淡水、400克煤，约减排10克二氧化硫、1000克二氧化碳。如果我们每个人都能做到随手关灯、节约用电，那么我们每天能够减少很多二氧化碳的排放。这也能反映出低碳生活的养成其实就是一种生活习惯的养成，是一种节约身边各种资源的习惯。古人云：

“居安思危，戒奢以俭。”勤俭节约是中华民族千百年来的传统美德，而节约用电是每一位公民的社会责任。城市居民长期以来形成的生活习惯和消费模式，在短时期内确实难以改变。在这种惯性生活模式下，推行低碳生活也可能会带来不便，但这些并不能成为市民拒绝低碳生活的理由。当然，低碳并不意味着刻意节俭、刻意放弃一些生活享受。低碳生活与提高生活水平并不冲突，其中关键是找到结合点，探索低碳、可持续的消费模式。

低碳生活需要我们改变以消耗大量能源为代价的“面子消费”。由于人们将现代化生活方式片面理解为高自动化，日常能源消耗越来越高：机动车、电梯、大而无当的房子、高脂肪的饮食……一个人在生活中浪费的能源和排放的二氧化碳数量看似微小，但放在14亿人口的世界人口大国里，就变成了天文数字。低碳生活并不一概反对享受，而是提倡节制。“勿以恶小而为之，勿以善小而不为。”这个训诫同样适合我们对低碳生活的态度。

低碳生活将成为我们今后长期推行的生活模式。我们要从身边的点滴做起，践行低碳生活方式，让低碳生活成为我们每个人承担社会责任的体现。

【此作品荣获第三届全国中学生环境保护优秀作文征集活动省赛三等奖】

（作者：陆雨姗 贯通2107班）

◎点评与写作指导

该作品标题新颖，直接表达主题：践行低碳生活，我们就需要改变一些固有的生活习惯。开头引用总书记的话，将主题、观点与时政热点相联系，增强文章时代感。紧接着解释何为“低碳”“低碳生活”，前后连贯，言之有序。文章主体部分紧紧围绕主题，举实例说明如何从身边的小事做起，改变生活习惯，做到低碳生活。在论证过程中，还反驳了“低碳生活就是降低生活水平”这一误区，逻辑严谨，难能可贵。纵观全文，结构严密，说理引人入胜，事例有代入感，不失为一篇佳作。

作此类文章，在明确概念时要做到语言简洁、通俗易懂。这一部分作为铺垫，目的是引出文章主体内容，不能喧宾夺主。要注意文章有详有略，详略得当。

◎相关写作素材链接（课程思政融合案例）

古人勤俭节约的名言

1.财有限，费用无穷，当量入为出。——颜之推

2.强本而节用，则天不能贫。——荀子

3.奢者狼藉俭者安，一凶一吉在眼前。——白居易

4.侈而惰者贫，而力而俭者富。——韩非子

5.一粥一饭，当思来之不易；半丝半缕，恒念物力维艰。——朱伯庐

6.历览前贤国与家，成由勤俭破由奢。——李商隐

7.夫君子之行，静以修身，俭以养德，非淡泊无以明志，非宁静无以致远。——诸葛亮

美丽中国　环保有我

于梓涛

现代社会的环境质量迅速恶化，导致全球性的环境问题频发。比较典型的例子有水土流失、乱砍滥伐、大气污染等等。从古至今，地球一直为人类提供生存的必要条件。在古代，人们也会有破坏环境的行为，所以生活在当下的我们更应该保护环境。

在石器时代，人类学会了用火，靠打猎和采集维持生命。因为当时的生产力低下，所以人们不得不共享劳动成果，导致人口自然增长率偏低，污染物排放几乎为零。生产力低下导致的环境问题较少，主要是人类乱采乱摘，滥用资源。新石器时代之后，距今大约七千至五千年时，人们发展了农业，开始饲养家畜，生活逐渐稳定。但人们在利用土地来自给自足的时候，同样也在改造自然。砍伐树林来开垦荒地，过度耕种等都会让土壤的肥力下降，造成水土流失、土地贫瘠和土地荒漠化，甚至引发沙尘暴。古代留下的那些恢弘气派的古建筑，例如故宫等有名的皇家建筑物，有很多都是木质房屋。建造的工程量可以说是巨大的，而建筑所需的木料都是砍伐树木得来的，所以每一次建造大型建筑都是既劳民又伤财的事情。我们如果以现在的环保观念来看前人的所作所为，帝王家的这些决定显然是破坏环境的。正是因为前人没什么环保观念，不懂得保护环境，所以我们才更要贯彻新发展理念，绿色出行，践行“绿水青山就是金山银山”的思想。

人类经过一步步的探索、一点点的进步，终于来到了近现代工业阶段。十八世纪六十年代，工业革命开始，现代工业和科学技术突飞猛进，给人类社会带来了空前的繁荣和璀璨的文明，也给人们的生活带来了翻天覆地的变化。人类探索的范围也逐渐扩大，上至外太空，下至海洋深处。但同时，工业革命带来的还有环境的恶化。科技进步，社会兴盛，随之而来的就是人口剧增。人们为了扩大城市而破坏自然环境，工厂的废弃物也给环境带来严重污染，就连人烟稀少的两极地区也有臭氧层破坏的现象。人类正在加剧破坏地球环境，正在毁灭自己的生存家园。二十世纪初，一些资本主义国家为了进一步发展生产，获得利润，建立了很多生产高效的污染型企业。到五十年代，石油和有机化学工业污染使得环境问题发展成了社会普遍性问题。五十年代以后，人类社会开始全面发展现代化工业。人们进入到了环境严重污染的时期，正在“慢性自杀”。

好在二十世纪七十年代以后，人们逐渐开始重视环境保护。各国都采取了不同的措施，我国就在2020年9月明确提出碳达峰与碳中和的目标。这个目标需要我们每个人都付出努力，低碳出行、节约用水、垃圾分类等都是我们做出贡献的方式。习近平总书记说过：“生态兴则文明兴，生态衰则文明衰。”生态文明的灿烂是人类社会进步的体现。生态文明其实就是工业文明的进阶，生态文明的建设关系到中华民族永续发展的根本大计。为了解决环境污染问题，我们应该行动起来，为碧海蓝天，青山秀林而努力奋斗！

【此作品荣获第三届全国中学生环境保护优秀作文征集活动省赛三等奖】

（作者：于梓涛 贯通2107班）

◎**点评与写作指导**

该作品以人类社会的发展进程为经线，选择人类社会发展的转折点，讨论社会发展与环境污染的关系，并以此为纬线。紧紧围绕“一味求发展导致环境污染”这一中心，既有宏观视角，又有具体分析，前后连贯，结构严谨。在大历史观下讨论社会发展和环境污染的关系证明作者有足够的历史知识储备作为支撑，同时能够做到详略得当，不喧宾夺主。最后得出结论“发展不能以破坏环境为代价”，逻辑性强。由此可见，作者掌握了一定的写作技巧。

写作“环境保护”主题的文章，可以从微观入手，举身边的实例，使读者有代入感。如果要站在宏观角度，则需要有足够的相关知识储备作为支撑。因此需要加强素材的积累与运用。也可以两种角度相结合，会使文章更有说服力。

◎相关写作素材链接（课程思政融合案例）

秦始皇在统一全国，建立了大秦王朝后，横征暴敛，奢侈无度。修建阿房宫就是这其中的一个代表，大兴土木劳民伤财，百姓怨声载道。为了修建这一座庞大的宫殿，秦始皇下令征调狱中的罪人、刑徒共70余万人作为劳工，陕西各个地方的石料和巴蜀之地的木材纷纷被运输到关中。阿房宫占地纵横有150多千米，有朝宫300多所，函谷关以东有400多所。这些宫殿全都加以雕刻，涂抹丹青颜料，看起来富丽堂皇，气势雄伟。到秦始皇去世时，阿房宫仍未落成。

一本日记

路凯杰

“实现碳达峰、碳中和，助力全球绿色低碳转型。”这是习近平总书记在2020年9月提出的宏伟愿景。其实，低碳生产、绿色生活这一构想，早已来到我们身边。今天无意中翻开那本跨越十年有余的日记，我猛然发现：这就是“公交迷”的环保日记啊！

2021年2月25日 天气 多云

今天是个值得纪念的日子，因为今天是老路的五十岁生日，也是父亲工作的第二十五年纪念日，同时，也是他职业生涯中第四次换车的日子。而我，又顺理成章地成为父亲今天第一班车的第一个乘客。

“小路儿，你来了？别找了，老路也换车了。那不是嘛，老路正捣腾充电桩呢！”

“谢谢您，阿姨再见！”

“爸，我来了！”我三步并作两步上了车，“第一次坐纯电动公交，好兴奋！”车开了，我感觉今天的路途和之前不一样了。仔细听，原来是引擎的轰鸣声小了。用心嗅，天然气燃烧产生的硫化物的气味也消失不见了。

“爸，原来那辆车我记得上线还不到十年，怎么就换了？”

“国家号召节能减排，低碳环保，咱公交就得实行，今年新车基本都是这种的。以后肯定还有柴油车、天然气车等等，不过应该都变成混动车了。它们有个新名词叫什么 …… 清洁能源，对。”父亲对着后视镜里的我说，“短期内可能会有很多困难，不过喊了这么多年节能减排，也因为这个换了好几辆车，以我父亲‘纵横北京’这二十年的经验来看，这一切都是值得的。毕竟，清新的空气和湛蓝的天，谁能不向往呢?”

“哈哈哈 …… ” 我和父亲都笑了。

2014年4月3日 天气 晴

今天，我和妈妈遇到了爸爸开的公交车。我很高兴，因为爸爸换车了，车上没有以前那样刺鼻的味道了，尾气也小了。“爸爸，你的车真好。”我高兴地说。“那当然了，天然气车的排放比原来低了好多，更环保了。”爸爸说。“什么是环保啊? 为什么要环保呢?”我有些疑惑。爸爸指着天说，“你看，蓝蓝的天好看吗? 环保，说白了就是为了让全世界的小朋友都能看到这么蓝的天。你懂了吗?”

“懂啦!”我笑着说。

2008年5月1日 天气 晴转多云

今天，我和奶奶在去公园的路上遇见了爸爸开的大公共汽车。这是我第一次坐爸爸的车，爸爸的车真的好大，车厢好大，车里的味道也好大，尾巴上冒的烟也好大。被风一吹，都刮进了车厢里面了，熏得我睁不开眼睛，肚子里还有点恶心，我差点就吐出来了。爸爸说，这是汽油和排出的尾气的味道。我不理解，为什么公共汽车要加汽油呢? 要是像我的玩具车一样用电池驱动该多好。

……

这本跨越了十年的日记记录了我的童年，也记录了这十几年间，公交车的环保之路。

大量的碳排放，势必会加剧温室效应，致使全球气候进一步恶化，所以人类必须发掘更加清洁的能源。实现碳达峰、碳中和，需要我们共同努力。

【此作品荣获第三届全国中学生环境保护优秀作文征集活动省赛三等奖】

（作者：路凯杰 贯通2010班）

◎点评与写作指导

该作品以日记的形式，从父亲开的公交车由燃油改变为新能源的小事入手，讲述了国家大力发展新能源，节约资源，保护环境的改变。国家政策体现在一辆车的改变上，以小见大；日记形式新颖，十分吸引读者，激发阅读兴趣。语言平实日常，十分口语化，让读者感觉亲切，有代入感。作者在作品中运用了大量的语言描写，既符合日记的特点，又能表现出鲜明的人物性格。此外，作者运用的倒叙手法能够让读者更鲜明地感受到节能减排给生活带来的变化。

写日记时，首先要注意日记的格式。其次注意搜集材料，平时的生活和见闻是我们写日记的重要内容。写日记还要合理安排材料，日记不是流水账，一定要详略得当，条理清晰，层次分明，言之有物。

◎相关写作素材链接（课程思政融合案例）

2015年3月16日，国家发改委、财政部、科技部等23个部委召开了针对战略性新兴产业发展的部际联席会议。新能源产业、新能源汽车产业等七大产业已成为我国重点培育的战略新兴产业。新能源作为中国加快培育和发展的战略性新兴产业之一，将为新能源大规模开发利用提供坚实的技术支撑和产业基础。

汽车新能源环境污染、能源紧张与汽车行业的发展紧密相联，国家大力推广混合动力汽车，汽车新能源战略开始进入加速实施阶段，开源节流齐头并进。

（摘自百度百科）

共赴环保之约

谢奇芮

“时代的一粒灰，落在个人头上，就是一座山。”随着经济的发展和时代的变化，环境问题越来越严峻，逐渐成为全球性危机。全球变暖、冰川融化、海平面上升等等，这些都是大自然给人类敲响的警钟。个人之力虽然微薄，但可能产生的影响极大。在我们的日常生活中，做一件微不足道的小事，也能为环境保护出一份力。

当清晨的第一缕阳光照耀在大地上时，她们早已忙碌在城市的各个角落。我时常被楼下的社区保洁阿姨惊醒，通过窗户可以看到她瘦小的背影，她左一步，右一步地移动着自己的脚步，扫帚扫在地上的沙沙响声，像是在奏响劳动乐章的每一个音符。从树上掉落下的树叶显得格外活泼，像是在邀请阿姨一起舞蹈。一场大自然独有的美妙歌舞会，让我蠢蠢欲动。借着倒垃圾的机会，我迫不及待地下楼感受大自然的乐趣。提上垃圾走下楼，碰到要去上班的邻居，他还未走到垃圾站旁边，右手已经直接将垃圾扔进了垃圾箱，纸杯中还未喝完的咖啡飞溅在垃圾箱周围。一个看似“潇洒”的动作，却给保洁阿姨带来了麻烦。阿姨看到后急忙走过来，她把手伸向黄马甲口袋里，掏出一块破烂不堪的毛巾，认真擦拭着垃圾箱上的咖啡污渍。这时，一位父亲也带着小朋友来扔垃圾。小朋友用手遮住鼻子，小跑过去，踮起脚，费力地将垃圾扔进了垃圾箱，父亲批评小朋友道，“这里不是有保洁阿姨吗？直接扔在地上，她会收到垃圾箱里的。你这样扔多脏啊？”小朋友听后笑盈盈地回答：“老师告诉我们，垃圾要分类。保护环境，人人有责，你不懂！”

眼前的情景，让我一下少了兴趣，眼前不再是美丽的画面。一个只要多走一步，就可以将垃圾直接扔进相应的垃圾箱里，减少保洁阿姨的工作量；另一个作为孩子的启蒙老师，在教育上的不称职让我汗颜。我走向垃圾站，将我带来的垃圾按照垃圾分类说明正确分好。阿姨看到后微笑着对我说：“姑娘，好样的！”“应该的，阿姨。您辛苦了，我们应该带头做好！”看着阿姨忙碌的背影，我顿时想到，如果没有了她们，我们生活的环境会是怎样的？我们的家园会是怎样的？我们的世界会是怎样的？必定会有堆积成山的垃圾、臭气熏天的气味、飞来飞去的苍蝇……正是有了她们，我们的环境才会变得越来越好。保洁阿姨们为我们的社区建设做出了不可磨灭的贡献。

2020年9月，“碳达峰”和“碳中和”首次被写入政府工作报告。近段时间以来，我国碳达峰、碳中和工作稳步有序推进，在顶层设计和政策执行等层面都取得了积极成效。力争2030年前实现碳达峰、2060年前实现碳中和，统筹国内国际两个大局做出的重大战略决策，是着力解决资源环境约束突出问题、实现中华民族永续发展的必然选择，是构建人类命运共同体的庄严承诺。

保护环境可以从身边的点滴小事做起。例如垃圾分类、骑共享单车、节约用水等行为都是保护环境的有效措施，能够让我们树立保护环境的意识。人人都应爱护环境，保护我们共同的家园，让绿草如茵，让天空更蓝，让山水如画，共赴环保之约。

【此作品荣获第三届全国中学生环境保护优秀作文征集活动省赛三等奖】

（作者：谢奇芮 贯通2004班）

◎**点评与写作指导**

作品从“我”倒垃圾时的所见、所感和与社区保洁阿姨所说这一件小事入手，表达了“保护环境可以从身边的点滴小事做起”的主题。文章语言优美，事例真切感人，描写细致入微，运用了语言、动作、心理、细节描写等描写手法和对比衬托的表现手法，极具感染力、表现力。故事结束后，作者引入与主题密切相关的时政热点，即“双碳”目标，以此来增强文章的真实性和时代感，也更有利于在文章结尾处呼吁人们一起从身边的小事做起，保护环境。照应开头，首尾呼应，前后连贯。

在叙述实例时，可以通过表现人物的动作、外貌、语言、心理、神态等，让人物形象更加丰满。在叙述后，应加入自己的感受或发出号召，以此来强调或升华文章主旨。

◎相关写作素材链接（课程思政融合案例）

关于环境保护的名人名言

1. 大自然是善良的慈母，同时也是冷酷的屠夫。—— 雨果

2. 人们常常将自己周围的环境当作一种免费的商品，任意地糟蹋而不知加以珍惜。—— 甘哈曼

3. 大地给予所有的人是物质的精华，而最后，它从人们那里得到的回赠却是这些物质的垃圾。—— 惠特曼

4. 我们违背大自然的结果是，我们破坏了自然景观的美，自然动态的美和天籁的美。—— 诺曼·卡曾斯

5. 地球所提供的足以满足每个人的需要，但不足以填满每个人的欲望。—— 甘地

绿色中国，低碳行动

刘丰源

山水如画，万物关情。每一滴水，每一棵草都和我们一样存在于天地之间。“万物各得其和以生，各得其养以成。”大自然是包括人在内的一切生命的摇篮，是人类赖以生存发展的基本条件。因此保护环境很重要，低碳行动从我做起。

环境对人类生活有着重要影响。二氧化碳等温室气体的排放增多，导致温室效应加剧。首先，夏天异常炎热的天气会大大增多，高温会把地表的水蒸发到大气中，最终变成暴雨降落回地表。这就造成世界各国暴雨、洪水频发。一些地方大量降雨，而另一些地方却越来越干旱。因为空气越高，能容纳的水分就越少，所以热空气会从土壤和植物中汲取水分，这就使某些地区的河流和田地干涸，导致农作物减产，出现粮食危机。其次，高温会引发山火，比如像澳大利亚的森林火灾。除此之外，还可能引发大气污染、海平面上升、泥石流等自然灾害。因此，环境对于人类至关重要，人人都要珍惜环境，爱护环境。

中国在践行低碳环保理念这件事上一直贡献着自己的一份力。我国的目标是在2030年之前，碳排放达到峰值，不再增长，开始下降；在2060年之前，实现净零排放。简而言之就是碳达峰和碳中和。以前我们日常生活中用的电大部分都是由煤炭烧出来的，生产过程中会产生大量的碳排放。而清洁能源就可以缓解这个问题。在这一领域，中国清洁能源的开发和利用规模稳居世界第一。中华民族向来尊重自然、热爱自然，在新时代“创新、协调、绿色、开放、共享”的新发展理念的指引下，中国继续采取有力行动，超额完成“十三五”规划纲要确定的生态环境九项指标，生态环境保护取得了显著成效。中国把生态文明建设放在突出地位，努力建设人与自然和谐共生的生态文明，从保护自然中寻求发展机遇，坚定不移走高质量发展道路，坚定不移增强人民福祉。积极参与全球环境治理，为全球可持续发展贡献中国智慧和中国力量。

为了实现碳达峰与碳中和，中国正发展低碳技术，大力加强对低碳技术的科学研究，引进先进的相关理论和技术，努力实现低能耗、低污染、低排放。同时优化产业结构，促进中国低碳经济的发展，建设资源节约型、环境友好型社会。

低碳行动，有你有我。我们应该积极响应国家的低碳减排号召。在日常生活中可以采取步行或骑自行车的方式来减少开车的次数，从而降低二氧化碳的排放。使用可降解塑料袋，节约粮食等。尽量不使用一次性物品，减少垃圾的产生，防止污染环境。用我们的行动来挽救地球，让我们的生活多一点绿色、少一点污染，多一点节约、少一点浪费。

绿水青山就是金山银山。从生态文明改革的“四梁八柱”逐步完善，到绿色发展理念融入生产生活，再到美丽中国成为社会主义现代化强国的宏伟目标之一，一幅山清水秀、人与自然和谐共生的秀美画卷正徐徐展开。

【此作品荣获第三届全国中学生环境保护优秀作文征集活动省赛三等奖】

（作者：刘丰源 贯通2105班）

◎**点评与写作指导**

该作品从多个角度阐述了保护环境、低碳生活的必要性和措施，主题明确，前后呼应，内容生动丰富，详略得当，语言亲切、清新，朴素而不落俗套，不失为一篇佳作。开篇构思巧妙，引用荀子的话，能够吸引读者阅读兴趣。接着阐述“环境对人类生活有重要影响”的意义，为下文介绍

“中国是如何践行低碳环保理念的”作了铺垫。而下文这一部分主要是围绕中国的“双碳”目标，语言精练，通俗易懂，可读性强。

在写作时，想引用某句古诗词或古人的话前，要先明确这句话的意思，再确认能否运用在作品中支撑自己的观点。最后，凡是引用的句子，要用双引号标明，同时要注意双引号在文中的使用规则。

◎相关写作素材链接（课程思政融合案例）

厄尔尼诺与拉尼娜现象

进入20世纪70年代后，全世界出现的异常天气，有范围广、灾情重、时间长等特点。在这一系列异常天气中，“厄尔尼诺”潮流起着重要作用。厄尔尼诺现象是发生在热带太平洋海温异常增暖的一种气候现象，大范围热带太平洋增暖，会造成全球气候的变化。在厄尔尼诺现象发生后，拉尼娜现象有时会紧随其后。

拉尼娜现象也称为反厄尔尼诺，气象学家用以指赤道太平洋东部和中部海表温度大范围持续异常变冷的现象。

（摘自百度百科）

美丽中国　圆梦有我

董　响

我国在治理环境的问题上始终坚持“绿水青山就是金山银山”的理念，坚持节约资源，保护环境的基本国策。“我们既要绿水青山，也要金山银山。宁要绿水青山，不要金山银山，而且绿水青山就是金山银山。”

在钢筋水泥混凝土架起的灰色丛林，霓虹灯替换了那参天大树，高楼大厦替换了那绿油油的草地，人造湖替换了那澄澈的河流。只剩下那最后经人工修剪的绿化植被在彩色的城市里兀自摇摆。可见，环境问题变得日趋严重，保护环境成为了当下第一要务。

对于保护环境，我们应坚持“绿水青山就是金山银山”的理念。我国提出必须加强环境的治理与生态修复工作，重新恢复绿水青山。还将“绿水青山就是金山银山”的理念与乡村振兴战略结合，在治理环境的同时让人民过上好日子。

对于保护环境，我们应坚持人与自然和谐共生。我国云南有个少数民族叫做哈尼族，哈尼族人民重视保护森林资源，在他们看来，只有保护好森林，梯田里才会有源源不断的水滋养。他们将村寨建在森林下方的山凹中，山头森林涵养水源，流过村庄，流进梯田，流到河谷，河谷里雾气升腾，通过降雨又回到山林，循环往复。哈尼族人民通过文化习俗和水利管理措施保护森林、节约水资源，在滋养梯田的同时，也保证了农业生产和群众生活用水。

对于保护环境，我们应秉承绿色低碳的环保理念。国家引导低碳为导向的能源开发利用新机制，加快推动传统产业向绿色低碳转型发展。地处北京市石景山区的首钢以前是我国重要的工业生产地，然而为了首都的蓝天白云，首钢实现了从“火”到“冰”的转变。数年前，首钢搬迁到河北曹妃甸，从此首钢园区的工业遗产保护与创新科技和体育融合到一起。如今的首钢，已成功实现转型，为北京冬奥会的成功举办贡献了巨大的力量。今天，凤凰涅槃、浴火重生的新首钢已成为北京城市复兴和转型的重要标志，也是我国老工业基地调整改造和振兴发展的生动缩影。

作为新时代的我们更应树立节约资源、保护环境的意识，不断加强自身文化素养，努力学习科学文化知识，为美丽中国的建设贡献自己的力量。美丽中国，圆梦有我。

【此作品荣获第三届全国中学生环境保护优秀作文征集活动省赛三等奖】

（作者：董 响 贯通2105）

◎**点评与写作指导**

文章开头引用习近平总书记的话，指出“绿水青山”的重要性。第二段“霓虹灯替换了那参天大树，高楼大厦替换了那绿油油的草地，人造湖替换了那澄澈的河流”运用排比，语言优美。接着分别从三个层面提出具体做法：坚持绿水青山就是金山银山的理念、坚持人与自然和谐共生、加强绿色低碳的环保理念。在论述中列举了具体事例，例如哈尼族保护森林资源和首钢成功转型的案例。这样使文章真实可感，更具有说服力。结尾结合新时代青年的身份，提出了切实可行的倡议，具有号召力和感染力。

写作议论文时，要选取可以支撑论点的事例，可以选取历史事件、重大的新闻事件、名人事迹或启发人心智的生活真实事件。恰当事例的运用能够增强文章的说服力和感染力。

◎相关写作素材链接（课程思政融合案例）

德国鲁尔区空气治理案例

曾经的德国鲁尔区工业发达，废气排放严重，导致汽车都无法通行，严重危害了人们的身体健康。随后，当地政府统一规划，对污染企业污水、废气排放进行了限制；努力开发清洁能源；促进园区产业结构升级，大力发展旅游业。在政府、企业、个人的共同努力下，鲁尔区终于重现了蓝天。现在的鲁尔区拥有多家环保企业，绿茵环抱，环境优美，空气宜人。

环境需要人类的保护

王羿裻

法国著名作家维克多·雨果曾经说过——自然不仅是位慈爱的母亲，还是个冷血的屠夫。这句话的意思是，如果人类善待自然，那么自然也会与人类和谐共处；但如果人类破坏自然，那么自然就会狠狠地报复人类。

在人类破坏自然的事件中，有这么一件事十分有名，那就是“1952年伦敦烟雾事件”。英国是典型的温带海洋性气候，虽一直受众多雾气的侵扰，却并不严重。但自从十九世纪末工业革命起，英国的烟雾就越来越多。后来渐渐地，人们发现了这些烟雾的危害。这些烟雾并不是自然形成的，而是因为工业革命后，工厂和人类的生活大量使用煤炭，人们又不注重保护环境，从而产生废气，这些废气的危害十分巨大，不仅造成了英国首都伦敦的交通瘫痪，而且伦敦人民的健康也受到了严重的影响。吸入这种气体的人，均出现了胸闷、窒息等不适现象，人们的发病率和死亡率也大幅度上升，在短短几日，就有4000余人成为此次事件的牺牲者。这些种种，一度让英国民众人心惶惶。但好在，山穷水尽疑无路，柳暗花明又一村。不久后，有一阵大风来到这个被烟雾困扰的城市，吹散了这些恶魔似的烟雾，结束了这次可怕的事件。后来，这件事被列为了20世纪十大环境公害事件之一。

我国前两年也是因为环境保护不当遭到了雾霾的侵扰。雾霾的到来不仅威胁到了我国几亿人民的身体健康，而且造成不少“人才外逃”的现象，使很多专业人才出国移民。雾霾的重灾区在我国中东部，那里是我国经济最繁荣，人口最多的地方。因此，那里人力资本也是最多、质量最好的。相应地，它也是“人才外逃”的频发地。这一现象加剧了我国东西部发展不平衡，使我国经济发展速度放缓。

但好在，我国政府在意识到环境污染的危害后，积极寻找补救措施。相继出台了《大气污染防治行动计划》，扎实推进主要污染物减排，突出源头预防和生态保护，施行垃圾分类等一系列措施。使我国在环境保护方面越做越好！

地球是我们每一个人的家，它在过去180万年里一直勤勤恳恳的庇佑人类的成长。而地球环境的保护就是人类头上的达摩克里斯之剑，这关乎地球是否能继续庇护着我们。“保护环境，人人有责”，这是人们常说的一句话。但是，它并不单单只是一个口号，更是环境保护的一个妙计。只要我们一点点的从生活小事做起，节约用水、垃圾分类……我们的地球才会健康而又美好！

【此作品荣获第三届全国中学生环境保护优秀作文征集活动省赛三等奖】

（作者：王羿袭 贯通2104）

◎**点评与写作指导**

开头引用法国著名作家雨果说过的话，很自然地把读者带入了环保这一主题。然后列举了20世纪十大环境公害事件之一的英国烟雾事件。影响力大，公信力强，易于引起读者的思考和重视。接着又运用对比手法，写出我国出台环保政策前后的雾霾情况，凸显了环境保护的重要性，深化了主题。中外事例结合，治理前后对比，增强了文章的感染力。结尾呼吁，收束全文。整体内容简洁明了、浅显易懂，但意义深远。文章层次清楚，中心明确。

引用事例可以增强文章的说服力和感染力，便于表达观点、抒发情感。需要注意的是叙述事例时语言应当精简，或在事例的叙述中穿插议论，夹叙夹议；或简要叙述后多加议论。

◎相关写作素材链接（课程思政融合案例）

《大气污染防治行动计划》的十条主要措施包括：①加大综合治理力度，减少多污染物排放；②调整优化产业结构，推动产业转型升级；③加快企业技术改造，提高科技创新能力；④加快调整能源结构，增加清洁能源供应；⑤严格节能环保准入，优化产业空间布局；⑥发挥市场机制作用，完善环境经济政策；⑦健全法律法规体系，严格依法监督管理；⑧建立区域协作机制，统筹区域环境治理；⑨建立监测预警应急体系，妥善应对重污染天气；⑩明确政府、企业和社会的责任，动员全民参与环境保护。

（摘自360百科）

觅林栽

侯子木

我天生对世界有着特别的感受，在冷冰冰的钢铁森林中，我感受到了阵阵哀鸣。我在灰蒙蒙的世界中摸索，企图找出那让我倍感压抑的感觉，是路边的绿化带？是脚下的土地？我感觉我找到了，它，是自然。

人类不断肆意的砍伐树木，植被减少，无数动物失去家园，森林逐渐成为荒漠，这让本来不起眼的尘埃成为笼罩城市的猛兽。过度开采矿石，给大地留下千疮百孔的伤痕。河道边工厂悄然生息地建立，你还能够想起原来河水是什么颜色吗？不仅如此，河道边出现大量白色塑料袋，这种材料还不易分解，对土地造成严重污染……我听着它不断一一陈述这事实，解释显得苍白无力，人类的行为不知对它的伤害有多大，这些伤害最后也会深深的危害到我们人类身上。我心里默默对它说，“等等，再等等，我们正在努力”。

叶子绿了，我在通往成长的路上碰到了它，看到了它完整的模样，它是那么蓝，我停下脚步听它这几年的风霜。它许久未见地上人们的模样，雾霾遮挡住了它的视线，风沙遮盖住了它的模样。我跟它说我们一直在变好，国家加大力度推动减少大气污染，减少排放量，推动我们国家的碳达峰碳中和的目标。习近平总书记指出“生态环境保护是功在当代，利在千秋的事业”，我们全国上下都在为此而努力，近几年我们推行垃圾分类措施，这样做能减少回收成本，促进循环利用，减少不必要的污染，如果我们都能把垃圾分类当成日常习惯，那么河流植被也会得到改善。我们骑上自己的小单车，拧住滴水的水龙头，捡起扔在地上的塑料瓶，我们环境的未来就会变了样。环境保护不仅仅需要国家的努力，也需要我们大家在行动上积极改变。

蓝天白云，我怀着心中所想来到森林赴约，发现森林瞒着我变了样，清澈的河流，欢快的鸟叫，还有那人们的欢笑。没想到还有很多温柔的人，每棵树下都有人悉心照料。这宽阔的林中原本有很多工厂，但为了我们生态环境的改变，全部拆除。林中的树木让我感受到春天的风，传达出对美好的盼望，它说见到了我们的努力，你看，那一群可爱的人们在栽树，种下的树木肯定会长成参天大树，我笑着说是啊，那群少年未来也会贡献出自己的力量。我望着森林天边冉冉升起的太阳，我们的路还有很长。

【此作品荣获第三届全国中学生环境保护优秀作文征集活动省赛三等奖】

（作者：侯子木 贯通2107）

◎**点评与写作指导**

本文是一篇倡导植树造林、更好保护环境的作品。无论是思想性还是艺术性都是很高的。作品读后让人久久回味。构思巧妙，运用拟人手法深化了主题；情节也是颇具匠心，整篇文章的叙述结合生活实际。引用习近平总书记的话，具有说服力。面对现实，让读者自然而然的去体会，去回味，去深思。语言简洁，字字都在敲击着读者的心扉，不失为一篇佳作。

写作时恰当地使用修辞手法可以为文章增添色彩。例如，运用比喻可以化平淡为生动、化深奥为浅显、化抽象为具体；拟人能把物写活，使人印象鲜明，便于抒发感情。

◎**相关写作素材链接（课程思政融合案例）**

稻草人非常尽责任。要是拿牛跟他比，牛比他懒怠多了，有时躺在地上，抬起头看天。要是拿狗跟他比，狗比他顽皮多了，有时到处乱跑，累得主人四处去找寻。他从来不嫌烦，像牛那样躺着看天；也从来不贪玩，像狗那样到处乱跑。他安安静静地看着田地，手里的扇子轻轻摇动，赶走那些飞来的小雀，他们是来吃新结的稻穗的。他不吃饭，也不睡觉，就是坐下歇一歇也不肯，总是直挺挺地站在那里。

（摘自叶圣陶《稻草人》）

保护环境，建设美好家园

侯佳睿

“别忘了垃圾分类啊”我妈嘱咐到，我简单的应付了一句，就提着一袋袋的垃圾出门了，心里想着真麻烦，这不是多此一举吗，都是垃圾，还有必要分类吗，到了垃圾分类站，我像以前一样把不同类型的垃圾扔到不同的桶里，这时看见了一位妈妈带着一位大概七八岁的孩子来扔垃圾，小男孩刚准备把垃圾都扔进一个垃圾桶里，却被他妈妈及时叫住了，并教他垃圾分类，小男孩儿很疑惑，问妈妈为什么要垃圾分类，他妈妈说为了保护环境，为了让我们生活的地球更加地美丽，小男孩儿点了点头，开始认真的分了起来。

是啊，为什么要垃圾分类？我打开手机开始查了起来，原来在我们生活中所产生的许多生活垃圾都是不易降解的，但是通过垃圾分类就可以减少垃圾的数量，把有害垃圾单独分出来防止污染环境，还可以把具有利用价值的垃圾进行回收再利用，节省资源，原来垃圾分类这么有用啊！

我刚放下手机，就听到旁边的爷爷和奶奶在聊天气，说北京这几年的空气质量大有进步，雾霾也是大大减少，人们的身体也越来越健康，是啊，随着城市的发展，污染也越来越严重。

那么该如何倡导绿色、环保、低碳的生活方式，保护生活环境，让我们健康的生活，这个问题党和国家给出了答案，那就是“双碳政策”，所谓“双碳”，就是碳达峰和碳中和，国家全力争取在2030年前实现碳达峰，也就是碳排放量达到顶峰，在2060年前实现碳中和，就是指我们生活中产生的二氧化碳可以通过植树造林、节能减排等方式抵消掉自身产生的二氧化碳，这样就相当于是零排放了。

有这么好的政策，那我们又该如何去响应政策呢？我们要从小事做起，从自己做起，要知道环境保护的重要性，要意识到环境保护需要大家一起努力，从小事做起，节约用水，随手关灯，垃圾分类，多乘坐公共交通出行，这些看似微不足道的小事，却可以给环境保护做出巨大的贡献。

我突然就明白了垃圾分类的道理，我们不是为了别人而分类，而是为了自己的生活环境能够更加美丽，我也积极报名了垃圾分类志愿者这一职位，愿意为保护环境献出自己的力量，也希望同学们可以积极参与到保护环境的工作当中，作为新时代的中学生，未来国家的建设者，为了我们和后辈们的生活环境，保护环境，不就应该从我们做起吗？

【此作品荣获第三届全国中学生环境保护优秀作文征集活动省赛三等奖】

（作者：侯佳睿 贯通2102）

◎**点评与写作指导**

文章开头先声夺人，激发了读者的阅读兴趣。形式新颖，从而引出本文要说的主题。在行文中为我们科普了垃圾分类的作用，为我们介绍了国家提出的“双碳政策”，结合时事，激发人们的环保意识，并且告诉我们应该如何响应国家政策。文章结尾号召人们垃圾分类，和开头相照应，以反问作结，发人深思，达到“言有尽而意无穷”的效果。整体来看，主题鲜明，以小见大，层层递进，逻辑性强。

写作时，可以充分运用政策方针，结合时事政治，使文章能够把握时代脉搏，具有权威性。这就要求我们小作者平时不仅要用心读书，还要多关注时政热点，培养家国情怀。

◎相关写作素材链接（课程思政融合案例）

垃圾分类的作用：垃圾分类是垃圾终端处理设施运转的基础，实施生活垃圾分类，可以有效改善城乡环境，促进资源回收利用。应在生活垃圾科学合理分类的基础上，对应开展生活垃圾分类配套体系建设，根据分类品种建立与垃圾分类相配套的收运体系、建立与再生资源利用相协调的回收体系，完善与垃圾分类相衔接的终端处理设施，以确保分类收运、回收、利用和处理设施相互衔接。只有做好垃圾分类，垃圾回收及处理等配套系统才能更高效地运转。垃圾分类处理关系到资源节约型、环境友好型社会的建设，有利于我国新型城镇化质量和生态文明建设水平的进一步提高。

（摘自360百科）

寻共存之道　沃自然之木

杜心怡

绿色是生命的象征、大自然的底色。现在绿色代表生活的希望、人民的期盼。当今世界，绿色发展已成为一个重要趋势，也是中国特色社会主义应对生态环境恶化客观现实的大力贡献。

2005年习近平总书记提出“绿水青山就是金山银山”，就是要坚持保护生态环境的发展理念。只有牢固树立生态保护意识，让个人改掉乱扔垃圾的习惯，才能让企业在发展中认真做好节能减排，才能让追寻绿色成为全社会的风尚。

森林被誉为“地球之肺”“大自然的总调度室”。因过度开荒、采伐、放牧，又遭遇大大小小的火灾，使得森林面积大幅度减少。1984年初国家鼓励个人承包治沙，石光银成为陕西治沙造林第一人。漫坡郁郁葱葱，不仅让毛乌素沙漠披上了绿装，也让当地人民找到了生态、经济、民生、利益平衡点，低碳生活充分发挥了“金山银山”的经济社会效益。

纯净、无污染的空气对人类的健康非常重要。现代工业和科技快速发展虽然创造了现代文明，却给大自然造成巨大伤害。工农业发展排放的大量有毒有害污染物会污染大气、水源和土壤，破坏生态平衡从而影响我们的生活环境。他们带来的极大健康隐患成为我们迫切需要面对的问题。当我们面对雾霾天空的时候，我们才知道干净的空气有多么重要。而新冠病毒更让我们彻底认识到疾病的可怕，疾病的预防必须要从环境保护、清洁空气开始。

水是生命的源泉。工业废水的排放、化学废料的滥用、垃圾的任意倾倒……生活污水的巨增，使河流变成阴沟和污水池，水荒向人类敲响了警钟。同时海水也是自然资源的重要组成部分，为人类发展提供了丰富的资源。然而近年来对海洋资源不合理开发，导致了海洋日益遭受严重的污染，物种减少、生物多样性遭到破坏，赤潮频发和水质恶化等。从用水后及时关闭水源到废水再利用，减少水分蒸发和水分流失，我们应该保护和节约每一滴水。

对于我们青少年来说该如何保护环境呢？

从我们衣食住行里来说，当你去买东西时自己携带环保袋，从而减少塑料袋的使用；当你外出上学时选择步行或搭乘新能源汽车，减少汽车尾气排放；当你用餐打包时，使用自己的保温饭盒从而减少一次性产品使用……

“积力之所举则无不胜也，则智之所为则无不成也”①，保护环境不是一句空洞的口号、不是遥远的愿景，是我们每一个人在日常生活中都可以参与、行动的事情，这样生态文明才能真正的得到实现。

【此作品荣获第三届全国中学生环境保护优秀作文征集活动省赛三等奖】

（作者：杜心怡 贯通2108）

◎**点评与写作指导**

本文字字珠玑，句句润心，可见作者感悟之深，文笔之美。开篇引用习近平总书记的话，强调了保护环境的重要性，又分别从个人、企业、社会的角度阐述如何贯彻环保理念，层层展开，具有针对性。文章主体部分运用三个并列段强调了“地球之肺”森林、纯净空气和“生命源泉”水的重要性。接着又结合青少年自身实际，指出具体做法，切实可行。结尾引

① 出自汉代刘安的《淮南子·主术训》。

用刘安《淮南子·主术训》中的话，呼吁我们每个人都要参与到环境保护中去。

在文章中使用排比段，在结构上可以使层次分明、脉络清晰。在内容上可以使叙事透辟，条分缕析。还能达到抒情酣畅，语势强劲的作用。总之，从结构到语言，都能给读者带来耳目一新的感觉。

◎相关写作素材链接（课程思政融合案例）

治沙英雄郭万刚是第八届全国道德模范，他的家乡位于甘肃省古浪县，曾经是当地最大的风沙口，多少代人艰难地与黄沙作斗争，多少庄稼葬送在黄沙里，多少条鲜活的生命都消逝在风沙里。1981年他的父亲郭朝明和贺发林等五位老人组建了八步沙集体林场，治沙初具成效。随后他从父亲手中接过了这把“铁锹”，继续守护着这片土地。就这样，郭万刚四十年如一日坚守林场，将治沙作为自己的使命，现在八步沙林场每年完成治沙造林近3万亩，为家乡带来了绿色，在不毛之地的腾格里沙漠上建起了一道绿色屏障。

科学减碳　绿色发展

王　昱

近年来，“低碳环保”这个名词渐渐出现在人民群众眼前，这个热门的话题一直以来都是大家关心的问题。

随着国家实力不断增强，科技稳步发展，综合国力大幅提升。但同时也带来了许多问题，资源过度开发，有毒物质被排放，天空不再那么蓝，空气也不再清新。国家深刻认识到保护环境的重要性，全面加强生态环境保护，打好污染防治攻坚战，提升生态文明，建设美丽中国。

党的十八大以来，以习近平同志为核心的党中央把生态文明建设作为统筹推进“五位一体”总体布局和协调推进“四个全面”战略布局的重要内容，开展了一系列工作，推动生态文明建设和生态环境保护从实践到认识发生了历史性、转折性、全局性变化。在国家、政府和全国人民的不懈努力下，全面节约资源，有效推进大气、水、土壤污染防治行动计划深入实施，生态系统保护和修复重大工程进展顺利，生态文明建设效果显著。

那么环境污染会带来什么样的后果呢？

在2019年，有着“地球之肺”之称的亚马逊雨林发生火灾，巨大的烟雾笼罩天空，使天空变成灰蒙蒙的，大火持续燃烧了17天。该场大火已导致全球一氧化碳和二氧化碳的排放量明显飙升，不仅对人类健康构成了威胁，还加剧了全球气候变暖，一系列连带后果不堪设想。

我国为了人民的幸福，民族的复兴，实施了很多项“低碳环保”的方案。

在2022年，备受瞩目的冬奥会开始了，这次冬奥开幕式上，张艺谋导演不再使用2008年奥运会那样用熊熊烈火点燃主火炬的方式。这次冬奥所点燃的方式叫“一叶知秋”，主火炬是一朵雪花，但是这一朵雪花是由90个参加的国家和地区组成的小雪花，最后一棒把火炬往中间一放，它就是主火炬。以往奥运会的火炬都是大火炬，需要燃放好几天，而这次不再需要任何点火方式，充分体现了“低碳环保”的理念。

不仅如此，国家在其他方面也采取了“低碳环保”措施，餐具、塑料袋使用的是可降解材料，比赛场所涂抹的防护涂料也是安全、无异味的，不会对人体造成伤害。

总而言之，国家在保护环境，低碳环保方面做出了巨大努力，时时刻刻都在践行可持续发展战略，就像习近平总书记指出的：绿水青山就是金山银山。不能牺牲环境而发展科技，就让我们共同守护这美好的地球。

【此作品荣获第三届全国中学生环境保护优秀作文征集活动省赛三等奖】

（作者：王昱 贯通2109）

◎**点评与写作指导**

作品以低碳环保这一热门话题切入，发散式布局全文，脉络清晰。文章先是点明我国生态文明建设统筹推进的工作方向，指出环境污染带来的一系列恶果，后又列举“低碳环保”方案各项举措，例如冬奥会小火炬的设计和可降解材料在生活中的广泛使用。最终发起低碳生活的倡导。文章旗帜鲜明，紧跟时代发展主题，聚焦环境保护热点，作者时事积累丰富，笔法老道。

写作时可以从多主体进行分析，不仅可以选取国家大政方针作为指引，还可以指出在当前形势下企业应该如何去做、个人如何去做。多角度、多层次分析，做到条理清晰、全面具体、层次分明。

◎相关写作素材链接（课程思政融合案例）

“低碳生活”就是减少二氧化碳的排放，倡导的是更健康、更绿色的生活方式。其实每个人都可以在日常生活中实现“低碳”，例如，减少开车出行，尽量走路、骑车或乘坐公共交通工具；少使用一次性餐具、塑料袋以及方便筷子；随手关灯，节约用电；减少家居设备的待机时间。只有人人都从自己做起，低碳生活，才能实现碧水蓝天。

净

马炘楠

车已经行驶进了青海，我降下车窗玻璃，感受着流淌在车内裹着热气的湿润气流，其中还夹杂着盐湖的清新味道。我闭上眼睛，仅凭嗅觉就已经在脑海中描绘出水上雅丹的画面：一片饱和度随阳光变化的碧绿，可以填满视线所及之处的整片湖面，水中伫立着经历了上千年风化形成的风蚀林。在来到青海之前，我的思绪就无数次的飞向这里，一直憧憬着这片陌生的净土。

随着我的思绪戛然而止，我抬眼就看到了出现在我眼前的水上雅丹。看到眼前浮现出的景象的那一刻，只存在于我脑海中，虚无缥缈的空缺才得以被填补完整。原来我幻想中的留白，是为了给予我身处此地时真切的感受留下的一席之地。

我感受到阳光倾洒在我身上。我站在水边，湖水伸手可掬，碧蓝色的水面纯净清澈，洁白的云朵在湖中投下倒影，似揽镜自照，湖天浑然一色，连成一体。仿佛人类与大自然已融为一体。有水的地方总能吸引来鸟类栖息，成群的水鸟和野鸭在水面盘桓，飞起又落下。它们并不惧人，且极愿与人亲近，越是人多的地方，它们越聚拢去凑热闹。在如此燥热的夏天，我站在水边却没有感觉到任何因酷暑而带来的不适，只感受到了舒适和平静。

此刻，我站在夏日之间。

驻足久了，我心中竟生出了一丝感动。感动于大自然对人类的馈赠，又或许是感动于人类对这片净土的细心保护。这片净地像是自然留下的一滴干净纯粹的眼泪，其中饱含着细腻的情感。

下午时分，我才不舍地离开这里，我将启程通过独库公路前往新疆。

在途中，我经过了曾经红极一时的著名打地 —— 茶卡盐湖。但是如今这里已经被层层封锁。这里一直被众多的旅行者喻为“天空之镜”。“置身于盐的世界，漫步湖面如行走云端之上，水映天，天接地，人在湖间走，宛如画中游。”然而随着网红景点的名声越来越大，慕名而来的游客也是越来越多，便衍生出了众多问题，造成了环境的污染。据相关旅游数据显示，有时赶上旅游旺季，一天能清理出12吨垃圾。因为人类对这里过度的破坏，导致了这片盐湖在一年后宣布禁止游客进入。此时的茶卡盐湖仿佛已奄奄一息。不知道经过了一段时间维护的茶卡盐湖是否已恢复生机。但是我深刻地知道，人类对自然的破坏在一定程度上是不可逆的，我心生惋惜。

人类对自然所造成的每一次伤害最终都会反馈到人类本身，对自己的生命之源浑浑噩噩便是最大的无知。

离开青海后，我们行驶在独库公路上，这条公路过半以上地段横亘崇山峻岭、穿越深川峡谷，连接了众多少数民族聚居区。我靠着玻璃，看着窗外呼啸而过的景色在车辆快速的行驶过程中变得模糊。我又一次降下车窗，新鲜的空气包裹着青草的香气拥挤着冲进车内。自由的、放肆的风好像是在和我们以及所有行驶在这条公路上的旅人比赛。我深吸一口气，清楚地感知着我所身处的这个空间，公路边的野草都被赋予着鲜活的生命。也使成片的干旱荒漠焕发出灵动的生命气息。

我感受着大自然的气息又回想起因为环境遭到严重破坏而被迫闭园保护的茶卡盐湖，人类世界与自然环境，本是同根同源，浑然一体。人与自然之间既不应是此强彼弱的拉锯战，也不应是你死我亡的残忍斗争。

【此作品荣获第三届全国中学生环境保护优秀作文征集活动省赛三等奖】

（作者：马炘楠 贯通2107）

◎点评与写作指导

文章选材小中见大，运用对比的手法写出了现存的“净”太少，而后让作者感受了“净”的美妙。开头语言华丽，为我们描绘了一个美轮美奂的水上雅丹，使读者仿佛置身于美景之中，充满了遐想。接着笔锋一转，让读者跟随作者到另个曾有“天空之镜”美誉的茶卡盐湖，由于旅游者的妄为，“奄奄一息”的茶卡盐湖被层层封锁，前后对比鲜明，触动读者的心灵，增强人们的环保意识。文章论述详略得当，过渡自然。结尾和开头相呼应，浑然一体，深化主题。

对比是将对应的事物进行对照比较，能使作品形象更鲜明，主题更突出，思想感情更深刻。写作环保主题的作文时可以适当地运用对比手法，将曾经美好的环境与被破坏的环境进行对比，或将破坏的环境与整改后的环境进行对比，唤醒人们的环保意识。

◎相关写作素材链接（课程思政融合案例）

近年来旅游景点环境被破坏的新闻屡见不鲜，各种食品垃圾随意丢弃在山上、塑料袋漂浮在美丽的水面上、八达岭长城城墙被破坏、丹霞地貌被人为踩坏、乐山大佛被毁坏……这样的事情层出不穷，导致许多景区纷纷关停。根本原因在于游客素质低下，要改变这样的局面，首先要加大宣传力度，为民众科普旅游景区自然环境和人文环境的独特性，一旦破坏将难以恢复，加强人们环境保护意识，从根源上杜绝此类事件的发生。其次，景区也要加大巡查和管理力度，规范游客行为。最后，在全社会形成保护环境、文明旅游的新风尚。

美丽中国，双碳有我

李政儒

人类数百万年来所居住的家园，为什么总会遭受到地震、海啸、台风等灾难的毁坏呢？其实造成这些原因的罪魁祸首就是我们人类自己，人类每年甚至每日都会大量地伐木，没有了树木的保护，沙尘暴、洪水等自然灾害就会接踵而来。人类的房屋会被破坏，人们的生存环境会面临更大威胁，还有人类对空气以及环境的污染，大自然都会产生各种灾难来“惩罚”我们。

一个小小的塑料袋，有些人会不以为意，到处乱扔并不会觉得有什么问题，可是根据研究显示，垃圾袋对环境污染的危害极大，当它进入到土壤之中，首先会造成土壤的板结，这样会影响到农作物吸收土壤中的养分和水分，因此会导致大量农作物的死亡。又或是当你所生活的城市，每天街道上都有成堆的垃圾在湖泊、铁道、树枝上，这些也会给我们的视觉带来不良的刺激，所以还会觉得没什么问题嘛？这些被你随手丢掉的垃圾，终究会对你的生活带来不良的影响。

当代人们虽然每天都在倡导保护环境，守护我们每个人的家园，但是有些恶人我们依然无法管控，那么我们就只能先做好自己，努力带动更多的人保护环境。作为高中生的我们，应该从现在做起，从我们自身诸如少用或不用塑料袋，将垃圾分类等生活的小事做起。大事做不来，小事又不做，无助于环境污染的改善。问题的解决，需要人人都动手参与，在提高全民环保意识的同时，努力去做我们现在可以做到的，才有可能为我们自己赢得更加美好的生活环境，为我们的下一代留下一个更加美好的世界。

地球是我们人类的家园，也是我们每个人的母亲，我们依赖它，探索它，这个星球是多么美丽呀，所以我们爱护它。真正验证我们的不是言辞，而是行动。虽然我们现在只能做到一些非常微不足道的事情，但是我坚信人人都坚持，自然会给我们应有的回报。

浮尘阴霾脚何时停歇，酸雨地陷何时不再肆虐？杨柳依依，山清水秀，绘一幅秀丽的画卷。停下破坏的脚步，轻轻鸟鸣，明月清风，谱一曲地球欢歌，呼唤低碳生活，美丽地球，保护家园，从现在开始！

【此作品荣获第三届全国中学生环境保护优秀作文征集活动省赛三等奖】

（作者：李政儒 贯通2107）

◎点评与写作指导

全文层次清晰，语言通俗易懂，行文舒展自如，中心明确。作者从严峻的现实问题入手，使人们充分意识到如今亟待解决的问题——环境保护。以小见大，从生活中一个不起眼的垃圾袋写起，表现了滥用、乱扔垃圾袋的不良后果，告诉我们环保要从小处入手，“勿以恶小而为之”，且人人参与，才能让环境更加美好。结尾先发出疑问，耐人寻味，又用优美的语言为我们描绘了未来美好的环境，使读者充满期待。

写环保主题作文时，可结合生活中节能减排的实例或人们日常生活中的小事，以小见大，简单明了地交待如何环保，然后呼吁号召，倡导人们在日常生活中做到节能减排，使文章通俗易懂，意蕴深刻。

◎相关写作素材链接（课程思政融合案例）

双碳：双碳，即碳达峰与碳中和的简称。中国力争2030年前实现碳达峰，2060年前实现碳中和。“双碳”战略倡导绿色、环保、低碳的生活方式。加快降低碳排放步伐，有利于引导绿色技术创新，提高产业和经济的全球竞争力。中国持续推进产业结构和能源结构调整，大力发展可再生能源，在沙漠、戈壁、荒漠地区加快规划建设大型风电光伏基地项目，努力兼顾经济发展和绿色转型同步进行。

（摘自360百科）

保护环境

徐天祎

地球，她身穿蓝白条纹的连衣裙，带着白色的雪球帽，她就是人类的“母亲”地球。

她为了地球的生物，为了人类，无私奉献，给予了我们这万里河山和赖以生存的家乡，可是我们呢？我们人类自工业时代开始就一直破坏着她给予我们的一切，破坏着她的蓝色连衣裙，她身上白色的棉袄越来越厚，头上的雪球帽越来越小，人类的环境越来越复杂，人类正在将自己推向灭亡的边缘。

冒着浓烟的工厂越来越多，他们往河流里排放化工品，杀害水中的生命，污染河流的环境，随着人均财富的高度增长，本属于富人的私家车也开始变得普遍了起来，汽车排出的废气污染了天空，空调的制冷剂会严重破坏地球的臭氧层，塑料等白色垃圾也在不断污染着地球的土壤层，人类虽然享受着科技带来的便利，但是却在无形之中伤害自己赖以生存的家园。

地球仿佛也感应到了人类正在破坏她的身体，所以开始报复人类，越来越频繁的地震、火山喷发、沙漠化，各种洪涝灾害是给人类的忠告，警告我们不要再继续伤害她本应纯洁的身体，她在宇宙中生活了46亿年，从未有过如此破坏她的物种，人类却成为了这种行为的始作俑者。有些人每天喊着环保，说到底也只是喊喊口号罢了，环保的方法需要创新，需要的是可以真正用来保护人类、保护地球的方法，是一种人类与环境和谐共生的方法。

一方面，因为环保，人们开始不断舍弃汽油汽车，开始支持新能源汽车，化学工厂了解到环境的现状之后，开始着手处理化学废料，一层层的沉淀，一层层的过滤，也开始不断减少甚至到没有的程度，人们使用废弃的易拉罐和塑料瓶制作可以在生活中起到用处的物品，这几年雾霾的治理效果显著，不像前些年那样，一年中至少三分之一时间都是雾霾天了。

另一方面中国经济从高速增长转化为高质量增长，以消除污染、纠正市场失灵、提高资源配置效率、促进经济长期可持续发展为宗旨，坚持人类与环境共存。

保护环境的愿望寄托在了我们这些新生代的身上，祖国与民族的伟大复兴寄托在我们身上，只有好好学习才能使今天的梦想成为未来的现实。

【此作品荣获第三届全国中学生环境保护优秀作文征集活动省赛三等奖】

（作者：徐天祎 贯通2101）

◎**点评与写作指导**

小作者能紧紧抓住目前人们最关注的环保问题，展开描写，感情真挚。开篇运用拟人的手法，生动传神地写出了地球的外貌特点，并交代了她所给予人类的一切。然后作者含蓄地交代了人们破坏环境后，地球给予人类的忠告，语言简洁。接着作者运用“一方面……另一方面……”分别写出了国家、企业和个人的转变，体现出目前环保已经提上了日程，环境问题已大为改观。结尾发出呼吁：保护环境，与文题相照应。

此类文章的写作可以先着重强调人类生活环境——地球对人类的重要性，唤起人们对环境的重视，然后再交待现存的环境问题，这样再倡导环境保护，则水到渠成。

◎相关写作素材链接（课程思政融合案例）

新能源是指通过新技术手段可以再生的资源，例如太阳能、风能、地热能。我们国家现在正全方位开发和利用新能源，例如国产新能源汽车的研发与使用，越来越多的人选择新能源车，减少了尾气的排放；海边和高山上随处可见的风力发电设备很好地利用了风能；街道上和小区里已经普及的太阳能路灯利用太阳能发电，改变了传统的烧煤发电模式，节约了能源，减少了有害气体的排放，更加绿色环保。新能源的开发与使用将助力环境保护，再现蓝天白云。

环境保护，行胜于言

李　睿

“花前失却游春侣，独自寻芳。满目悲凉。纵有笙歌亦断肠。林间戏蝶帘间燕，各自双双。忍更思量，绿树青苔半夕阳。”人们大都有过这样的体验，当你和所爱的人携手共游的时候，即使是一草一木都会激起温馨喜悦的感觉，而一旦与恋人分手，原来赏心悦目的美景反会引惹离恨别愁。也许就如史铁生在《病隙碎笔》里面的一句话：“发烧了，才知道不发烧是多么清爽；咳嗽了，才体会到不咳嗽的嗓子是多么安详。”说的一样，当自己身处声污染的闹市，才发现乡间蛙声连天的静寂，当自己身处垃圾污染严重的大街，才发现家门前那条小河是多么清澈。

其实，在这个世界上，能让你大肆挥霍的资源并不多，对于大多数人来说，耳边常常都能听到：“珍惜资源，爱护环境，保护资源，人人有责”等告诫。但是能引起人们的注意，并使人重视起来付出行动的却很少。

大自然是可爱的，是善良的。约瑟夫·坎贝尔在《千面英雄》中所言：“每个人都拥有他自己蕴藏强大能量的梦中的万神殿”。也许，这梦中的万神殿是真实存在的吧。我想这也就可能是大自然。我们拼了命去篡改和毁灭大自然的成就，我们拼命的时候却不知是在使用大自然给予的能量，真是可笑。

“红岩商人”胡雪岩说：“前半夜想想自己，后半夜想想别人。”我们用大自然的强大能量做着忘恩负义的行为，这是为自己着想？更别提想别人了。我们要为自己着想，学会保护自己的生命，保护自己所居住的地方，保护自己的食物。而这基础是保护地球资源，保护地球环境，保护一切对自己有利的条件。从小事做起，从一点一滴做起。

【此作品荣获第三届全国中学生环境保护优秀作文征集活动省赛三等奖】

（作者：李睿 贯通2103）

◎**点评与写作指导**

文章描述了充斥着各类污染的现实，与曾经乡间美好的宁静生活进行对比。“纸上得来终觉浅，绝知此事要躬行。”说的是实践的重要性，文中作者就强调，不要让环保停留于纸面上、口头上，更应该落实到行动上，只有大家都切实去做，才能让环境变好。接着作者又指出保护环境的重要性与必要性，大自然给予我们一切，我们应该感谢大自然，如果我们执意破坏下去，那后果将不堪设想。作者表达了自己的担忧，其深层次意义还是想唤起人们的环保意识。整体来看作者文思敏捷，对待事物有独到见解，认识深刻。多处引用名人名言，使文章意蕴深厚，具有思想深度，呼吁人们从呼喊口号深入到实际行动层面，发人深省。

文章中可以多引用名人名言、格言、警句、古诗词等，可用它们来引出中心论点或论题，使观点鲜明；可用它们作为理论论据来论证自己的观点，增强说服力和权威性。引用名言等能够激发读者阅读兴趣，启迪读者；起画龙点睛和升华主题的作用，使文章富有文采。

◎**相关写作素材链接（课程思政融合案例）**

海水淡化水是保障水资源安全的增量水源。自然资源部会同有关部门积极推动海水淡化规模化利用，截至2021年底，全国有海水淡化工程144个，工程规模约186万吨/日，为沿海缺水城市和海岛地区水资源安全提供了重要保障。

海洋可再生能源是实现“双碳”目标的途径之一。2022年3月，“兆瓦级舟山潮流能并网示范工程项目”潮流能发电机组“奋进号”并网。自然资源部门支持兆瓦级潮流能、波浪能关键核心技术攻关及应用示范，潮流能新装机规模和运行时间均居世界前列。海上风电累计装机容量跃升至全球第一位，绿色能源抵达千家万户。

（摘自学习强国）

美丽中国　双碳有我

郑茉涵

我们以前生活在一个那么美丽，那么可爱的地球上。曾经，万里无云，到处可以呼吸到清新的空气，可许多人却不懂得珍惜。清澈见底的小溪，变成了臭气熏天的“下水沟”；曾经清澈的天空笼罩大地，如今却变成灰蒙蒙的一片。这怎么叫人不心寒呢？在物质文明与精神文明高速发展的今天，我们严重忽视了一个客观存在的事实，那就是能源危机。然而有些人却觉得无所谓，保护这些我们仅有的能够赖以生存的能源，需要我们每一个人都为守护家园负起责任！

俗话说得好，“众人划浆开大船！”只有我们从生活中点点滴滴的小事做起，做到珍惜、爱惜、不浪费，才会有取之不尽，用之不竭的能源。现在我们的生活水平越来越好，靠双脚走路的日子越来越少，泥土气息也被刺鼻的汽油味掩盖，到处可见私家车犹如恒河沙数般。白天能见度很好的上午，几盏大吊灯毫无顾忌地开着，不必要的灯光秀等等都是奢侈浪费。绿色的家园是人人向往居住的条件，但现在“亡羊补牢犹未为晚”，让我们赶快行动起来！

节能减排的好方法有很多。比如生活中，我们要少用一次性筷子，这样可以保护森林，低碳生活；我们需要节约用纸，每张办公用纸都可以双面打印，相当于保留下半片，减缓将被毁掉的森林；我们需要节约电能、随手关灯、开关、拔插头。不坐电梯改为爬楼梯，这样能强身健体，更能减少用电。我们需要减少废气排放，交通废气和工业废气是主要来源，我们出门尽量坐公交车，为世界环保做贡献。我们要节约水资源，许多废水都可以循环使用，洗脸水、洗菜水、洗衣服的水都可以收集起来擦地板、冲厕所，淘米水可以留下来洗碗筷。我们需要垃圾分类处理，垃圾分类可以回收宝贵的资源，同时减少填埋和焚烧拉圾所消耗的能源。例如，废纸可以送到造纸厂生产再生纸。饮料瓶等一次性物品也可以送到相关的工厂。“每天分一分，变废为宝”，节能减排其实并不难，做到上面那些，身为普通人我可以自豪的说：“我做到了环保”。

“凡事都要从小事做起”为了我们共同的地球，每个人都奉献出一点小小的力量，汇聚到一起，就能变成巨大的能量。地球正面临着巨大的挑战，保护地球，就是保护我们的家。为了家园碧水蓝天，山清水秀，让我们行动起来节能减排，低碳生活。做一个环保小卫士！挽救地球家园的命运，维护人类继续生存的未来，我们要共同努力！

【此作品荣获第三届全国中学生环境保护优秀作文征集活动省赛优秀奖】

（作者：郑茉涵 贯通2105）

◎**点评与写作指导**

全文层次清晰，语言通俗易懂，中心明确。运用今昔对比的手法突出了人们亟待解决的问题——环保问题。用俗语引入，环保要靠大家。结合生活中节能减排的实例倡导人们在日常生活中应该怎么去做，做法具体可行。结尾发出呼吁号召，进一步强调节能减排。两个感叹句连用，抒发了作者强烈的思想感情，情真意切，感人至深。

写关于环保的作文，首先要做到条理清晰，语句通顺流畅，能结合生活的小事简单明了地交待如何环保，这样更能通俗易懂。

◎**相关写作素材链接（课程思政融合案例）**

数十年来，近视的青少年逐渐增多，不仅是因为用眼过度，还有可能是光污染对我们眼睛造成的危害。日常生活中的光污染主要是指反光建筑或夜晚不合理灯光对人们的危害。反光建筑外墙会反射及折射各类光源，长时间注视会刺激人的视网膜，严重时会使行人或司机感到眩晕。城市的夜晚亮如白昼，各类商场、建筑、广告牌不停地在散发光源，这不仅造成能源的浪费，还会使夜晚的美丽黯然失色。在这样光污染的环境下，人们很少能看到闪烁的星星，长此以往会忘记自然的美好与奇妙。

爱护

田芮西

地球是我们赖以生存的家园，它就像母亲一样，为我们带来生存的资源和条件。而我们却为了眼前的利益，不断地破坏地球。

小的时候经常听父母讲他们小时候的故事。听他们故事里的蓝天白云、绿树红花，还有清澈见底的小溪，口渴时随手捧起就能喝一口，带上一两好友去捕鱼、捞虾。树木葱葱郁郁，满山遍野的小野花等着人去欣赏它们。这些风景无一不让我羡慕！我想去看看那样美丽的景色。

可是现在，只有随处可见漫天飞舞的垃圾袋，一到春天就随风而起的黄沙，让人没有半点想出门玩乐的兴趣。当我正要出门感受春天时，电视新闻台的天气预报总能让我打消这个念头，因为明天又是个沙尘天，又是个坏天气。

我时常在想，为什么每每春天来临，就会带来沙尘这样的坏天气呢？

北方多沙尘与其气候有很大的关系。春季北方气候干燥，植被覆盖量较少，抗风蚀能力很弱，降水也比较少，地面干燥松散，土壤表层干燥疏松，如果有大风刮过，就会将松散的土壤中的大量沙尘卷入空中，形成沙尘天气。沙尘会给我们的生活带来不便。当沙尘被风吹的到处都是时，会影响道路的能见度，让我们不能看清道路，容易造成交通事故。而且沙尘里的颗粒物对人体有害，当我们呼吸空气时，颗粒物上带有的有机污染物和感染物会随着呼吸进入我们的呼吸道，对其进行刺激，导致免疫功能下降，增加被感染的几率。即使是身体健康的人，如果长时间吸入粉尘，也会出现咳嗽、气喘等多种不适症状，导致流行病发作。此外，大风跨越几千公里，将沿途的病菌吹到下风向地区，其中可能包括一些传染病菌。我们要为此做好防护准备。

为了建设一个绿色地球，为了让沙尘不再出现在天空中、让天更蓝。我们要加强沙尘暴生物防护体系建设。让我们一起植树造林，不让土地沙化、变成荒漠，让每一片土地都发挥出它的价值。还要实行依法保护和恢复林草植被，防止土地沙化进一步扩大，尽可能减少沙尘源地。更要根据不同地区，因地制宜制定防灾、抗灾、救灾规划，积极推广各种减灾技术，并建设一批示范工程，以点带面逐步推广，进一步完善区域综合防御体系。这样我们的环境才会更清新，人民群众生活质量也会变得更好。

【此作品荣获第三届全国中学生环境保护优秀作文征集活动省赛优秀奖】

（作者：田芮西 贯通2107）

◎**点评与写作指导**

作者先将父母儿时美丽的自然环境与现在的恶劣环境进行对比，鲜明地体现了自然环境的变化；接着提出疑问，引人深思。其后从科学的角度进行回答，为我们解释了北方沙尘天气形成的原因，剖析了沙尘天气对人体的危害。结尾从宏观角度提出了切实可行的做法。加强生物防护体系，依法保护植被，完善区域综合防御系统，体现作者的大局观意识。文章整体上思路清晰，理畅辞达，真切自然。

设问是一种常见的修辞手法，常用于表示强调作用。为了强调某部分内容，故意先提出问题，明知故问，自问自答。正确的运用设问，能引人注意，启发思考。

◎相关写作素材链接（课程思政融合案例）

立初心：生命不息，治沙不止

“人民楷模”王有德的老家在灵武市马家滩镇，位于毛乌素沙漠的东南边。从小，他就眼睁睁看着风沙一次又一次灌满窑洞，而黄沙常常一夜间就把大半个窑洞埋起来。十几年里，20多个村子、3万多人被迫离开家乡。从那时起，治理沙漠的念头就深深种进了王有德的心里，他暗暗发誓，一定要把被沙漠侵吞的土地夺回来。32岁的他开始带领职工与沙漠抗争，与黄沙争夺生存发展空间。经过几十年如一日的坚持治沙，王有德和职工们在浩瀚的毛乌素沙漠的西南边缘筑起了一道南北长60多公里，东西宽约30公里的绿色屏障。这片绵延的绿洲，成了世界治沙史上的奇迹！

（摘自学习强国）

地球，我们的家

马梓腾

地球是我们人类共同的家园，她哺育着自然万物，就如同母亲一般，呵护我们成长。她为我们带来了我们需要的一切，滋养森罗万象。可如今，随着科技的发展，金钱的诱惑，有的人利益熏心，不惜破坏地球环境来达成目的。

以前，天空是蓝色的、草地是翠绿的、河水是清澈的。而如今，天空被雾霾一点一点的吞吃，只留下一片灰色的、模糊的屏障。再次踏上草地，昔日绿油油的小草早已变成了冷冰冰的水泥地。河水中弥漫着化学药剂刺鼻的味道。我仿佛听见了地球母亲的哀嚎。地球母亲也用自己的方式来宣告世界："你们做了错误的选择。"

水能载舟，亦能覆舟。雾霾的到来使得人们心血管疾病频发，对人体产生了很大的伤害。由于植被的减少，沙尘暴天气频发，严重干扰人们正常生活与行动。淡水资源被大量污染，使得原本稀有的淡水资源更加短缺。人类日常饮水得不到满足，且使农作物的产量因为缺少淡水资源而急剧下降。各种自然灾害纷至沓来，水土流失、土地荒漠化、泥石流、全球气候变暖、海啸等等。人们开始慢慢发觉为了那可笑的利益而毁坏自己赖以为生的家园是多么愚蠢的决定。

好在还不算太晚，人们开始重新重视环境保护，维持生态平衡。2005年8月15日，时任浙江省委书记习近平同志就提出了"绿水青山就是金山银山”这句具有创造性的重要概念的论断，它引领着我们中国后续的生态文明建设。我们开始监测空气质量、限行车辆，以及拆迁工厂来改善空气质量。我们退耕还林、植树造林、管理水资源来弥补对环境的损害。鸟语花香的世界再一次回到了我们的身边，这些经历也告诉我们要爱护环境，保护我们的家园。

我们作为学生，在平时也可以通过一些日常生活中的小习惯来改善和保护我们的环境。在出门的时候，随手关灯关电源来节约用电；在用水后要关好水龙头，把用过的水浇花，不让水资源被浪费；在吃饭时要量力而行，不要浪费粮食；在出行时尽量选择乘坐公交车，或者是骑自行车，低碳出行以降低碳排放量。让我们一起树立保护环境的意识，为保护环境出一份力。保护环境，就是保护自己！

【此作品荣获第三届全国中学生环境保护优秀作文征集活动省赛优秀奖】

（作者：马梓腾 贯通2107）

◎点评与写作指导

这篇文章读后很容易引起读者的深思——“环保”刻不容缓。作者首先用美妙的语言描写了人们由于种种原因，给地球造成的破坏，特别是拟人手法的运用，更能让人们感受到对地球的破坏程度之深。接着引用“水能载舟，亦能覆舟”的事实让人们真切感受到破坏环境给人类带来的灾难。这样顺理成章，保护环境的主题就鲜明突出了；文章构思巧妙，语言简洁。

写作时，我们可以采取正反论证相结合的方式，从事物的相反或相异的属性的比较中来揭示需要论证的论点的本质。让读者在正反对比中鲜明地感知观点。

◎相关写作素材链接（课程思政融合案例）

自然灾害是指给人类生存带来危害的自然现象，包括火山喷发、地震、泥石流、酸雨、沙尘暴、雷电、冰雹、台风等。引起自然灾害的原因既包括自然的变异，还包括人类活动造成的不良后果。自然灾害频发不仅会造成巨额经济损失，还会危害人们的身体健康和心理健康，造成应激伤害，严重扰乱人们的正常生产生活，甚至夺走不同生物的生命，长远来看可能导致基因改变或物种灭绝，对大自然有着不可磨灭的伤害。

流水不腐亦不复

贾子殷

地球是我们赖以生存的家园，哺育我们祖先世世代代繁衍生息。全球海洋总面积约3.6亿平方公里，占地表总面积的71%，淡水只占了不到3%。我国作为人口大国，淡水资源只占全球6%，但用水需求量却又非常巨大。

近年来，我国先后出台多种节水条例。节约用水成为了电视节目中不可或缺的条示；公共场所的洗手池总会标注“节约用水，人人有责”；专业技术人员严查工厂的污水排放情况；广泛开展节水宣传，利用全国城市节水宣传周、世界水日、中国水周、世界环境日等活动，建立在科学合理用水定额的基础上，对非居民用水单位实行定额计划用水管理。

作为一名中学生，在节水方面要做到：一、一水多用；二、洗完手后，及时关掉水龙头；三、见到有人浪费水资源要勇敢上前制止；四、积极参加环境保护宣传活动，把节水意识大力宣扬。

作为一名老百姓，要积极响应国家的号召，带动家人节约用水，保护环境。

国家为了缓解北方水资源的不足，决定进行南水北调工程。2002年12月27日，南水北调工程正式开工，分为东、中、西三条线路。东线工程起点位于江苏扬州江都水利枢纽，中线工程起点位于汉江中上游丹江口水库，供水区域为河南、河北、北京、天津四个省市。南水北调工程规划区涉及人口4.38亿，调水规模448亿立方米，用以解决多个城市生活和工业用水，兼顾农业以及其他用水，建成以后经济效益和社会效益巨大。2014年12月12日，南水北调中线正式通水。南水北调工程对缓解中国北方地区严重缺水的状况，促进地区经济、社会协调发展具有重要意义。

节约水资源从我们每个人做起，人人节约一滴水，积少成多就是宝，这会使我们共同的家园变得更加美好。

节约一滴水，多一点生气生息；节约一滴水，多一点生活奇迹；节约一滴水，多一点爱心生活美。水是地球的血脉，是万物生存之源，是风霜雨雪之根，是人类最不可少的有限资源。美化环境，装扮家园，让地球多一处绿地，营造人类美好生活。

【此作品荣获第三届全国中学生环境保护优秀作文征集活动省赛优秀奖】

（作者：贾子殷 贯通2104）

◎**点评与写作指导**

本篇作文以“节约水资源”为主题，题目新颖切题，选取了谐音的“腐”与“复”，生动形象的展现了水资源的特点，切合环保主题。文章列举大量数据，如“世界与我国淡水资源的占比量”“南水北调工程的具体情况”，使论证更加充分，具有一定的说服力。本文语言富于变化，提出具体做法时简洁明快，具有力量感，发出号召时运用排比、反复等句式，例如“水是地球的血脉，是万物生存之源，是风霜雨雪之根，是人类最不可少的有限资源”，具有韵律上的节奏感，表现了水对于人类的重要作用，感召力强。

在提出具体做法时要具有一定的逻辑顺序，或由浅入深，或由宏观到具体，或从国家社会层面到个人层面，做到条理清晰。立足自身，结合实际情况提出要求或做法更能引起读者的共鸣，引发读者思考。

◎相关写作素材链接（课程思政融合案例）

中国的生态“奇迹岭”——塞罕坝

20世纪70年代，一群平均年龄不到24岁的年轻人来到了寸草不生、飞鸟不栖塞罕坝，荒漠，50年时间的坚持，三代塞罕坝人前仆后继，通过植树造林，将一片荒漠改造成绿洲。

20年种植96万亩树木，一道坚实的生态屏障拔地而起。三代塞罕坝人不畏惧严酷的环境，在天寒地冻的冬天，酷暑难耐的夏天，把林子当孩子一样呵护。如今的塞罕坝已是郁郁葱葱的林海，守卫着华北地区的生态安全。三代人的辛勤耕耘，沙地变林海，荒原成绿洲！不仅造就了中国高寒沙地生态建设的奇迹，也诠释了“绿水青山就是金山银山”的环保理念。

保护环境

康铭恩

保护环境，人人有责。这些年来，由于工业发展导致了全球化的空气污染，沙尘暴频频发生，森林砍伐，丛林火灾，滚滚的浓烟包裹着蔚蓝的地球。从古至今，地球母亲养育了多少子孙，原本的蓝星瑰丽耀眼，焕发生机，可是，现在人类为了个人的利益，地球被折磨得伤痕累累、天昏地暗。“保护环境”的话题被各国人民呼吁探讨，全世界都在发声。

未来，我们是建设者，如果不加强环保意识，我们的生命将毁在自己的手中。如果再不节约资源，地球干涸，那么人的眼泪将是地球上最后的水资源。

现在的地球，绿色正在消退。正是因为人们大量地砍伐树木，动物没有了家，地球之肺变得黑乎乎，没了树木阻拦，黄沙随水流倾泻而下，有的地方洪水泛滥，天气也受到影响，有的地方干旱断流。

人们追求生活便利，殊不知，工业废气、车辆排出的尾气等，会使臭氧层遭到破坏，导致地球变暖。夏天，人们追求舒适凉爽，打开空调，同样会使室外温度升高。地球变暖使南极和北极的冰川融化，一些极地动物面临死亡。

付之行动，才能阻止这一切悲剧继续上演。垃圾分类，减少开车，节约用水，这些我们都耳熟能详。作为一名普通人，我们能做到的是，及时关闭水龙头；重复利用水资源，把洗菜的水用来浇花、涮拖把、冲厕所。

不要认为水龙头滴落几滴水算不了什么，一个水龙头每秒钟滴一滴水，一年就会白白流掉36方水。如果一家一户每月节约一方水，全国一个月可以节约多少水呢？

宣传做到位，才能使人们意识到保护环境的重要。还有一些没有行动起来的人，需要我们的宣传去带动，我相信，只要我们人人都献出一份力，地球的明天会更美好、整洁。

资源重生需要上百年、上千年的时间，甚至有的资源是无法再生的。我们人类只有一个地球家园，为了不让地球资源枯竭，为了保护我们的家园，为了能让我们生存下去，为了子孙后代，我们必须行动起来。

大自然与我们是不可分割的共同体，地球则是我们共同的家园。天蓝地绿、山川秀美是我们共同的理想和追求。为了把我们的绿色家园建设得更加美好，为了给我们的子孙后代留下一片绿色的山川，让我们从现在做起，从“我”做起。

听，地球在呼救！

让我们行动起来，共同保护地球吧！

【此作品荣获第三届全国中学生环境保护优秀作文征集活动省赛优秀奖】

（作者：康铭恩 贯通2109）

◎**点评与写作指导**

本篇作文字字珠玑，用生动隽永的语言书写了一篇倡导人类保护环境的议论文。文中运用多种修辞手法，例如：“地球被折磨得伤痕累累”运用了拟人手法，作者给地球赋予人的生命力与感受力，拉近与读者的距离，使读者能够体会地球遭受的毁坏之深。除此之外，“地球干涸，我们甚至不能流出眼泪。”“听，地球在呼救！”等语句振聋发聩，引发读者的深度思考。文章整体语言充满表现力。

议论文写作要注意结构清晰，层次分明，可以运用层进式结构，按照提出问题、分析问题、解决问题的思路行文。注意在写作时要详略得当，能够透过现象揭示事物的本质，理清问题的内在关系。

◎相关写作素材链接（课程思政融合案例）

我国水资源的特点

江、河、湖、海、泉都属于水资源，但对人类来说，通常指的是淡水资源。陆地淡水资源量只占地球总水量的2.5%，真正可用只占总量的0.26%。所以，水资源对于人类来说是稀缺的。从世界淡水资源的角度来看，目前闪现着令人不安的信号灯，世界淡水正面临危机。从我国淡水资源角度来看，分布不均，与土地资源不协调是典型问题，中国国土面积大，气候带差异大，降雨的时间、空间不同，很多地区出现地下水位下降和河流干涸情况，再不采取措施，可能会导致国家水资源短缺。

保护环境，刻不容缓

李文宇

“人法地，地法天，天法道，道法自然。”这是千年前老子告诉我们的道理。人类文明高速发展，人类的盲目自信与无限需求就像充气球一样不断膨胀。迅速发展的背后，是对环境无尽的破坏，对动物的肆意捕杀，对矿产资源的过度开采，使土地变为荒漠。最终，地球做出了反击——沙尘暴、海啸、地震……人类终于尝到了自己行为带来的苦果，并开始醒悟。

“天理昭彰，报应不爽。”经历了这么多的灾难，看着环境无法逆转的恶化，我们才明白，可持续性发展是首要的，一味的索取终究无力偿还。在气球爆炸的临界点，环保一跃成为当今世界最大的热点话题。楼道里、电梯间、大街小巷处处可见关于环保的告示，公众对环保事业有越来越高的热情，这些无不显示出一个时代对于环境问题的高度重视。人人都知道，我们只有一个地球，而地球是人类与所有生命共同的地球，生命的延续、人类的生存，一刻都不开自然资源。但是，举目四顾，很多地方青山不再青，绿水不再绿，河里流的是臭水，山上倒满的是垃圾，还有工厂排放着有害气体，马路上汽车排放着尾气，环境污染使全球的温室效应进一步恶化，在哥本哈根召开的世界气候变化大会给人类再一次敲响了警钟。

世界平均气温较以前升高了1.1℃，千万别小看这仅仅的1.1℃，它会使冰川融化，海面上升，土地被淹没，病毒被释放，人类可能会迎来前所未有的灾难。人们常说，动物是人类的朋友。可人类是怎么对待自己的朋友呢？捕捉它们，食用它们，杀害它们，又破坏了它们生存的家园……其实，人类真的很残忍。动物原本与人一样，无忧远虑地生活在同一片蓝天下，但人类因为追求各种利益，使许多野生动物遭受灭顶之灾，濒临灭绝。

自然的那一份美丽，我们有目共睹。但是，现在我们都能感觉到大自然的美丽在逐渐消退，而这一切都是我们人类的“杰作”。社会高速发展起来，人们的生活富裕起来，代价是践踏了原本美丽清新的生态，制造出无数的污染，环境恶化日益严重！

行动起来吧！做出自己的一份贡献。行动起来吧！唤醒更多的人保护环境，让我们减少资源开采，回收废物再利用。行动起来吧！为了我们的后代可持续发展，不要再因利益的诱惑而加剧破坏环境。发自内心保护自然，我们就能与自然和谐共生。

【此作品荣获第三届全国中学生环境保护优秀作文征集活动省赛优秀奖】

（作者：李文宇 贯通2104）

◎**点评与写作指导**

本篇作文从自然灾害、环境恶化、动物灭绝等角度阐述了环境污染带来的严重后果，揭示了本文的中心论点“保护环境，刻不容缓”。在这篇文章中，作者以细腻的笔触，关注到了环境污染会对容易被人忽视的除人类以外的动植物产生不可逆转的影响，万物皆平等，动物、植物也一样需要被重视，向读者展现了一个不同的写作角度。文中运用了引用论证，例如引用了老子的“人法地，地法天，天法道，道法自然。”，揭示了自然与人类的关系，引出了本文的论题，同时增加了文章的文学性。结尾段“行动起来吧！”反复三次，一唱三叹，增强语势，强调了保护环境需要落在行动上，势在必行，刻不容缓。

运用举例论证时需注意，一方面例子要尽量具有典型性、代表性、普遍性，能够直接证明论点，忌空泛，可以抓住细节，增加可信度与说服力。

◎相关写作素材链接（课程思政融合案例）

温室效应

“温室效应”是指太阳短波辐射透过地球大气射入地面，而地面增暖后放出的长波辐射又被大气中的水汽、二氧化碳等物质所吸收，从而产生地球气候变暖的效应。

客观来说，这并不完全是一件坏事。如果不存在温室效应，地表平均温度就会下降到-23℃，在温室效应的作用下，地表平均温度是15℃，整整提高了38℃。但这不意味着可以放任温室继续提高而不采取措施，过度的温室效应会导致全球气候变暖，天气持续炎热会人类增加中暑死亡的数量，还会导致极端天气，威胁人类的生活。

携手共创美丽中国

王佳音

我们的生活离不开地球，没有绿色就没有地球，没有地球我们的生命也会随之消亡。我们生活在地球上，地球是我们共同的家。茂密的森林，宽阔的草原，无边的海洋，各种各样的神奇生物，构成了我们所熟知的大自然。春天可以踏青，夏天可以游泳，秋天可以放形状各异的风筝，冬天可以在软绵绵的雪上堆雪人……

这一切都是因为地球有生命必须的氧气，有着适宜人类居住的气温，我们在地球上快乐的生活，地球是我们人类生存的唯一家园。

夏天的一个夜晚，我坐在公园的长椅上，望着那群星璀璨的夜空，入了迷。一阵微风吹来，树上的塑料袋从我眼前划过，一切美好都在此时被打破……

回到现实中，想想我们现在的生活：地球遭受了人类的摧残，人类活动造成的污染给我们赖以生存的家园造成了不可磨灭的灾难。森林被砍伐，鸟儿们失去了欢乐的家园，难以想象生活在河流里的生物，该如何生存？陆地上的野生动物不断被人们杀害，这一切，人类只为了满足心中可怕的欲望！

近年来，人们才逐渐的意识到了环境恶化所带来的危害：气候反常、病毒肆虐，人们不得不被封闭在一定的范围里，谋面之时都会心存芥蒂。

人和人之间的距离，似乎在一瞬间都变得那么遥不可及！环境，对每个人来说都是至关重要的。想想习爷爷的号召：“绿水青山就是金山银山。”真的是先知先觉的明智之举！因此未来的我，也要尽一份自己的绵薄之力，努力建立“绿色生活圈”，践行低碳生活的标准，不乱扔废弃物、做好垃圾分类、乘坐公共汽车绿色出行、大力节约资源，不浪费水电。从我做起，从小事做起，在生活的每一天中都践行爱护环境的价值理念。

聚拢草而成春色，聚滴水而成大海。地球是脆弱的，不能因为人们的欲望去危害地球的环境。我们赖以生存的家园，需要我们去呵护，更要去珍惜。保护地球就是保护我们自己。地球的安宁，世界的完美，容不得人们去践踏，这是我们必须要正视的问题。

爱护环境已经成为全世界人要共同面对的难题，让我们携起手来，共同努力，拯救自然，创造一个和谐而美好的世界！

【此作品荣获第三届全国中学生环境保护优秀作文征集活动省赛无限潜力奖】

（作者：王佳音 贯通2106）

◎**点评与写作指导**

“言之无文，行而不远。”孔子指出语言决定了文章能走向多远。议论文更需要考究优美的语言加持，提升文章的感染力。本篇文章语言生动形象，讲究文采，语句连贯流畅，例如“春天可以踏青，夏天可以游泳，秋天有形状各异的风筝，冬天可以在软绵绵的雪上堆雪人……”用散文化的语言展现了干净美好的环境，给人们带来的生活乐趣，引发读者的共鸣。“夏天的一个夜晚，我坐在公园的长椅上，望着那群星璀璨的夜空，入了迷。一阵微风吹来，树上的塑料袋从我眼前划过，一切美好都在此时被打破……”本段语言形成了强烈的反差感，塑料袋打破了闲适宁静的氛围，论证恰到好处。

议论文的结尾要以全文的内容为依托，卒章显志，揭示并突出中心观点，起到“画龙点睛”的作用，避免简单的“喊口号”。

◎相关写作素材链接（课程思政融合案例）

《地球的女儿》—— 廖晓义

廖晓义是北京地球村环境文化中心创办人兼主任，是知名民间环保事业倡导者和活动家。这位在中国第一个获得“苏菲环境大奖”（“诺贝尔环境奖”）的女性，一生都奔走在环境保护的第一线。1996年至2001年担任中央电视台“环保时刻”专栏独立制片人，为宣传环保，曾自费拍摄了电视片《地球的女儿》。在绿色环保的道路上，廖晓义在坚守中国文化的基础上开展环保事业，她创办了中国本土化的NGO——“地球村”，提出了“绿色生活”“绿色社区”“绿色传媒”“绿色奥运”的绿色生活方式。廖晓义在2006年当选绿色中国年度人物之一，2011年被评选为中国全面小康杰出贡献人物。她呼吁人们一起踏上绿色生活之路，共同践行环保生活。

美丽中国，双碳有我

张博森

地球，我们赖以生存的家园，也是孕育我们的母亲，在长达数十亿年的历史中形成了人类生存所必需的资源和环境，所以我们必须要合力保护地球，善待地球。

以前的地球生机勃勃，在蔚蓝色的天空下，潺潺的流水从山上流淌下来，远处的森林是多么的茂盛，陆地上到处都是绿油油的小草，美丽的花朵，鲜嫩的蘑菇，小动物们快乐的玩耍着，欢快的云雀在树上高声歌唱，雄壮的老鹰在天空中盘旋，大象在小河里洗澡嬉戏……

但如今，随着生活水平的不断提高，科技的不断进步，人类为了满足自己日渐庞大的野心，选择了牺牲地球的环境。看着一座座高楼拔地而起，峻峭的山岭被铲成平地，一片片森林变成沙漠，再也挡不住漫天风沙。溪流旁，工厂不断地排放污水、废气，城市里，汽车排放着尾气，制造着噪声污染。当我们拉开窗帘时，看见的只有漫天灰尘，再也没有森林为我们遮挡风沙，再也没有绿叶为我们换新空气，一粒粒沙尘敲打着窗户，发出“啪啪”的响声，我看着外面的景象，感觉世界末日也不过如此。

在环境日益恶化的情况下，我国率先提出了提高“国家自主贡献”即双碳战略。此战略提倡“绿色、环保、低碳”的生活方式。加快降低碳排放的步伐，有利于引导绿色技术的创新，提高产业和经济的全球竞争能力。中国持续推进产业结构和能源结构的调整，大力发展可再生能源，以此来保护我们的环境。

为了“碳达峰、碳中和”，不能只依靠党和国家的各项举措，更重要的是发动人民群众的力量，我们每一个人都应投身环境保护，做出相应的努力。

保护环境真正需要的不是言辞，而是行动。帮助国家完成“碳达峰、碳中和”的方式有很多，例如：树立绿色文明观念，自觉关心环境状况，把个人环保行为视为个人文明修养的第一准则。很多举手之劳的小事也是保护环境的重要途径，不乱扔垃圾、节约用水、爱护绿植、少开车、节约用电……

“历览前贤国与家，成由勤俭破由奢。”中华民族历来提倡节约，父母与老师都再三强调，环境保护让我们义不容辞地承担各自的使命，树立环保意识，养成节约资源的良好习惯，从我做起，从现在做起，从点滴小事做起。为达到“碳达峰、碳中和”而努力！为了我们美丽的中国而努力！吾辈义不容辞，中国青年义不容辞。

【此作品荣获第三届全国中学生环境保护优秀作文征集活动省赛无限潜力奖】

（作者：张博森 贯通2105）

◎**点评与写作指导**

本篇作文结构清晰，衔接自然，首先列举出环境污染的诸多现象，然后提出我国应对的具体做法“碳达峰、碳中和”，又从普通群众的角度提出应落在行动上的具体做法。文章运用了对比论证，将曾经的地球“在蔚蓝色的天空下，潺潺的流水从山上流淌下来，远处的森林是多么的茂盛……”与污染后的地球“峻峭的山岭被铲成平地，一片片森林变成沙漠，再也挡不住漫天风沙……”形成鲜明对比，突出了环境污染给地球、给人们带来的严重后果，更具说服力，使论证更有力，观点更鲜明。

议论文的写作需要运用多种论证方法，这样可以使文章内容更加丰盈，阐述论证时更具力度，学习综合运用举例论证、比喻论证、引用论证、对比论证等常见的论证方法，运用时需注意避免堆砌。

◎**相关写作素材链接（课程思政融合案例）**

绿色中国年度人物——赵希海

赵希海（1937年-2017年），中共党员。赵希海同志是吉林省红石林业局的一名普通的退休工人。从1986年4月开始，赵希海投身到了种树的“事业”之中。1989年的秋天，赵希海正式退休，他自此便全身心投入地在长白山种植树木。他用单薄的身体扛起了工具行走在长白山的各个角落，灌溉着每一颗树苗，他义务植树造林的行为一坚持就是30多年时间。2017年，赵希海与世长辞，他生前累积植树18万株，成活14万株，无偿培育捐献给国家100万株树苗。这庞大的数字背后只是一名平凡的老人的坚持。赵希海的行动鼓舞着几代人扎根林海，坚定了他们无偿植绿的信念。赵希海被评为全国义务植树模范；全国绿化奖章获得者；“感动吉林”十大人物；绿色中国年度人物，被誉为“务林楷模”。

留住美丽，坚持环保

杨名智

工业迅速发展，钢材、合金、重工业方面的生产需要不断增加，生态环境污染也随之而来。工厂排放着污水、废气，产生了固体废物，无止境的开采矿物，破坏土壤，人们日常环境保护意识淡薄 …… 这些导致了环境的逐渐恶化，许多生态资源不能再生，一旦枯竭，人们会面临一系列的问题与后果。

我们本应该拥抱更优美的环境，但事实上我们感受到的却是生理上的、精神上的窒息。黄土巨石堆叠的光秃的山坡，污水厂和生活废水涌入清澈的的河，土地酸化、盐碱化寸草不生 …… 我们的地球满目疮痍。

作为一名普通人，虽然不能直接从事环保工作，但是我们每个人都可以从小事做起，从自己做起。当看到洗手间的水龙头在滴水，走出房间时依然开着灯，是不是能够及时关上呢？当电池用完后能否分类处理而不是随手扔掉呢？当购物时能否带上布袋、纸袋而不是再买一个塑料袋呢？偶尔用过一次的袋子能否收好下次再进行使用呢？

约束自己，也要约束他人。适当的劝告或举报，指出破坏环境的行为是可行且有必要的。如果同学们看到有人对环境加以破坏或是存在浪费资源的行为，应该及时告诉他，帮助他改正错误。假如遇到了同学们不能处理的情况，可以向居委会或权威机构举报，使用正当方法制止不文明不环保的行为。

环境可以影响人的性格，摆放标语也是可以打动人心的。我们可以发现，草地上写着“足下留情，春意更浓”的标语，让人心上一暖，绕道而行。水池前一句“拧紧水龙头，只需一秒钟”的标语使人心中一震，便不由自主的拧紧了水龙头……给标语加上可爱或清新的设计，时刻提醒他人要保护环境，珍惜资源，感染身边的人也加入环保的行列。

绿色的地球是我们人类不息的载体，只有人与自然协调发展，才能共同拥有美好的明天。植树节、世界环境保护日、世界禁烟日等，这些节日都告诫我们要保护环境。古语曾言：“地力之生物有大数，人力之成物有大限，取之有度，用之有节，则常足；取之无度，用之无节，则常不足。”几百年后，我们绿色的星球日渐披黄蒙黑，黯然失色。

垃圾的危害更大，有些垃圾乱扔，不仅污染环境，还会释放大量的有毒气体。现在人们买菜都是用塑料袋，用完就丢，这种垃圾如果将其填埋，二百年的时间内都不会降解，也会污染周围的土地和水质，严重破坏了生态平衡。

环境的恶化已经警告着我们：地球呼唤人类环保，拯救人类的家园需要我们大家一起努力，环保不是难事，通过大家的共同努力会让地球依然美丽！

【此作品荣获第三届全国中学生环境保护优秀作文征集活动省赛无限潜力奖】

（作者：杨名智 贯通2104）

◎**点评与写作指导**

本篇作文运用了引用论证，灵活隽永，情理交融。引用了古语“地力之生物有大数，人力之成物有大限，取之有度，用之有节，则常足；取之无度，用之无节，则常不足。”富有文采，增加了文章的理性色彩，直接论证了人类应节约资源，取之有度，才能用之不竭。本文在针对环境污染问题提出策略时角度多变，不仅立足于自身角度，约束自己的行为，还提出要约束别人，紧密联系社会实际与个人的情况，措施具有可行性。

议论文虽然以议论为主，但也要注意需“文质兼美”，孔子曾言：“文胜质则野，质胜文则史。”这就需要作者掌握文采与论证之间的尺度，达到“文质彬彬”的效果，提升文章的文采。

◎相关写作素材链接（课程思政融合案例）

“电影苦行僧”——乔乔

乔乔是一名电影编剧、导演、摄影师，作为一名独立电影人，他开创了“用光影保护生态环境”这一创作理念。在北京电影学院毕业之后，乔乔将自己的专业知识运用到环境保护上，他主张用“遵循自然光、隐藏摄影机”的手法去拍摄自然，用镜头说话，用光影叙事。2011年，他创作的《家园》斩获第二届中国国际民间影像节最佳短片奖；同年，《诗意的栖居》获亚洲首届行者户外影像节最佳自然类影片奖。他如春风润雨般的浸润心灵，他坚守在环保这片广袤、绿色的土地上，用火热的中国心，编织着绿色的环保梦。用电影播撒一颗颗绿色的种子，传递绿色的梦想。他被媒体称为“电影苦行僧”和“最有担当的青年导演”。

保护环境

丁林赫

在经历过工业革命、战火硝烟、科技更新的当今社会，低碳环保是一个很热门的话题。由于人们不懂得保护环境、合理开发和利用资源，造成了如今的惨状，水土流失，生物多样性减少等。我国是世界上最大的发展中国家，国家面积辽阔，资源丰富，种类齐全，但人口众多，资源过度消耗，环境污染严重，生态平衡遭到破坏，这些都严重的制约着我国的经济发展和人民生活质量的提高。

综上所述，我国提倡低碳环保，现在的人们宣扬环保与卫生，但究竟要从哪些方面来做，才能减少对环境的危害呢？这个还是要从我们的身边小事做起。

在我们身边，听到最多的话就是父母口中的水电费。根据目前资料可以看出，生活中的水污染是相当严重的，造成污染的一个主要原因就是工业废水排放。我相信通过新闻报道大家应该都听说过，工业废水中含有大量有毒有害物质，如果没有进行合理的污水处理，而直接排入河流或者湖泊等水域中，将对水资源造成非常严重的污染，甚至影响水质以及水中生物的安全。除此之外，由于水体及其他物质的流动性，水资源的污染影响的不仅仅是一片水域，污染物有很大可能会随着水的流动方向，将污染带到其他水域。据目前统计，我国已根据废水的不同种类制定了多种废水处理方案，并对废水排放标准进行严格排查。生活污水主要集中在洗衣等生产生活废水方面，因此我们要严格控制含磷洗涤剂和农用化肥的过多使用，细心的保护好身边的水资源。

电器已成为人们居家生活的必需品，但很多电器在居家生活中耗费能源多、碳排量大，因此我们也需要合理的使用电器，保持良好的电器使用习惯，适时给电器断电，拔下电器插头，从点滴开始减少电量的流失，余下更多的能源让它们去做更有意义的事。

塑料购物袋被称为“十九世纪最糟糕的发明”，我们需要少使用或不使用塑料购物袋。塑料购物袋在为消费者提供便利的同时，由于过量使用、回收处理不到位等原因，也造成了严重的资源浪费和环境污染。目前我们倡导的是，少用或不用塑料袋，使用可降解塑料袋，多使用布袋等可以循环利用的袋子。

如今加班加点的工作成为常态，人们很少会自己做饭带饭，时间被压榨，人们习惯了点外卖，这也导致了大量一次性餐具的使用。目前在我国，一次性用品的消耗量位居世界首位。一次性餐具的加工制造不仅浪费大量的林木资源，其中还添加了不少对人体有害的化工原料，如果经常使用不仅危害健康，还会大量的浪费自然资源，破坏自然环境。

人类只有一个地球，我们要让低碳环保成为我们的生活方式，保护地球是我们的共同的责任，但世界终归是属于年青一代的。发达国家的经验表明，低碳环保的教育必须从小抓起，还要经过系统的宣传教育。作为青少年要成为能够充当低碳环保理念的宣传者和实践活动的主力军，勇于承担保护环境的责任。

【此作品荣获第三届全国中学生环境保护优秀作文征集活动省赛无限潜力奖】

（作者：丁林赫 贯通2105）

◎**点评与写作指导**

本篇文章结构清晰简洁，内容比较丰富，“保护环境”的主题较为突出。首先列举了环境污染的种种惨状以及导致的不良后果，引出了本文的论题，而后着眼于生活中的小事，从水电角度、塑料制品角度、一次性餐具的角度分别论证了不环保行为的现象与严重后果，并从自身行动谈起，推己及人，有很强的说服力和感染力，着眼于社会层面，从细微处落笔，以小见大，使读者印象深刻。最后总结了全文，强调了环保的重要性，并发出倡议。逻辑结构较为清晰，论证语言简洁直白。

一个好的议论文题目能够给读者带来耳目一新的感觉，吸引读者的阅读兴趣，增加阅读期待。议论文的题目要观点鲜明，指向明确，概述全文，其次追求文采，可以适当运用对偶、比喻、双关、化用等手法，匠心独运，使题目脱颖而出。

◎相关写作素材链接（课程思政融合案例）

奇乾中队

奇乾中队，是内蒙古自治区森林消防总队大兴安岭支队莫尔道嘎大队七中队，因为该队伍驻扎在额尔古纳市的奇乾乡而得名。奇乾中队驻守在原始林区的腹地，他们的责任重大，这群年轻人守护着95万公顷未开发的原始森林，担起了200余公里中俄边境线防火灭火的艰巨任务。原始森林情况复杂，是无法代替的珍贵宝藏，对于环境意义非凡，这支队伍是森林消防队伍中防区最大、任务最重、年平均参加扑火次数最多的单位之一。在1963年建队之后，一代又一代的队员坚持驻深山、站前沿、护生态、当标杆，在各种森林火灾中成功扑救380余起。奇乾中队被共青团中央、全国青联授予第二十五届“中国青年五四奖章集体”，他们用坚强的身躯在万里绿色长城上筑起了坚固的消防安全堡垒。

地球，人类的母亲

樊香伊

地球母亲给大地上每一个自己的孩子输送了营养，它是生命的摇篮，美丽温柔；是坚强的靠山，巍峨壮观，它的包容与强大让人们理所当然地认为自己的破坏不足为惧，最终导致我们生存的地球犹如一位生命垂危的病人，在损毁的边缘挣扎。

污染的现象随处可见——工厂向河流排出污浊的水，河流被污染；工业废气的排放污染大气环境，造成了酸雨和温室效应；人类无休止的砍伐树木，毁坏植被，破坏生态环境，让地球更加不堪重负。

地球给了我们一个赖以生存的家园，人类却变本加厉的向自然索取更多，如果一直这样下去，地球最终会变成什么样子？大家都可想而知。

人类的贪婪造就了无数灾难的发生——土地被风沙侵蚀，沙尘暴席卷而来；滥砍滥伐，加剧了水土流失，造成了洪涝灾害；人类的猎杀暴行破坏了生态平衡，许多生物濒临灭绝；船只与油井漏出来的原油、农田用的杀虫剂和化肥、矿场流出的酸性溶液使得大部分的海洋、河流、湖泊都受到污染，海洋生物承受了巨大伤害。

看我们的笑容和美丽的一寸土一片天，正在被人们的肆意所吞蚀。

大自然已经用行动对人类发出了警告，南极冰川的融化，全球气候变暖，海平面的上升，阴霾的天气……地震、海啸、火山喷发，那是地球的嘶喊，是地球喷涌而出的泪水，是地球愤怒的发泄。

我们应该去保护大自然，而不是一味的索取。世界上的森林覆盖率日益降低，树木一天天的减少，土地变成了沙漠，长此以往，人类迟早会亲手毁掉自己唯一的家园。

人类以自然环境为生存、延续的基础。但是，如今的自然环境却遭受着愈来愈严重的破坏。大气污染、水污染、陆地污染严重，恐怕未来在世界上再也找不到一块净土。

植物的光合作用离不开二氧化碳，它们尽情的吮吸着人们呼出的二氧化碳，然后制造出人们需要的氧气，这个蔚蓝的星球上的生命生活地如此和谐。可是妄自菲薄的人类啊，汽车也许意味着优质的生活，工厂也许意味着腾飞的经济，但代价却是原本茂盛的树林倒下，原本辽阔的河流干涸，原本肥沃的土地失去了生机。我们自以为是地摧毁了每一片净土。那些道貌岸然的人嘴上说着要保护环境，却依然做着可耻的不文明行为，不要成为行动上的矮子，用自己的无知使我们本能美好幸福的生活一去不返……

没有蓝色的天，是忧郁的；没有绿色的山，是疼痛的；没有透亮的水，是寡欢的。

"人生若只如初见，何事秋风悲画扇？等闲变却故人心，却道故人心易变。"

【此作品荣获第三届全国中学生环境保护优秀作文征集活动省赛无限潜力奖】

（作者：樊香伊 贯通2102）

◎**点评与写作指导**

本篇作文论证语言既有散文的优美隽永、生动形象，又具有议论文的准确精当，画面描绘细腻丰富，抒情意味浓。例如文中使用了比喻，"它是生命的摇篮，美丽温柔，是坚强的靠山，巍峨壮观。"指出地球对人类的重要作用。运用了拟人手法，"地震、海啸、火山喷发，那是地球的嘶喊，是地球喷涌而出的泪水，是地球愤怒的发泄。"赋予地球以人的生命，表现了环境污染导致的自然灾害带来的严重后果。结尾作者引用了纳兰性德的“人生若只如初见，何事秋风悲画扇？等闲变却故人心，却道故人心易变。”丰富了语言节奏，言有尽而意无穷。

论证时要具有基本的结构模式，提出问题或论点后，列举现象，分析原因，最后指出措施。思路要清晰，结构要完整严谨。

◎相关写作素材链接（课程思政融合案例）

优秀论证范文

生态之变，折射发展方式的转变，更是思想观念的一场深刻变革。在浙江安吉，“卖石头”到“卖风景”之变圆了乡亲们的生态小康梦；在新疆阿克苏，昔日亘古荒原上建成一道“绿色长城”，让风沙之源变成幸福之源；在山西右玉，经过不懈植树造林、防沙治沙，不毛之地变身塞上绿洲，让农民的“钱袋子”鼓起来……实践证明，经济发展和生态环境保护不是矛盾对立的关系，而是有机统一、相辅相成的。今天，绿水青山就是金山银山的理念深入人心，生态文明建设也已融入经济社会发展各方面和全过程，成为人民群众共同参与共同建设共同享有的事业。

环境就是民生，青山就是美丽，蓝天也是幸福。新征程上，增强生态文明建设的战略定力，攻坚克难、久久为功，更加自觉地推进绿色发展、循环发展、低碳发展，就一定能书写美丽中国新篇章。

（摘编自《人民日报》）

美丽中国，双碳有我

孙宇航

地球孕育生命，人类是地球的骄子。我们的祖祖辈辈不断努力，用智慧在自然中创造更大的价值，人类以此为傲，但我们却忘记了是地球给了我们赖以生存的一切。科技进步，社会快速发展，人类为了满足日益增长的物质生活需求，正不自觉地步入无尽地开采地球资源和极端破坏性生产的误区。

在我们生活的这个时代里，掺杂着放射性化学药品的工业废水正源源不断地流入带给人们富庶生活的沃土、江河，垃圾堆放在城市的各个角落中散发着腥气与恶臭。城市外的郊野，森林面积锐减导致土地沙漠化，动物无处生存，生态灾难频繁，资源日渐枯竭…… 当恶化的环境已经影响到人类正常的生存，恐怕已是无力回天，在这种大环境下，人人自危。人们逃着、躲着、谩骂着，急于找到一个新的环境生存，事实看来，这种想法不切实际，我们只能改变现状，惶恐迷茫之际抬头望望天空，低下头来看看自己脚下的土地。

天空的蓝，植物的绿，花朵的红，世界本应七彩斑斓。

也许现在我们身边的色彩还尚未稀缺，但十年后，二十年后，甚至一百年后世界又会是什么颜色呢？灰色的天空，黑色和海洋，黄沙满天？我们无从猜测，但如果有一天，危机真正来临，那时无论做什么都为时已晚。因此我们要深思，要真正去为我们的家园做贡献，不能只停留在口头上的宣言和对别人的指责，我们要做好自己，这是全球人们要共同努力做到的事！

此番言论并非夸大其词，倘若对污染不加治理，现实会远比我们想象更加残酷。国家下发政策，各街道社区实行进行垃圾分类，开展各种环保活动。的确，在生活中仍有不自觉的人，但最重要的还是约束好自己，你的行为会影响到身边的人，相信通过持续努力，我们的环境会治理得越来越好。垃圾分类，种植绿化，回收资源等都是为了建设一个绿色家园而做出的努力，我们要积极主动参与，动员身边人，为城市环保贡献一份力量。

环境恶化给我们敲响了警钟，我们应当重视绿色环保，身为一名普通的中学生，应该怎么做呢？

我们可以低碳生活，绿色出行，平时尽量选择步行或骑自行车出行，减少驾驶私家车，这样不仅保护了环境，还锻炼了身体，增强了我们的抵抗力。平时注意随手关灯，随手关水龙头，做到一水多用，注意生活中的微小细节。

保护环境是一项长期而又艰巨的任务，让我们珍爱生命，善待自己，保护好我们的环境家园吧！天天都是环境保护日！

【此作品荣获第三届全国中学生环境保护优秀作文征集活动省赛无限潜力奖】

（作者：孙宇航 贯通2109）

◎点评与写作指导

本篇作文用生动的语言描述了环境污染带来的后果，作者细致地抓住了色彩角度，“天空的蓝，植物的绿，花朵的红”与“灰色的天空，黑色和海洋，黄沙满天”形成了颜色的强烈对比，细节突出，制造了明丽鲜艳的色彩与黯淡无色的反差感，强化了读者的视觉冲击。文中呼吁人们保护环境时人称变换灵活多样，既有第三人称的客观陈述，引发读者冷静思考，又使用第一人称，拉近与读者的距离，增加亲切感，容易使读者接受建议，还使用了第二人称，直指读者，针对性强，起到直摄人心的作用。

议论文写作中缜密辩证的论证是极其重要的一方面，除了可以运用多种论证方法，还可以从正面论证与反面论证的角度进行立论和驳论。运用逆向思维打开思路，辩证的从正反两方面思考问题。

◎相关写作素材链接（课程思政融合案例）

发展的力量蕴含在绿色和诗意里——淳安姜家镇

在20年多前，淳安县姜家镇还是一个工业重镇，提到此地，工业就是“标签”。当地人没有人会做水清树绿的梦，更不会有人预料到之后几年时间，湖边将建起高端民宿。姜家镇的湖水有着美好名字，叫做“百琴湖”，名字美丽，但现实确是湖水如墨水般死寂，更无美妙的琴音，琴毁弦绝，无鱼可活，这都是受工业污染的影响。当地政府反思竭泽而渔式的高能耗、重污染发展方式不可持续。但是离开了工业的姜家镇走向何方？重振工业？还是另觅路径？几经徘徊，摸索数年，终于找到了绿色发展的快车道。姜家镇看到了善待碧水青山的珍贵价值，领悟了蕴藏在这片山水中的文化力量的持久。姜家镇依水而生，因文而兴，做到了守好山水，护住文脉，把发展的雄心蕴含在了绿色和诗意里。

美丽中国，双碳有我

赵为一

环境保护，简称“环保”，其涉及的范围广、综合性强。环境保护大致可以分为三个方面：自然环境，地球生物，人类环境。

上个世纪初，人类极端的工业化生产对环境造成了不可磨灭的破坏，所以我们现在对山脉、河流、蓝天、海洋、丛林的保护就显得尤为重要。例如在林业方面，乱砍乱伐易引起水土流失、泥石流等自然灾害发生，林业许可证的设置就起到了规范作用。当我们进山游玩时，不要乱扔垃圾、烟头，不然不仅会对环境造成污染，更严重的会引起山火。在一年一度的植树节到来之际，我们可以去参加相关的公益活动，树木可以吸收二氧化碳，清洁空气。除此之外，保护环境还体现在生活的小事中，为减少雾霾天气可以少开车，多坐公共交通工具；不要往沙滩和大海里丢弃垃圾等，一些不起眼的小事都可能会破坏自然界的生态平衡。

除了要保护自然环境，我们也要重视保护地球上的万千生物。现如今，我国已经建立了许多自然保护区，利用科技建立物种基因保存数据库，把濒危物种的DNA保存下来。日常生活中，尽量不使用化学肥料或农药，虽然可以减少庄稼的虫害，但有毒物质也会通过食物链层层传递，最后被端上人类的餐桌，不仅对动物们造成伤害，也会对人类的食品安全造成威胁，而且农药会使土壤板结，失去肥力，最终会破坏生态平衡。

早些年，城市环境治理还没有引起人们的重视，在日常生活中，人们没有意识去保护环境，更没有意识到自己为图方便的小行为给环境带来多大的影响，用祖辈留下的技术把地球的绿色用黄沙掩埋，一片狼藉，有的地方还流着脓、冒着血！“亡羊补牢”，迟来的醒悟还不算晚，人类不能再无休止的向自然索要。

从现在开始，为了防止悲剧继续上演，让我们共同培养“保护环境，从我做起”的意识，让我们用心去呵护自然的美丽，用心去开展有关环保、护绿的各项活动，用爱来唤醒世人麻木的心灵。用心真真切切地去感受大自然留存的那一份无声、醉人、醇厚的美丽。

只要我们关爱自然，心系环保，用心呵护自然的每一座山川、每一条河流、每一寸土地，我们就能共赏大自然原始的美丽面貌，我们就能在一方净土上创造属于我们的幸福生活。

【此作品荣获第三届全国中学生环境保护优秀作文征集活动省赛无限潜力奖】

（作者：赵为一 贯通2108）

◎**点评与写作指导**

本篇作文结构清晰，运用了总分总结构，文饰流畅，开篇直奔主题，直接指出“环境保护可分为三个方面”，接下来三个自然段构成了并列结构，分别从“自然环境”“地球生物”“人类环境”三个方面进行论证，全面灵活地指出了环境污染的现象与带来的影响，为后文蓄势。最后，以全文为基础，运用简洁生动的语言指出人们应行动起来，卒章显志，前后照应，回扣“环境保护”的论点，增加了文章的感染力，起到了“画龙点睛”的效果。作者关注到了自然、生物、人类生活角度的关于环境污染的小事，以小见大，充分体现了“勿以恶小而为之”的深刻内涵。

标题是文章的眼睛，因此标题应紧扣文章的中心论点，展现文章内容，一目了然，清晰简洁。可适当追求文学性，使标题新颖别致，读起来朗朗上口，切记题文不符，空洞无物。

◎相关写作素材链接（课程思政融合案例）

落实“双碳”行动，共建美丽家园

2022年6月15日是我国第十个“全国低碳日”，2022年6月13日至19日是全国节能宣传周。“全国低碳日”自2013年设立，我国采取有力的政策和措施，助力实现“双碳”目标。

2022年的“全国低碳日”主题为“落实‘双碳’行动，共建美丽家园”。党的十八大以来，我国以前所未有的力度推进生态文明建设，实施一系列应对气候变化战略、措施和行动，参与全球气候治理，绿色低碳发展取得了积极成效。

10年的时间里，我国坚定不移走生态优先、绿色发展道路，把绿色发展理念贯穿于经济社会发展的各方面。我国在经济社会发展的同时，兼顾绿色环保，经济发展与减污降碳协同前进。

2 世界华人学生作文大赛获奖作品选录

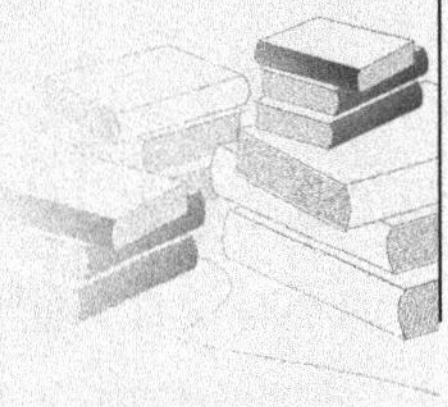

论爱国奉献精神

王雪一

“时代在变，年轻的面孔也在变，但爱国和追求进步的目标永远不变，红色基因的底色永远不变，始终在奋进的时代精神永远不变。”从古至今，爱国奉献精神都深深地印在中国人的心中。

爱国，是心中汹涌的壮志豪情。

南宋伟大词人辛弃疾，他的词大多抒发自己的豪情壮志、政治理想。“凭谁问：廉颇老矣，尚能饭否?”深刻地表达了他不甘于此，想要上阵杀敌，想要为国效力的壮志情怀；“醉里挑灯看剑，梦回吹角连营。”也能让我们感受到镌刻在他心中的报国情怀。“人生自古谁无死，留取丹心照汗青。”“文天祥舍生取义，视死如归的壮志情怀。”从以上的古诗中，我们可以感受到爱国二字，贯穿了他们的一生，而这也是中华民族传统美德的崇高体现。

爱国是人世间最真挚、最自然的情感。对脚下这片土地的无限热爱已经深深的植入中国人的血脉里。这份爱，是千千万万人在平凡岗位上的忠诚坚守；这份爱，是亿万人民在大义面前的挺身而出；这份爱，是一代代人民的勇于担当。

爱国，是最难忘的青春底色。

战乱动荡时期，艰辛苦难的生活使李大钊从小就养成忧国忧民的情怀和坚强的性格。1915年，日本提出灭亡中国的“二十一条”，李大钊积极参加留日学生的抗议斗争。1916年，他在任教的同时，积极投身于新文化运动，成为新文化运动的先驱者之一。十月革命影响了中国，李大钊以《新青年》为阵地发表了众多文章，积极领导和推动五四爱国运动发展，成为了我国最早传播马克思主义者之一。1920年，李大钊和陈独秀在北京和上海活动，筹建中国共产党。1921年7月，中国共产党第一次全国代表大会召开，宣告了中国共产党的诞生。青年有志，把家国烙印在心中，将人民所愿与自己的生命连在一起，把中国从淤泥中拉出来。"爱国"是每一位青年所肩负着的责任，也是青春中最难忘的底色。

我们生在国旗下，长在春风里，目光所及之处皆为华夏，五星红旗的荣耀即为信仰。在新时代，我们青少年爱国的前提应该是好好学习，少年强则国强！"为中华之崛起而读书"是周恩来总理在年少时所讲的一句话，我们也应该从现在做起，努力成为一个能为祖国做奉献，坚定自己的理念，时刻牢记自己的历史使命，肩负起时代重任的青年。

爱国，是一种情怀，是历朝历代谱写爱国主义的悲壮史诗；爱国，是一种责任，是"鞠躬尽瘁，死而后已"的尽忠报国；爱国，是一种传承，是中华儿女共同牢记的使命。

【此作品荣获"第二十二届世界华人学生作文大赛"国赛三等奖】

（作者：王雪一 贯通2102班）

◎点评与写作指导

该作品以"爱国奉献精神"为主题，是一篇典型的议论文。文章首段提出中心论点，接下来分别以"爱国，是心中汹涌的壮志豪情"和"爱国，是最难忘的青春底色"为分论点，系统论证中国人是有爱国奉献精神的。文章中引用中国古代与现当代数位爱国奉献人物的典型事例，论据合理充分。文章语言流畅，作者文言文功底扎实。文章结尾总结全文，进一步深化主题，结尾处使用排比句，进一步增强文章气势。

写作"爱国"主题议论文时要注意论点鲜明准确，论据合理充分，结构安排详略得当。同时还要加强素材积累，使用论据时可从"古今中外"

角度论证。

◎相关写作素材链接（课程思政融合案例）

著名核潜艇专家、中国工程院院士——黄旭华

2019年，中国第一代核潜艇总设计师、著名核潜艇专家、中国工程院院士黄旭华获得“国家最高科学技术奖”。黄旭华院士为核潜艇隐姓埋名30年，他曾说：“我的一生属于祖国。”他从旧杂志里翻出的设计图，用从美国买来的玩具作为核潜艇研究的开端。他为了祖国的事业，30年没有回家，无论父母怎么问都始终没有告诉他们自己在哪儿，在干什么，为祖国的核潜艇事业奉献一生。老一辈科学家为了祖国的国防事业，为了我们今天能够享有安宁、和平的幸福生活，作出了巨大牺牲，付出了巨大代价，值得我们当代青年人学习和景仰。

填薪铸剑

孙浩凯

中国有迹可循的历史超过五千年，中华文化通过不同方式，多种载体一脉相承，流传至今。从古至今，众多典籍中记载了无数英雄勇士的浴血奋战，保家卫国的激烈场面，这些勇士在战场上，除了怀揣爱国之心，凭借一腔热血，也要靠手中的武器——宝剑。

“工欲善其事，必先利其器”。铸剑这一工艺在中国这片神奇的土地上发展了已有几千年之久，诞生名剑无数，有传说中的轩辕、湛卢、赤霄等十大名剑，也有真实存在的越王勾践剑、始皇宇宙锋等。这些闻名遐迩的宝剑建立战功赫赫的背后，离不开匠人的精心打造和无数薪樵的烈烈燃烧。

一把宝剑得以铸成，需要将上好的金石炼化。炼化金石的过程则需要将薪樵投入熊熊燃烧的烈焰，让烈火释放其所有的能量，薪樵的前赴后继，供给着源源不断的能量。当成千上万的薪樵不断投入烈火，不断化身焦炭，汇聚成千度高温，金石在无数薪樵的燃烧下慢慢炼化，受得千锤百炼，终成一柄真正的宝剑。正是有了薪樵量的积累，最后使金石有了质的飞跃，才得“削铁如泥，陵劲淬砺”。

一棵干柴之火难撼金石，万把干柴之热可熔万物。原本坚硬的金石，因为万把干柴燃尽所生之烈火，终成宝剑，此乃物尽其用也。正是有着无数薪樵的无私奉献，才铸就了尊贵无双的纯钧剑、勇敢决绝的鱼肠剑、威武霸气的泰阿剑等等举世无双的宝剑。这些宝剑让中华民族在历史上历经数次外族入侵当中得以存活，无数干柴燃尽铸成的锋利剑刃，保护我们无数次得以度过危亡时刻。四大文明古国，只有中国文化没有中断，这是多么惊人的力量，干柴的燃烧铸成了保中华万里华夷千年不变的武器，谁能不感叹或惊讶于小小干柴的力量呢？

薪樵之物本来是不起眼的燃料，却保护了华夏文明得以延续千年之久，物如此，事犹是，人亦然。无论任何一个国家任何一个民族，想要强盛想要复兴，都需要无数“薪樵”无私奉献，无数仁人志士前赴后继，才能铸成真正的国之重器！薪樵就像世间芸芸众生里无数的爱国奉献者。他们的力量一点点汇聚，一点点发光发热，成为天地之间最猛烈的一团火。这团火焮天铄地，这团火绵延万里，铸就了两弹一星、歼20、核潜艇等等国之重器，让贫弱的我们重新握起一把把利剑，让觊觎着华夏大地的歹徒们胆战心惊！

而今的我们虽生活在和平年代，不需要弃笔从戎、马革裹尸，但我们仍然不能失去血气，丧失精神，我们也要成为“薪樵”的一员，要爱国、要奉献。当今的中国，许多领域还面临着一些亟待解决的难题，面对的这些如同金石的困难，一把干柴不能使其熔化，那么前赴后继无私奉献的万把干柴，终将炼尽所有的困难坎坷。正如“捧出一颗丹心，献与亿兆生灵”，无论将来我们身处何地，身兼何职，都要尽心竭力为祖国强盛、民族复兴的事业，源源不断地填薪铸剑，捧出丹心！

【此作品荣获“第二十二届世界华人学生作文大赛”国赛三等奖】

（作者：孙浩凯 贯通2105班）

◎**点评与写作指导**

该作品以“爱国奉献精神”为主题，从“宝剑”入手，以“宝剑铸造”所需的“薪樵”为切入点，来印证“一棵干柴之火难撼金石，万把干柴之热可熔万物”的这种团结奉献的精神。文章主题体现鲜明，文章层次分明，段落之间衔接恰当，文章语言流畅。文章结尾升华主题，凸显意志，发出号召，表其为国发展奉献之心，进一步增强文章的感染力。

写作“爱国奉献”主题议论文时，要使文章的论点突出，论据丰富，可增加对具体人物、事例的引用。除此之外，在文章最后发出号召时，在意志展现中，可增强语言的气势，并与时代相结合。

◎相关写作素材链接（课程思政融合案例）

结尾总结的好句子：“时代呼唤担当，奋斗创造未来。今天，亿万人民正在意气风发向着第二个百年奋斗目标迈进。广大青年创新正当其时、圆梦适得其势。把爱国之情、强国之志、报国之行统一起来，把自己的梦想融入人民实现中国梦的壮阔奋斗之中，在全面建设社会主义现代化国家的伟大实践中创造精彩人生”。

（摘自于人民网）

神奇瞬间的背后 —— 工匠精神

娄业然

什么是工匠精神？是即使备受非议，也要披荆斩棘、破浪前行；是即使深陷泥潭，依然会仰望星空；是无数个日日夜夜的坚守，创造非凡的成就和奇迹，这不正是“天将降大任于是人也？”。有的人是看外表，轻内在；有的人追求利益，看轻信仰；有的人追求效率，不看品质，但工匠精神就是表现在十日画一水，五日画一石，不把富贵看成喜事，不把贫穷看成悲事，任人事莽莽，世事匆匆，回望月与灯，依旧以匠心，守初心。

那是假期的某日，我沿着清澈的河径迈开脚步，一双悠然的明眸注视起了河流对岸的建筑。现今的城市正悄然发生着变动，如同整个世界呼吸着转动的风息。青山绿水间呈现的事物，除去亘古不变留下的郁郁葱葱，还因这巧夺天工的建筑显出的一丝不凡。

眼观神州，无论是构思精巧的鸟巢，亦或是令人遐想的雷峰塔，还有那曾守卫着一方国土的万里长城，无一不在向世人透露着那不可磨灭的工匠精神。当我赞叹于这些工艺的惊异之余，心中不由生出对工匠们的敬佩之情。他们用汗水建设着国家，用独有的品格书写着祖国的大好河山。

正是由于他们的不断付出，较之旧日，如今的新生代才能够享受更优的师资力量，使用先进的工具辅助学习，当我们身处明丽的课堂汲取源源不竭的知识力量时，我们更应向他们报以感激之情。祖国的富强建设与工匠的推动力量密不可分。工匠精神是伟大的，一名具备工匠精神的人，无疑是值得我们尊敬的。在我的身边，便有这样兢兢业业的匠人。

工匠精神并非是简简单单地完成工作，而是努力提升自我，以不竭的意志力向他人传达刻苦勤勉、不畏艰辛的品质。我们的师长，无疑是工匠精神的代表。或许会有人武断认定师长与敲敲打打的劳动者并无关联，其实那是错误的想法。正是因为师长的孜孜教诲，我们才有今日的成绩。教师的工作，可以看作是工匠精神的一种体现与衍生。对我来说，教师是我憧憬且期盼的职业。曾几何时我也构想着，自己站在三尺讲台教书时的画面。我会用粉笔就着黑板，为面前的学生授课。好比为他人点燃一盏人生的明灯，对我而言那正是自己理想的事业。我愿自己成为具有工匠精神的人，在奋斗中提升自己的价值。

在我的理解里，工匠是某一行业里的佼佼者。他们用汗水诠释了对这一品格的定义。无论风雨，他们总是不辞辛劳地站在岗位的第一线，苦与泪镌刻于那一张张泛着皱纹的面庞。我们的社会需要工匠精神，工匠精神是一种时代精神，而时代精神正是引领人民奋进的标杆。工匠精神为我们的文明提供了不竭的动力，而正是由于这种可贵的精神，更加激励了一个民族卓越向上的勇气。

【此作品荣获“第二十二届世界华人学生作文大赛”国赛三等奖】

（作者：娄业然 贯通2010班）

◎**点评与写作指导**

该作品以“工匠精神”为主题，本文选材真实、典型，有代表性。文章开头，直接发问“什么是工匠精神”，直接指明论述的对象。文章运用了排比句，语言流畅，行文舒展自如，自然洒脱。结构简洁合理，清晰自然，层层递进。从作者的所见到所想再到所感，将作者对“工匠精神”的理解与诠释娓娓道来。

此类文章写作，首先要明确何为“工匠精神”。其次要加强积累写作素材，依托大量的人物事例，古今中外，不同行业不同领域的人物来丰富文章的内容，也可将身边自己熟知的人物事例写进文章，与名人事例一主一辅，相互呼应。最后，要有总结性话语，结构上照应开头，内容上可点题，可号召。

◎相关写作素材链接（课程思政融合案例）

劳模制造，必是精品——艾爱国

缕缕艾草香，悠悠爱国心。五十余载耕耘路，艾爱国用执着、坚守和创新，在攀登技术高峰的同时，也将自己铸就为技艺的高峰。

——2021“大国工匠”年度人物艾爱国颁奖词

他是第一位从湘钢走出来的焊接大师，从世界上最长的跨海大桥——港珠澳大桥，到亚洲最大深水油气处理平台——南海荔湾综合处理平台，这些国际国内超级工程，都离不开他的身影。从助力中国船舶制造业提升竞争力，到比肩世界一流水平。解决国外“卡脖子”难题，填补国内空白技术，都离不开他的焊接绝活。他五十余年的时间，实现自己最初写下的“攀登技术高峰”目标，将自己活成了一座高峰。

民族精神核心——爱国主义

宋晋辉

我热爱我的祖国，她在疫情突发之际采取果断措施有效控制疫情；我热爱我的祖国，她在孟晚舟遭受非法拘禁之时不断努力最终换来其自由；我热爱我的祖国，她始终把人民的生命安危与冷暖放在心上。爱国不是一句口号，爱国更不是一句空谈，从古至今，无数民族志士，用自己的行动表达其对祖国的热爱。

中华历史的长流中，无数人民为了祖国的统一与繁荣，抛头颅、洒热血，在所不惜。南宋文天祥不接受劝降，岳母刺字岳飞精忠报国的故事我们耳熟能详。近代战争中，黄继光为了保证部队的进攻，用自己的身体去堵机枪孔，为部队进攻争取了时间；邱少云所在部队进攻“391”高地时，为了不暴露队友，不顾身上被引燃，不畏烈火燃烧带来的痛苦，岿然不动，最后壮烈牺牲，换来了部队进攻的成功，为部队的成功做出了贡献。中华上下5000年，许多英雄豪杰用实际行动体现出了慷慨赴死的决心、英勇就义的果断、舍生取义的豪气。

1955年初冬，刚刚冲破美国重重阻挠回到祖国的钱学森，来到哈尔滨军事工程学院参观。院长陈赓大将问钱老：“中国人能不能研发导弹?”钱学森说：“外国人能干的，我们中国人为什么就不能干？难道中国人就得比外国人矮一截，我们差什么？我们手上有剑和有剑不用，是两码事。”就是这一番话，从此决定了钱学森从事火箭、导弹研究并为此贡献了毕生心血。美国曾审问钱学森心中效忠谁？热爱哪个国家？钱学森回答：“我永远效忠的是中国人民，我永远热爱我的祖国。”和钱老一样，不忘祖国的还有中科院院士叶培建同志，他为中国航天事业做出了卓越贡献。其父亲曾参加过抗美援朝战争，在父亲的感召下，曾出国留学并放弃了国外给出的高薪条件毅然回国，许多人问他有没有思想斗争，叶院士说：“因为我热爱我的祖国，是我的祖国出资让我去国外留学，所以我不能忘记祖国”。他们的故事告诉我们，无论何时，身处何地，华夏儿女都是一个有血有肉的中国人。

当然，华夏历史中不仅有许多不平凡的人，还有许多平凡的普通人在背后默默地无私奉献着。在危险来临的时候总有一群人第一个冲上去，用身体筑起一道道“铁的城墙”。在抗震救灾、洪水泛滥的现场都有他们坚毅的身影，他们是中国军人。2020年初疫情爆发，抗击疫情，武汉这座英雄城市也成了前线，仍不缺直面病毒的医护人员，深入疫区无畏的志愿者。正是因为他们的负重前行，才有我们现在的岁月静好。

爱国不仅仅是一句口号，更要行动！爱国体现在我们的生活中，爱国体现在我们的学习中，或许爱国不需要我们去做一些惊天动地的大事，它只需要实实在在的行动。所以，于我们而言，爱国体现在我们日常生活的点滴中，我们努力学习是爱国，遵守纪律是爱国，热心助人亦是爱国。

作为当代青年，作为祖国未来的希望，我们要为振兴中华而读书，投身建设祖国，为祖国发展贡献自己的一份力量，虽然力量微薄，但是一点点聚集起来就可以推动祖国前进，为作为社会主义建设者和接班人做好准备，投身祖国建设，为把祖国建设成为富强、民主、文明、和谐的社会主义现代化强国贡献一份力量。

人民有信仰，国家有力量，民族有希望。我的心中存在一种颜色，那就是中国红。让我们一起努力，让祖国腾飞，让中华民族雄风长振！

【此作品荣获“第二十二届世界华人学生作文大赛”国赛三等奖】

（作者：宋晋辉 贯通2102班）

◎点评与写作指导

该作品以“民族核心精神”为主题，内容以“爱国”展开书写，主题积极向上。文章开篇便直抒胸臆，运用排比句，表现其对祖国的热爱。接下来分别从古代、近代、当代这三方面来列举实例，论证从古至今，华夏民族无数的爱国将士、人民的爱国精神。文章中引用典型实例，论据合理充分。文章语言流畅，结构安排合理。文章最后连续多段落来表现自己对祖国母亲的真诚热爱，以感受开头，以感受结尾。这样便使文章前后照应，首尾连贯，同时又使文章主题回环复沓，感染力极强。

写作“爱国”主题文章时首先要注意论点的准确与鲜明，其次要选择典型和恰当的人物和事例作为文章的论据，合理安排文章的结构。

◎相关写作素材链接（课程思政融合案例）

人民数学家——华罗庚

我国著名的数学家华罗庚，1910年出生于江苏，出身贫寒。由于家庭条件有限，不得不在高中时辍学在家，一边帮家里照看店铺，一边坚持自学数学。

20岁时，他被邀请到清华工作，四年就完成了别人10年的学业和工作任务。后到国外进行访学。在“七七”事变后，他放弃国外优厚的待遇，毅然决然带领妻儿回到抗日烽火到处燃烧的祖国。他说：“为了抉择真理，为了国家民族，我要回国去!”回国后，他不仅刻苦致力于理论研究，而且足迹遍布全国23个省、市、自治区，用数学解决了大量生产中的实际问题，被誉为“人民的数学家”。

3 全国中学生科普科幻大赛获奖作品选录

我的2046

彭九木

清晨，当第一缕阳光越过地平线，我的蛋壳堡垒开始了一天的高速运转，太阳能板开启了充电模式，堡垒开始根据温度一层层褪去外壳，温控系统也开始接收来自太阳的能量而指挥空调系统进行降速、换气。从我的人体工学床上坐起来，我闻到了来自大自然的气息：湿漉漉的土壤、甜甜的牵牛花、新风系统处理的小可爱们的味道、青草晒着阳光青涩味道……我听到了来自今天的第一首乐章：小田鼠在洞中打鼾，小兔子在咀嚼青草，我的边牧追赶着羊群，头顶，各种飞行器已经在空中轨道中穿行……我的2046，不是末日，而是天堂。

科技让我们把稀缺的土地还给了绿色，空间的利用解放的不仅仅是陆地，还有海洋；科技让我们的交流不再依赖语言而是意识化，甚至是和动物们，也可以通过眼神直达胸意，我们从这些有趣的灵魂身上学到了真实和质朴，无障碍的意念沟通，也让我们学着净化自己的思想，去传达爱和善良。科技成为了人类的好帮手，因此我们也更加了解并珍爱。

做早饭的不是妈妈而是我的智能机器人，模拟成妈妈的样子，依旧选择使用妈妈式的叫早、唠叨等服务，我可以选择是否使用语言交流，而不是在家里闷不作声。妈妈跟她的仙鹤们去武当山修仙了，显然，意识沟通虚化了人类社会的界限。她虽然已经六十八岁了，但面容依旧停留在三四十岁的样子，身体疾病也完全可以通过基因治疗而痊愈。毕竟，现在的人均寿命已经是120岁了。

吃过早饭，我依旧是去学校学习，只不过我是坐在自己的高压氧舱中进入虚拟的状态，根据选修的课程进入相应的课堂，所以我没有固定的同学，每次都能交到来自世界各地的新朋友，各个人种从来都没有这么近距离融合，没有国家的概念，只有经纬度的标签，我们都在一个平面——一个球体的表面，电磁交织的一张网上，我们共同享受着来自地球、来自科技、来自自然、来自宇宙的馈赠。我们了解到万物皆为一体，懂得共同成长的意义，并学会了成长自己也要反哺自然，我们明白科技的意义是创造而不是破坏……为此我们付出了很多努力，这样的付出才能换回如今的回馈。运动是必须要亲力亲为的，虽然肌肉的运动仍然可以依赖人工智能，但努力和汗水是我们不该丢下的。只不过，即便是一个人，也能来一场足球赛，当然，我和朋友们还是共同参与，毕竟机器人只能坐替补席。我相信有一天，机器人可以做到极其逼真，也可以成为我的朋友，注入情感，希望人类可以教会他们善良，同时告诉他们在爱和融合中发展、生生不息。

晚上，我会根据养生菜单进食健康的、适量的食物，并不会浪费过多资源。每一次的能源革命虽然都是由争夺开启，但最终解决问题都是科技带来的创造。我们现在主要能源是太阳能，也更加会使用大自然的力量去获取电能，氢能由于提取便捷及零排放的优点被广泛应用，至于存储风险的弊端不用我说，早就被科技发展所攻克。石油和天然气就让它们长眠地下回归自然，它们一定也有属于它们的未来。我们正在探索如何使用基因工程及生物医药工程来提升木质材料的使用功效，实现部分有色金属的替代，来释放矿石的使用量及开采量（电磁及虚拟技术的应用已经大大降低了人类对金属的需求），合理的使用资源并分配资源，提高使用效率，让资源方案更加优化，一直是我们奋斗的目标。

人类文明不是物化的文明，是内在修养的高度，是意识形态的文明；人类文明也不光是人类社会的文明，是生态系统的文明，是全物种、全生态的文明。2046，我们依然有无数难以攻克的难题，但并不会削弱我们怀揣无数的憧憬去努力创造未来的决心和动力。也许在这条发展之路上，我们会犯很多错误，也会走一些弯路，但我依然深信，只要用爱去融合，我们将获得无往不胜的力量，并创造史无前例的明天。

【此作品荣获全国中学生科普科幻大赛省赛一等奖】

（作者：彭九木 贯通2101班）

◎**点评与写作指导**

该作品以“科幻”为主题，构画了2046年中“我”的一天。以时间为主线，依序交代了一天中科技带给“我”的便利、变化、发展，以及将来要面对的问题与挑战，文章在叙述过程中涉及到卫生、环境、资源、自然、生物等多个方面，由此可见，作者的素材积累非常丰富。此外，本文虽为科幻类文章，作者的想象力丰富，以生活和自然为源泉又不失真实感，例如：“妈妈式的叫早、唠叨等服务”让智能机器人有了情感也让读者在阅读过程中感同身受。结尾令人饱含期待与热情，主题升华，展望未来努力方向，言已尽，意犹未了。

写作“科幻”类文章首先要区别“科幻”与“科学”两个概念。其次科幻文章要大胆，要创新，找准科幻创新点。还要巧妙构思科幻情节，文章的语言要生动，结构安排也要用心。确定好创新点之后，可以看一些科幻作品，参观科技博物馆，用来充实素材，激发想象。

◎**相关写作素材链接（课程思政融合案例）**

我坐着时光机来到了1000年后，哇！3022年真是不同凡响。街道上到处是悬浮汽车，每个人都忙碌着。我走着走着，忽然看见一张海报，上面写着月球之旅。这可是个难得的好机会，此时不去，更待何时！我立刻报了名，开始了我的月球之旅。我坐上超光速飞船向月球进发，一瞬间便来到了月球。

（摘自于《难忘的月球之旅》）

遥远的一封信

路凯杰

2021的朋友：

你好，展信佳！

今天，是世界地球日，更是我来到2142年的第四十天，我即将启程去下一个地方了，在临走之前，我要与你们讲讲我的见闻。

2142年，地球资源彻底枯竭，而事实上，自2056年之后，由于局部战争的爆发与扩大，以及各国现代化建设速度加快、人口数量暴增，人类对地球无限制的索取导致温室效应加剧，2063年，煤炭、原油、天然气等矿产资源枯竭，人类开始大肆砍伐树木用来制作燃料和人工煤炭，这更加剧了环境污染。

如预想的一样，地球环境以肉眼可见速度被恶化，随着最近一次人口井喷，终于在今年，地球上所有自然资源彻底枯竭。

随着土地污染的加剧，现在地球上已经没有可以耕种的土地。自诞生到现在几十万年间，人类获取食物的方式从未真正离开过土地，如今，我们被迫离开赖以生存的土地。政府为了应对饥荒，开始了“新型食物”的研发，制成了一块肥皂似的“食物”，这种食物只是给人一种咀嚼上的快感，毫无营养，这就是这里的人们吃着的食物。

其实，我的目的地本不是这里，但在那次时空穿梭过程中，我的时光机被时光隧道中的陌生信号干扰，我被迫来到这里并停留些日子。我爬出时光机，看到街道和餐馆里的人都捧着一块肥皂啃食的时候，猎奇心作祟，正好有些饿了，我用身上仅有的几块零钱买了一块“肥皂”。它虽然被油纸包住，却毫无味道，我有些后悔，但抱着试一试的心态，还是硬着头皮咬了一口。刚入口，它黏糊糊的，没有任何味道，真是难以下咽，我找了个墙角，吐了出来。路过的人们看见我的样子都围过来，看着我，指指点点说着什么。我隐约听到有人嘀咕，“这年轻人，有东西吃不错了，唉……”。后来，我才知道，这肥皂似的东西，是这里的人们仅有的食物之一，若不想吃“新型食物”，便只能挨饿。忘了告诉你们，所有的香料植物在这时已经灭绝了，而生物和人工调料都是上层阶级和统治者的专享。

我能想象你读完这段话的表情，我相信你不会想到未来的某一天，我们会靠这些东西度日，你此时此刻一定想让我为这个世界做些什么。但，我能力有限，改变世界的重担，我真的承受不起。这些日子，我只能靠着时光机上过期的食物填饱肚子。其实，我早就想到会有这么一天，有一天我会去到一个缺少食物的时代，只是没想到去的这么快。好了，就说这么多，我的时光机修好了，我该走了。临走前，我把我仅剩的几颗科研用的菜种和一捧2021年的泥土埋在这里，我希望，接下来的未来旅行，我可以看到一个没有饥饿的世界。

愿：2021年的朋友，如果你能看到我的信，请从现在开始，爱护我们的环境；2021年的朋友，如果你不想亲眼看到我所看到的场景，那么，请从现在开始，为环保出一份微薄的力吧！

时空旅行者 路遥远

2142年4月22日

【此作品荣获全国中学生科普科幻大赛省赛一等奖】

（作者：路凯杰 贯通2010班）

◎**点评与写作指导**

该作品是一封书信，以“食物短缺”为主题，呼吁人们注重“环境保护”。主题新颖别致，文章的切入点奇特。先后交代了地球资源枯竭的原因，政府应对的办法，群众生活的状态，以及自身体验之后的感受。结构安排合理，详略得当，文章语言清新有趣。文章结尾升华了主题，让读者感受到了希望，同时也对读者发出了号召，通过这样的设想来唤醒并呼吁当代人们保护环境的意识，短促而有力。

以写“书信”的方式进行科幻作品的创作，要注意“书信”这种应用型文本的格式。主题选定要鲜明，将自己带入到情境中进行书写，体现内容的真实性，语言的合理性。同时在写作的过程中，要有问题意识、政治意识。

◎相关写作素材链接（课程思政融合案例）

顺应自然，和谐共生

人类的力量是巨大的，但无论如何，都不能摆脱自然客观规律。人类历史之所以能延续至今，得益于大自然的滋养和馈赠。然而人类似乎将自然给予的馈赠认为是理所当然，甚至变得索取无度，更有甚者对浪费习以为常。张晓风曾说：“每一张纸都是一截树木为我们粉身碎骨以后的遗容，我们理当感恩怀德。”不仅纸张，整个人类文明都是建立在自然之上的，我们理应感恩和珍惜这一切。只有顺应自然，保护环境，才能谋求更加长远的发展。

月球奇遇记

杨景婷

随着科学技术不断更新向前，人们探索月球的好奇心越来越强，不知不觉间月球也住满了人类，变得越加拥挤。许多人因为人口暴涨都搬到了月球上，我也一样，我也在月球上拥有了一个由我亲自设计建造的全新的家。

我仿照海绵宝宝的菠萝屋把房子建成了菠萝状，墙外的涂料并非普通油漆而是新合成的一种元素，它可以使房子发出柔和的光，让我在月球的生活上感到一丝温馨。从菠萝屋的大门上去，顺着螺旋状的楼梯来到楼上，那便是我的卧室，我在卧室里面养了许多奇异的花花草草，有一种草是我最喜欢的，它是一种会跳舞的草，一触碰到它的花茎，它就会带着它的枝叶像跳舞一般一起摆动，在我心情不好的时候，我就会去逗逗它，看着它翩翩起舞的样子，我的心情也跟着一起变好了起来。

我还在院子里面栽了许多的树，别看这些树长得高大粗壮，你敢相信它们只是我昨天栽到土里的吗？是因为运用了最新的科学技术，所以才能在一天里长得这么高，不仅我们家，家家户户，大街上都有郁郁葱葱的大树，这些树不断地散发着氧气，从而解决了人们的呼吸问题。

我家花园里还有一颗可以自由选择水果种类的水果树，科学家把各种水果拿去研究，经过一系列复杂的科学实验，研制成智能多功能种子，把它种在月球上，就长成一棵大树，想吃什么水果的时候就按下树干上的按钮，根据选择的水果种类结出水果，有苹果、梨子、桃子、李子……想要什么就有什么，而且口感都非常的好。真是让我这个吃货属性的人大饱了口福，这都是科学进步的功劳啊！

在月球上生活让我最意想不到的是，碰到了传说中的嫦娥姐姐，从我第一天来到月球上时，我们两个就因为我的屋子结下了不解之缘，我们相谈甚欢，她很喜欢我，所以就送来了几只兔子给我，据说是当年那只玉兔生下来的。我将它们养在了我的院子里，我每天一打开天窗，就能看到活蹦乱跳的它们，这些小家伙们竖着长长的耳朵，三瓣嘴一动一动的，可爱极了。

在月球上生活，还让我有了很多全新的体验，让我有了独特的运动方式，这里的人们在出门的时候，都是蹦蹦跳跳地走，因为月球上的引力是地球上的六分之一，轻轻一跳，就可以跳三米多高，跳到空中，有一种飞翔的感觉，这种跳跃式行走的方式成了月球上的一大奇异景观。

人们回家的方式也和以前大不相同，如果我想家了，就去约一趟星际列车，它们会在你约定好的时间来到你家门前，并且只需要五分钟就可以到达你脑海里的任意一个地方，不出五分钟就能吃上那里地地道道的美食，在搭乘星际列车的途中，可以看到虫洞中其他星球秀丽的景色，当你看着淡蓝色星球出现在你眼前的时候，心里的激动是藏不住的，“地球妈妈，我回来了”。

就这样，虽然我生活在月球上，但是我的心还在地球，看着宇宙中美丽的景色，我突然想到一句话——浩瀚的宇宙任我遨游，这才是我梦寐以求的生活。

【此作品荣获全国中学生科普科幻大赛省赛一等奖】

（作者：杨景婷 贯通2004班）

◎**点评与写作指导**

该作品以“月球上的奇遇”为题，生动刻画了作者在月球上的生活，以及所见所闻。这篇作文取材新颖，构思奇妙，有菠萝状的房子、一夜长高的大树、会跳舞的花草、神奇的水果树和星际列车。本文内容生动丰富，语言新颖清爽，文章前后连贯，形成完整的形象。在月球上与嫦娥做邻居，养小玉兔，充满神奇。虽为一件小事，但作者却描述得有声有色。结尾处在情感上有大翻转，不可或缺的点睛之笔。

在创作此类文章时，要巧妙构思科幻情节。开端、发展、高潮、结局这些情节既要扣人心弦，引人入胜，又要合乎情理，前后关联。文中涉及人物，要通过事件来表现主人公的性格特征，文章的情节要跌宕起伏，进而才能传达文章的主题。

◎相关写作素材链接（课程思政融合案例）

月球是围绕地球旋转的球形天体，同时也是地球的天然卫星。月球是太阳系中体积第五大的卫星，其平均半径约为1737.10千米，相当于地球半径的0.273倍；月球的表面布满了可能由小天体撞击形成的撞击坑。月球与地球的平均距离约38.44万千米，大约是地球直径的30倍。

月球是第一个人类登陆过的地外天体。1969年美国的阿波罗-11号实现了人类首次载人登月。2019年1月3日10点26分，由中国发射的“嫦娥四号”探测器在月球背面东经177.6度、南纬45.5度附近的预选着陆区成功着陆，世界第一张近距离拍摄的月背影像图通过“鹊桥”中继星传回地球，这揭开了古老月背的神秘面纱。2019年1月3日，嫦娥四号月球车被命名为“玉兔二号”。

（摘自于百度百科）

神奇

杨珺玥

我们赖以生存的星球上，存在着数不胜数的食物。站在食物链最顶端的人类，填饱肚子也是一门学问啊。然而，并不是每种食物都是人能驾驭的。但也未必没有神奇的技术可以满足我们脆弱的小肚子。可是，研发再多的食物，再先进的种植技术，也无法赶上人类那惊人的增长速度。正因如此，伟大的科学界创造了一项神奇的技术……

在时光长河中，人是不断进步的，光阴似箭的日子里，科学技术与之共同进退，好似一只不断成长的雄鹰。正因为“科学技术是第一生产力”。我们也在不断打磨这项神奇的技术。首先，要科学地解决我们最基础问题——人口增加所带来的食物压力。虽然摸不清头脑，或许希望渺茫，但我们仍去努力尝试……

科学给予了我大胆的想法！它使我看到，以后人类的食物全部做成了压缩的形态，听起来荒谬绝伦，但意味深远啊！你可曾想过？在未来，经过科学家们废寝忘食的研究，最终我们得到了一个神奇的科学结晶，一个只有一厘米高的小瓶子。在这个精致小巧方便携带的小瓶里，充满了一个人所需要的多种微量元素，这小小的身体蕴含了大大的能量！

这神奇的小瓶子不仅内部是可食用的，就连瓶子也是可食用的材质。在服用的时候，我们可以选择先喝掉汁水再吃掉瓶子，也可以把两者放在一起品味。两种体验口感截然不同。最重要的是，完全不用担心这精致的小东西会有多难吃，它的瓶子是连小孩子都喜欢的甜味，内部的汁水也充满果香。它有不同的颜色，不同的颜色代表了不同的微量元素，我们可以有选择性的服用，不会对人类造成伤害。听了我的描述，这神奇的小瓶子你要不要来品尝一口呢？

更加神奇的是，现在我们肉眼所见的食物都不太容易携带，而且能生吃的食物也少之又少。但是如果食物变成一枚小小的糖果岂不是美哉？回归正题，这枚小小的糖果，内部的世界就更加的不可思议了，有各种蔬菜，各种水果，有各种维生素，总之是你想得到的，想不到的它全都有！他的口感也是美妙绝伦，它的味道能与仙家美食相媲美了。入口的时候，水果味清甜的汁水在口中爆开，晕染美食界的水墨画，最重要的是，吃上一枚，一天都不会饿，饱腹感十足。同时，还能保持爱美的仙女们的完美身材。对上班工作紧张的年轻人们，和不爱吃饭的小孩子，就连小动物都可以摄取，真是非常的健康！而且它入口即化的同时，入水、遇热、能溶解，最有趣的功效是，当我们烹饪的时候，放一枚进入锅中，你的饭做的再怎么不好吃，也会香气弥漫。

这些让人焕然一新大开眼界的食物，既节约了世界耕种面积，也解决了人口飞速增长的粮食问题，在压缩的同时也保存了他的精华，安全无害，又健康又小巧便捷，为我们赖以生存的地球也减轻了压力……没准这全能的小玩意，还可以造福宇宙中的其他生命。

所以在美好的未来生活中，你会去选择以上的食物吗？科技日益成熟，居里夫人讲过“科学的基础是健康的身体”，我相信，科学是神奇的，在未来科学的健康领域必定会获得更大的成就，人类的健康和饮食被“神奇”解决了。

【此作品荣获全国中学生科普科幻大赛省赛二等奖】

（作者：杨珺玥 贯通2008班）

◎**点评与写作指导**

该作品正如文章题目，充满神奇。文章结构完整，情节合情合理，环环相扣，出乎意料又在情理之中。作者进行了丰富新颖的想象创作，从“食物”的体积、材质、口味、功效和营养，多方位多角度的进行描述，令读者身临其境，也想亲口尝尝这个神奇的“小瓶子”。在文章的结尾，引用名人名言，落点到科技与健康，实属点睛之笔，概括之语，短促而有力。

科幻作文，是想象性习作，但他又不是一般的想象性习作，他们之间最大的区别就在于科幻作文里具有一定的科学性。科幻作文，要具有科学幻想，主要特征是“科学+幻想”，是合二为一。

◎相关写作素材链接（课程思政融合案例）

饮食与健康饮食（又称“膳食”）是指我们通常所吃的食物和饮料。所有的食物都来自植物和动物。人们通过饮食获得所需要的各种营养素和能量，维护自身健康。合理的饮食充足的营养，能提高一代人的健康水平，预防多种疾病的发生发展，延长寿命，提高民族素质。不合理的饮食，营养过度或不足，都会给健康带来不同程度的危害。

饮食中长期养素不足，可导致营养不良，贫血，多种元素、维生素缺乏，影响儿童智力生长发育，人体抗病能力及劳动、工作、学习能力下降。饮食的卫生状况与人体健康密切相关。总之，饮食得当与否，不仅对自身的健康和寿命影响很大，而且影响后代的健康。因此，只有合理的饮食，才能从营养和卫生两方面把好“病从口入”关。

（摘自于百度百科《饮食与健康》）

未来农业与工业及信息化智能设备高度融合的发展趋势

李　誉

当今社会中，随着人们日常生活节奏的加快，数量众多的美食应运而生，究其根本，离不开农业的高度快速发展。人类农业由百万年前至数十万年前的狩猎采集粮食的阶段，到利用金属工具、木制工具并以大量人力劳动换取农业收获萌芽阶段，再到种植粮食作物以得到温饱的农业阶段，再到人类利用机器取代大量人力以此得到更为高效的工业化农业发展阶段，直至今日，大量新型的农业机械设备在推动着人类农业的发展。

15世纪开辟新航路，使人类对自己赖以生存的地球有了更新更多的了解和认识。新航路不仅扩宽了人类的认知还促进了经济的发展，在对新大陆探索时，更是发现大量新物种、新作物，这也大力地推动了农业物种多样化和农业全球化发展。农业物种多样化使人们获得了更为广阔的食物选择面，基础粮食不再仅仅是麦类与稻类，从美洲运往全球的甘薯、玉米等作物，在经过数十年的适应性发展后大规模提高了人类的农业作物产量，一定程度上满足了人类种族不断发展的需要，这使人们意识到探索其它地区的农业作物对一个国家的农业发展乃至农业科技的总体发展起到极大的推动作用。直至今日，人们在国家层面上进行农业交流已不再是效率低、速度慢的海上探索时期了，人类由工业乃至高级产业的不断发展使现在不仅仅有海上的大吨位轮船贸易，还有在航空领域的不断发展使农业交流变得更加高效，农业上的交流也不局限于作物本身，还有大量的现代农业种植技术的交流，而想要实现高效的农业技术交流就要基于科技与信息的发展。

人类随着农业科技水平的不断提高，农业成果给予人们的由最初的温饱，获得更为适宜大脑发展的机会，再到之后人们通过更为便利的工具以及发展至今的农业工业，使我们的农业产品收获不断增高，质量不断提高。人类的农业发展史就是在通过人类当时可以利用的技术换取到一定量的农业收获，通过农业收获满足生存上的需求后，随着时间的变化，人类文明进化出了更高级的智慧，人们的需求变得更高，并以发展后的智慧创造在效率、能耗、功能、生物技术等多方面更为完善更为强大的设备换取更多更好的农业成果以满足自身日益增长的需求。简而言之，就是人类通过劳动满足当时需求后不断通过变革新的技术追求更高需求的发展基本逻辑。

现代农业不仅仅是基于工业成果发展，也在基于网络以及高端设备发展，信息化的农业使农作物在播种、生长、收割以及各个阶段都深度参与，真正意义上的解放了人力，实现了无人化农业。就现在而言，设备智能无人化已不是科幻，而是科普，高端设备的发展对于农业的发展体现在农作物的方方面面。例如在播种时土壤的实时情况、种粒的质量、两者是否匹配、水肥药的剂量等各个方面的情况都将在播种时的几秒内高速判断并实施种植；农作物在生长过程中是否出现灾情、虫害，以至细微到每一个叶片的检查，植物的生长需求等，都会伴随着信息化的发展汇总到农民的智能设备中；气候的变化被实时地传输至高端智能设备中并对其进行判断做出相应行为，以保障农作物的稳定生长；在收获时，农民足不出户便可以控制机械进行收割并整理归仓。从一粒种子到最终的农业产物，实现了从播种到收获的全自动化生产流程，实现真正的无人化。

对农作物的科学技术也不局限于种植和收获，对农业植物的每一个需求细节可以通过杂交的形式进行基因上的改造，对农业收获在各方面的参数也可以改变，将优良植株进行定向化以及全方位化的发展。工业以及高端智能设备不断推动农业的发展，而农业的发展需求也在不断促进着工业以及高端设备的发展。在航天等领域也进行着农业发展，观察太空环境是否适宜农作物发展以及通过太空环境改变农作物性质。

人们不断追求发展的本质是对美好生活的追求，现代农业不断通过各行各业实现高度上的转型，不断实现人们对于农业产品高效化、广阔化、质量化的需求，不断的造福人类使我们摆脱对农业落后标签的刻板印象，农业也在不断变得科技化、智能化、高级化，未来农业必将以更加昂扬的姿态不断发展！

【此作品荣获全国中学生科普科幻大赛省赛二等奖】

（作者：李誉 贯通2101班）

◎**点评与写作指导**

该作品以“农业智能化”为题，讲述了目前农业发展的现状以及对农业未来发展的设想。全文从始至终的落脚点在“人”，农业任何时期的任何发展与变化，都是从“人类需要”这一层面展开叙述。全文语言流畅，通俗易懂，行文舒展自如，自然洒脱。结构安排合理，服从文本内容表现需要。在描述“随着人类发展与技术革新”两者之间的关系时，文章有详有略，言之有序，使读者更易理解。

此类文章的写作，因涉及到相关的行业术语，科学与技术的相关发展现状等，因此，需要有大量相关知识储备，加强素材的积累与运用，适时引用相关的实例，会使文章更有说服力。

◎**相关写作素材链接（课程思政融合案例）**

智慧农业在管理农业生产、解决信息不对称问题、搭建农产品可追溯体系、推动新模式新业态发展、改善农业生态环境等方面发挥了重要作用。我国智慧农业发展存在整体规划缺乏、技术短板明显、数据采集和应用困难、科技投入和信息化水平不高、复合型高素质人才不足、农业劳动者从事智慧农业意愿不高、智慧农业发展受要素资源影响大、创新性农业商业模式匮乏等问题，应从顶层设计安排、制度机制设计、基础设施建设、科技研发投入、专业人才的培养、政策体系建构等方面着手解决。

（摘自于《人民论坛 学术前沿》2020年第24期）

链条循环式自动烧烤机

张宇航

我小的时候和大家一样，非常喜欢看电视，电视节目非常精彩，平时我除了看动画片以外，我还特别喜欢看CCTV10《我爱发明》节目。节目是以纪录片的形式讲述各种有趣的发明，我看后一下就被各种新奇的发明吸引了。某天观看节目时，自动烧烤机令我眼前一亮。想到平时烧烤是我最爱的食物，也经常和家人一起在老家院子里烧烤，但是烧烤时烟雾呛人的场面，想到烤工烧烤过程枯燥无聊，所以当我一看到这台机器的时候就被深深地吸引住了，如果我也能拥有这样一台机器就好了。

这是一台链条循环式自动烧烤机，这台机器是由黑龙江的刘师傅发明的。这台链条循环式自动烧烤机，由两条五米长的链条转动，位于链条上方的万相插孔和弹簧夹头用来固定肉串。在电机的带动下，经过四组加热器进行烤制，在多次重复循环加热后，完成肉串的烤制工作。采用一体式链条，三层循环设计，形似过山车，外观造型新颖独特，最多可同时烤制肉串152串，侧面加热的方式避免了油烟的产生，不仅烤出的肉串香嫩可口，整个烧烤的过程也非常有趣。

节目组将他的自动烧烤机摆到了夜市上，一下子就吸引了许多人驻足观看。还设计了“机器与人工”的实时对抗赛，看一看烧烤机和人工烧烤，谁烤得速度更快。比赛一开始烧烤机稳稳运作，发明人不用自己烧烤很是轻松，看到这里我在想，既可以轻松的烧烤还没有烟气熏人，这机器太好了。就在我认为机器会赢时却发生了意外，自动烧烤机突然不动了，原来是机器的链子掉了，导致机器不动了，比赛也只能被迫暂停了，第一次的“机器与人工”烧烤比赛，刘师傅败下阵来。

刘师傅并不服气，带着机器又回去进行了改进调试，终于发明了自动烧烤机改良版。改良后的机器将圆轴换成了齿轮保证了链子不会再掉，还增加了翻转肉串的小装置保证烤串受热均匀。节目组又举行了第二次的比赛，这次比赛不但比拼烧烤的速度，还要注重烧烤的口味。比赛开始后，机器和人工都很顺利，互不相让。由于比赛场地在室外，刮风的天气使机器轰轰作响，必须将机器温度下调点，可能会影响速度但问题不大。过了一段时间两队都烤好了，在速度上，机器略胜一筹。主持人将烤好的串给了围观的群众们，让大家品尝谁烤的更好吃。最后觉得机器烤的比较好的人比较多，他们觉得干净，比人烤的更嫩一点。最后，机器获得了群众的口碑，赢得了比赛的胜利。虽然机器赢了比赛，但刘师傅还是注意到了细节上的瑕疵，并再次加工改良，给这台机器加上了保暖罩，使其变得更加完美。终于链条循环式自动烧烤机大功告成了。

回想当时观看的过程，我的心情也随着比赛进程跌宕起伏，看到最后机器改良成功，我非常想要拥有这样一台自动烧烤机。就在那时，我暗下决心，我也一定要好好学习技术，将来自己努力动手制作许多有趣的发明。

【此作品荣获全国中学生科普科幻大赛省赛二等奖】

（作者：张宇航 贯通2102班）

◎**点评与写作指导**

该作品以“自动烧烤机”为核心，交代了这台链条循环式自动烧烤机的研发、组成以及其实用性。文章的语言虽然并不华丽，但却极为朴实准确，文章结构安排合理，前后连贯，两次“机器与人工比赛”环节的描写真切、真实，读来津津有味。本文选材真实、典型，有代表性。文章的大部分的内容为作者的所见，但在文章中却不失作者的所感，并在文章的最后，作者更是发出了对未来的期盼和自己努力的方向，结尾处表达情感，感染力极强。

此类作品的写作，让读者感受到了真实性。在叙述真实事件的过程中，可适当加一些对环境的描写来渲染氛围，烘托情感；注重真实人物动作表现、外貌状态、语言内容、心理刻画等，让人物更加的丰满。在真实的人物和实例摆放之后，多加入一些自己的感受，写出由此实例所引发的思考。

◎相关写作素材链接（课程思政融合案例）

机械工程及自动化

在自动化技术的情况下，可以集成电子信息技术，这使自动化技术更加全面和完整，并且操作更加简便，节省劳动力。机械工程不同于其他技术应用，为了实现更好地快速发展，有必要根据机械工程的特点进行深入的研究和分析，进一步为机械工程的发展做出贡献。现阶段，机械自动化技术在我国许多领域得到了广泛的应用，但在不同领域的覆盖率仍然存在许多差异，同时，其自动化程度也有所不同，机械自动化仍然有许多问题需要进一步改善。

（摘自百度文库）

伟大的贡献

李文宇

3100年，经过了千年的发展，地球俨然变成了钢铁星球，仅剩的绿色也被钢铁制造的穹顶覆盖着，人类已经可以从外太空采集铁元素进行制造，飞船时不时从高空略过，虽然科技如此发达，但是一个艰难的问题却一直存在着，那就是食物。

时至那时，地球的生态环境已经受到了严重的打击，酸雨、沙尘、工业浓烟已经成为了家常便饭，人类可以用器械对水进行净化，但植物无法自己净化，当人类意识到这个问题时，生态资源已经所剩不多，土地再也不能栽培植物，无土栽培的技术始终无法大量供应全人类，动物也无法大量养殖，因饥饿引起的暴乱时常发生……

在一间杂乱的实验室内，博士的实验还在进行着，他直起腰身，推了推眼镜说："这回应该可以了。"说着，助手拿来一个包裹，里面是博士花大价钱买来的一块肉，博士切下一块放到了培养皿中，其中的菌群贪婪的吞噬着肉块，"还是不行吗?"助手问。博士皱起了眉头，叹了口气说道："看来还得继续实验才行。"

又一周过去了，电视依旧报道着食物短缺、暴乱等新闻，政府决定拿出一部分未被污染的土地来种植作物缓解食物问题。

博士的实验已经不知做了多少次，终于有了些进展，又一次把肉块放入，然而这次肉块并没有被吞噬，而是像有了生命一般开始生长，但没过几分钟，又……

明显变大的肉块又被吞噬了。这时他的妻子走了进来，大声的斥责着他："你的破实验还要进行到什么时候？家里已经快买不起食物了，你却还花钱买实验材料。"博士并没有说什么，只是坐在那里。因为他的实验，家里的大部分东西已经被变卖了，妻子也是一直在支持着他……

又是几个月过去，博士的实验室变成了一间小屋，电台滋滋啦啦的播报着种植作物的方案并未缓解食物问题，"唉～"博士无助又无奈地叹了口气，他的实验还在进行着，他再次将肉块放入培养皿，也许是上天眷顾了他，这次肉块没有被吞噬，如有了生命般快速地生长着。博士看到这一幕时并没有激动，泪水顺着脸颊流了下来，他从提出猜想到成功足足花了6年，这6年的无数心酸和困难在这一刻烟消云散。

后来博士将他实验的结果交给了国家，之后便失踪了，没人知道他去了哪里，也没人知道他经历了多少困难，但他对人类做的巨大贡献，是任何华丽的词藻都无法形容的。

【此作品荣获全国中学生科普科幻大赛省赛二等奖】

（作者：李文宇 贯通2104班）

◎点评与写作指导

该作品以"科幻"为主题，描写了未来食物短缺的原因以及博士苦心实验研发的经过。语言虽然并不华丽，但却极为准确生动，情感丰富而真实，读来津津有味。选材新颖独特，令人耳目一新。文章中透露着对美好世界的向往，为幻想插上了科学的翅膀，刻画了科学技术的突破给人类带来的福音。文章含蓄的结尾，既点题，又耐人寻味。

科幻作文中所涉及到人或物是故事的扮演者和缔造者，写作时要抓住角色的语言、动作、神情、心理活动的刻画，展示角色的性格特征，推动故事发展。进而表现文章的主题。

◎相关写作素材链接（课程思政融合案例）

禾下乘凉梦，不悔是初心——袁隆平

2019年9月29日，我国的“杂交水稻之父”袁隆平，在人民大会堂接过了“共和国勋章”，他作为杂交水稻体系的开创者，为我国粮食安全，农业技术发展和世界粮食供给做出了巨大贡献。袁隆平院士一直给我们的印象是干瘦的身躯，黝黑的皮肤，他是生活俭朴面容慈祥的一位老人，尽管年过九十，却依然坚持每天下田，为国家排忧解难，为事业全力以赴。他说：“我不在家，就在试验田；不在试验田，就在去试验田的路上。”为了杂交水稻事业，袁隆平几十年如一日，矢志不移，视科学为生命。个人的梦想要依托社会的发展，如今的时代，需要更多像袁隆平一样对科学热爱，对名利淡泊，为社会奉献的人。

面条的前世今生

陈俊喆

面条是我们国家最常见的传统面食之一，它历史悠久，驰名世界。据史料记载，最早的面条可追溯到距今一千九百多年前的东汉。面条的始祖叫做汤饼，又叫煮饼，最早见于东汉刘熙《释名》：“饼，并也，蒸饼，汤饼之属，皆随形而名之也。”但汤饼不是“饼”，而是一种“片儿汤”，制作时将面擀成片状，一手托面团，一手往汤锅里撕片。现在北方有的地方把这种面条叫做“揪面片”。

宋代，“面条”一词正式通用，各种面条随之问世，如鸡丝面、三鲜面、鳝鱼面、羊肉面等，并在全国范围广泛传播。孟元老《东京梦华录》“食店”的菜单上带面的有生软面、桐皮面、插肉面等。南宋开始出现拉面，元代出现可以长期保存的挂面，明代又出现技艺高超的抻面。这些技艺为面条行业的繁荣奠定了基础。面条到了清朝，发展已经成熟，此后出现了五香面、八珍面以及耐保存的伊府面“方便面的前身”。更为重要的是，各个地区逐渐形成了独具特色的面条，如中国五大名面：四川担担面、两广伊府面、北京炸酱面、山西刀削面和武汉热干面。随着对外开放步伐加快，中国面条也在国际上大放异彩。

近现代科技飞速发展，生产力日益强大，人们生活水平提高，为了适应现代人的口味、生活节奏、习惯，面条一直在推陈出新，种类越来越多，口味也千变万化。但无论怎么变化，都是为了适应人们的实际需求。

面条也对人类有着非常之多的好处。有部分女性想要拥有完美的身材，因此会在平时控制饮食。其实相比于节食来说，选择吃面条减肥的效果会更好，面条的热量是非常低的，在吃面条的过程当中，人可以获得强烈的饱腹感，且热量摄入较少。对于一些想减肥的人来说，面条是自己最理想的食物。不仅如此人体的热量是保证人能够正常行动的一大支持，吃面条能够摄取一定的热量，可以加强人的身体素质，对于一些身体素质相对较差的人来说，吃面条能够预防很多疾病，是有好处的。

现如今，人们为了方便，发明出了挂面、方便面、非油炸速食冲泡面等方便快捷的面条食品。方便面最显著的特点就是方便快捷，能够为忙碌的人们快速提供身体所需能量，但是这些方便食品也代替不了真正面条带来的营养价值。

由此可见，人类吃面条的历史非常悠久，面条也出现在每家每户的餐桌上。不仅为人们带来了健康，还为人们带来对幸福安康生活的向往。

【此作品荣获全国中学生科普科幻大赛省赛二等奖】

（作者：陈俊喆 贯通2103班）

◎点评与写作指导

该作品以“面条”为写作对象，从这一看似平凡的食物入手，介绍其不平凡的前世今生。从东汉至今，面条能够跨越时空经久不衰，不仅在于其独特的风味，更在于其背后的丰富的历史文化内涵。文章主题鲜明，脉络清晰，段落之间衔接恰当，文辞明白晓畅。文章结尾事毕言止，收束自然。

当选择较为常见的题材进行写作时，可以考虑使用“以小见大”的方法：从“小处”落笔，条理清楚地对材料进行阐述。从大处着眼，深入挖掘材料所蕴含的意义、价值等，升华主题。

◎相关写作素材链接（课程思政融合案例）

《释名》

《释名》为东汉经学家，训诂学家刘熙所作，是我国重要的训诂著作。它从语言声音的角度出发，“晰名物之殊，辨典礼之异”，推求事物得名的缘由。《释名》全书共八卷二十七篇，依次是：释天，释地，释山，释水，释丘，释道，释州国，释形体，释姿容，释长幼，释亲属，释言语，释饮食，释采帛，释首饰，释衣服，释宫室，释床帐，释书契，释典艺，释用器，释乐器，释兵，释车，释船，释疾病，释丧制，对于训诂学、语言学、社会学的研究具有重要意义。

薯片

王佳音

说起薯片，我相信每个人的童年都少不了它。每咬一口那“咔嚓咔嚓”的声音和那独特的味道总是使人吃上就停不下来。但是，薯片是如何产生的呢？接下来，我就为大家来介绍一下。

1853年夏天，乔治在美国纽约的度假胜地当厨师。那里的月亮湖旅馆餐厅提供法国式炸马铃薯条，这种食品在17世纪风靡法国，还深受美国驻法大使托马斯·杰弗逊的喜爱，为此他专门把制作方法带到美国，并在蒙蒂塞洛把炸薯条当作一道正式菜肴摆上餐桌。在月亮湖旅馆，一个顾客认为厨师乔治做的炸薯条太厚，他不喜欢，便与他找茬，不肯付款。于是乔治又做了一批薄一点的，他依旧蛮横不讲理，不接受新做好的薯条。被激怒的乔治就决定教训他，他把薯条做得非常薄非常脆，直到叉子都插不起来。然而，并没有达到他预期的目的，客人非常喜欢这种浅黄色、像纸一样薄的马铃薯片。其他客人也要求乔治为他们做这种薯片。从此，菜单上出现了萨拉托加薯片，并很快就成为了特色食品。不久，这种薯片被包装并且出售。随后，乔治开了他自己的餐厅，特色就是薯片。这便是薯片的来源。

随着我们生活的不断改善，我国的主要矛盾已变成人民日益增长的美好生活需要和不平衡不充分的发展之间的矛盾。从19世纪开始出现的薯片到现在也在不停地经历着创新，薯片上除了盐还可以撒各式的调味料，如烧烤红烩味、番茄味、黄瓜味等。为了不断适应着不同人的品味，一些薯片品牌甚至推出了三十多种口味任人们挑选。

但是，不得不承认，薯片是许多想吃可又怕长肉的减肥爱好者需要面临的艰难的抉择。面对科技的发展，我幻想着如果有一天会产生一种“心情感应器”。它设计的十分小巧，出门在外，每当你感到饿了的时候，按下红色的按钮，它就会自动监测你的心率、体脂、血压和心情。当你压力大的时候，它会提醒你要适当的放松，为你制定一套休息方案，并且它会挑选最适宜你身体的薯片的味道，经过处理，用最天然的食材做出美味又不伤害身体的薯片。让你在身体和心灵上都得以慰藉，使身心完全放松下来。

所以，这就是我理想中的“心情感应器”，更是我对中国科学技术发展的坚定希望！

【此作品荣获全国中学生科普科幻大赛省赛二等奖】

（作者：王佳音 贯通2106班）

◎**点评与写作指导**

该作品构思奇妙，结构独特合理。文章以“薯片”为题，首先介绍了薯片的由来与发展，让读者对这一生活中常见的零食有了更进一步的认识。而后从现实问题出发展开想象，向我们展示了神奇的“心情感应器”及其妙用。文章详略得当，言之有序，将科普与想象相结合，不失为一篇佳作。

在写作时需要注意，创作想象类文章切忌一味地天马行空、胡编乱造，而是要根据实际的情况，依照要求，进行合理的、科学的、合乎逻辑的想象，并在必要时融入生动的情感，进而体现文章的主题。

◎相关写作素材链接（课程思政融合案例）

中国特色社会主义新时代社会主要矛盾

习近平总书记在党的十九大报告中明确指出："中国特色社会主义进入新时代，我国社会主要矛盾已经转化为人民日益增长的美好生活需要和不平衡不充分的发展之间的矛盾。"党的十九大报告关于我国社会主要矛盾的表述，符合当前我国实际，是对中国特色社会主义的与时俱进，是对马克思主义中国化、时代化、大众化的重大理论创新。"中华民族伟大复兴，绝不是轻轻松松、敲锣打鼓就能实现的。"同样，解决社会主要矛盾，也绝不是在敲锣打鼓、觥筹交错中就能轻易实现的。我们既要坚定信心，又要做好应对许多重大挑战、重大风险、重大阻力、重大矛盾的准备，保持艰苦奋斗的作风，就一定能够在以习近平同志为核心的党中央的坚强领导下，夺取新时代中国特色社会主义伟大胜利。

（摘自求是网）

巧克力的由来

刘　露

作为浪漫与甜蜜的代名词，巧克力越来越受到人们的宠爱。但是，关于巧克力，你真正了解多少呢？

最早饮用的是玛雅人，而最初是由墨西哥人制作，16世纪初期的西班牙探险家荷南多·科尔特斯在墨西哥发现当地的阿兹特克国王饮用一种可可豆加水和香料制成的饮料，科尔特斯品尝后在1528年带回西班牙，并在西非一个小岛上种植了可可树。西班牙人将可可豆磨成了粉，从中加入了水和糖，在加热后被制成的饮料称为“巧克力”，深受大众的欢迎。不久其制作方法被意大利人学会，并且很快传遍整个欧洲。巧克力是以可可脂、可可液块、可可粉等为主要原料制成的固态或半固态食品。现在在市场上售卖的巧克力一般分为三个品类：黑巧克力、牛奶巧克力和白巧克力。

黑巧克力多为棕褐色或棕黑色，其成分中可可含量较高，糖分较少，所以会有浓郁的可可香味，相比其他巧克力而言，营养价值也更高。牛奶巧克力在黑巧克力的基础上增添了牛奶成分，色泽略淡，一般呈棕色或浅棕色。白巧克力，顾名思义，即白色的巧克力，其成分中不含可可粉，仅含可可脂与牛奶，含糖量较高，故甜度也高。值得一提的是，还有一种代可可脂巧克力，它时常“鱼目混珠”，藏身于天然可可脂巧克力群体中。很多人都以为代可可脂也是可可脂的一种，殊不知，一个“代”字暗藏玄机。代可可脂其实是一类能迅速熔化的人造硬脂，由植物油加工而成。据新华网报道，我国《巧克力与巧克力制品》国家标准规定，代可可脂含量超过5%就不能叫做巧克力，只能称为代可可脂巧克力或代可可脂巧克力制品，产品包装上也必须注明代可可脂含量。这样一来，企图欺骗消费者的无良商家再也不能钻法律的空子了。

很多人都对巧克力存在误解，认为巧克力热量高，吃了不仅对身体不好，还会长胖。这对巧克力来说，真是莫大的冤枉。事实上，巧克力的营养价值很高。可可豆中含有的多酚具有抗氧化作用，能保护人体心血管。另外，食用巧克力还有助于缓解压力、保健牙齿、改善贫血，甚至还可以控制糖尿病、防癌、抗癌……所以，吃适量的巧克力对人体来说，好处多多。但是，代可可脂巧克力含有大量反式脂肪酸，据《科技日报》报道，反式脂肪酸对人体最坏、最直接的影响就是会升高胆固醇，增加患心血管系统疾病的风险。所以，我们在购买巧克力时，一定要对代可可脂巧克力提高警惕。

还有人想知道，怎么样才能吃上优质的巧克力呢？我经过搜索发现，得先学会这两招：一是要仔细观察产品的外观，注意产品的配料、产地、生产日期及保质期等。一般而言，优质巧克力外观精致、图案完整，吃到嘴里也是细腻均匀、入口即化，反之，劣质巧克力不仅“颜值”不够，“口感”还差，入口难融。二是看清配料表中的可可脂含量。可可脂含量的高低不仅能决定巧克力“含金量”的多少，还能决定巧克力营养价值的高低，可可脂含量越高，代表巧克力的质量也越高。所以，为了身体健康，建议大家尽量购买可可脂含量在50%以上的巧克力哦！

【此作品荣获全国中学生科普科幻大赛省赛二等奖】

（作者：刘露 贯通2105班）

◎点评与写作指导

本文以“巧克力”为写作对象，从历史、品类、成分、标准、作用及挑选方法几个方面进行科普，使读者对“巧克力”这一生活中较为常见的食品有了更进一步的了解和认识。文章语言明白晓畅，准确而不失活泼，读来亲切自然。全文结构清晰合理，段落之间衔接自然。结尾面向读者，回答了读者所关心的问题，很好地体现了科普类作品的意义。

与以说明为主要表达方式的说明文不同，科普类作品的语言更为平实活泼、通俗易懂。但两者也存在着相通之处，即都是阐述并诠释某一领域的科学知识、科学方法、科学思想及科学精神。因此在创作科普文时，也可以运用说明文中的说明方法，为文章增光添彩。

◎相关写作素材链接（课程思政融合案例）

巧克力与巧克力制品的区别

巧克力口感润滑，微甜，营养价值高，含有蛋白质、脂肪和糖类，以及比较丰富的铁、钙等矿物质，是热量比较高的食品。巧克力是以可可制品（如可可脂、可可液块或可可粉）、白砂糖为主要原料，添加或不添加乳制品、食品添加剂，经特定工艺制成的固体食品。可分为黑巧克力、牛奶巧克力和白巧克力。

巧克力制品是将巧克力与其他食品按一定比例加工制成的固体食品，可分为混合型巧克力制品、涂层型巧克力制品、糖衣型巧克力制品和其他型巧克力制品。按照标准规定，巧克力制品中巧克力的含量不能低于25%。

（摘自 MAIGOO 网）

火星生存计划

金泽阳

近100多年来，人类可以说是爆发式的发展，从近代到现代，已经实现了第三次科技革命。特别是原子能技术、空间技术、电子计算机技术、激光技术等的广泛使用。

现在的地球因为人类的活动导致了全球气候变暖、臭氧层破坏、生物多样性减少等问题。为了解决这些问题，科学家们绞尽了脑汁，虽然有所缓解，但是还有更多的问题暴露出来。于是科学家们将目光放在了其他星球，而最适合生存的就是月球和火星。但是随着人口数量的增加和环境的改变，人类的食物会变成什么样呢？

时间来到2120年，有一部分人已经住进了火星，在那里生活了几年之后从地球带去的食物减少的很快，于是人们开始想办法在火星种植一些食物。科学家们坐在一起商量对策，研究这地球的土壤和火星的土壤。当前首先要解决的就是主食，经过长时间的研究，科学家们发现稻米和小麦可以在火星种植。

小麦可以说是对人类日常生活很有影响的一种农作物，因为它能酿造啤酒，也能制作可口的面包。然而要烘焙出好吃的面包却很难，需要精良的技术。但作为吃货的人类，在古埃及时代就出现了很多的面包师，他们发明了40多种面包。

而稻米是我们中国人常吃的主食之一，它的种植历史可以追溯到八千年前。那时候，长江中下游地区就有人在湖边种植稻米。到了现代，全世界已经有20亿人口以稻米为主要食物。袁隆平爷爷的后人通过探索水稻的生长和火星土壤，他们发现了在火星上种植品种准两优608是最好的选择，并且在火星上种植会更大地提高产值，大米会更加饱满，这让他们很兴奋，因为袁隆平爷爷的禾下乘凉梦会在火星实现！

接下来就要考虑肉和蔬菜的问题，蔬菜的问题很好解决，因为早在地球的时候美国的科学家就对一些从火星带回来的土壤做了研究，添加了一点化肥，在地球上已经成功种植出了西红柿、豌豆等数十种植物。

最后需要研究的就是肉类，我们的老祖宗并不是食肉动物，每天依靠咀嚼植物而生活，但是因为森林减少，草原面积变大，没有食物吃的他们最后选择吃肉，也是通过这个转变使人类的大脑越长越大，越来越聪明。但是现在火星上根本没法让动物生存，这让科学家们犯了愁，现在制作的火星之家里虽然氧气充足，但是没有动物吃的植物了，所以科学家们通过一些技术手段使草可以生存在火星的表面，于是人们开始在火星培养一些动物比如狗、鸡、牛等。

通过科学家的探究让人们可以在火星生存下去，从此大批的人类开始搬向火星，在火星开始生存和探索。

【此作品荣获全国中学生科普科幻大赛省赛三等奖】

（作者：金泽阳 贯通2102班）

◎点评与写作指导

该作品以“火星生存计划”为题，讲述了当下科技的发展情况和人类所面临的环境问题，并展开了对在火星上生存发展的设想。作者具有很强的危机意识，文章虽为科幻想象，但其讨论的问题具有深刻的现实意义，值得每位读者深思。本文虽无华丽的辞藻，但语言生动、准确，结构清晰，构思巧妙，发人深省。结尾虽寥寥数语，却饱含希望，颇有“柳暗花明”之感。

在创作此类文章时要注意，科幻是科学幻想，所写内容不可违背科学常识，要遵循事物发展的客观规律。在写作之前，应查阅相关资料，储备一定的科学知识，而后立足现实开展合乎情理，符合科学知识、人性、行为关系等的科幻想象。

◎相关写作素材链接（课程思政融合案例）

“祝融号”发现火星近期水活动迹象

2022年5月12日，中国科学院发布新闻，该院国家空间科学中心空间天气学国家重点实验室刘洋研究员团队利用“祝融号”在火星着陆区探测到含水矿物，发现火星近期水活动迹象，这一行星科学研究的重要成果论文在国际学术期刊《科学·进展》上发表。刘洋研究团队利用“祝融号”火星车获取的短波红外光谱和导航与地形相机数据，在火星着陆区发现了岩化的板状硬壳层，通过分析光谱数据发现，这些类似沉积岩的板状硬壳层富含含水硫酸盐等矿物。研究团队推断，这些富含硫酸盐的硬壳层可能是由地下水涌溢或者毛细作用蒸发结晶出的盐类矿物胶结了火星土壤后经岩化作用形成。这标志着“祝融号”实现了国际上首次利用巡视器上的短波红外光谱仪在火星原位探测到含水矿物。刘洋研究团队指出，“祝融号”的发现表明，火星在亚马逊纪时期的水活动可能比以前认为的更活跃。“祝融号”着陆区（以及火星北部平原的广泛区域）可能含有大量以含水矿物形式存在的可利用水，可供未来载人火星探测的原位资源利用。

（摘自人民网《新时代年轮：2022中国科技风云录》）

舌尖上的美味——涮羊肉的由来

曲　昂

涮羊肉，对于许多人来说是非常常见的一种美味。但是提起涮羊肉的由来，并不是每个人都熟悉。今天，由我来给大家详细介绍一下。

涮羊肉有许多种传说，其中最为著名的是以下几种。

据我爷爷那一辈儿讲，涮羊肉起源于元代，据传元世祖忽必烈南下远征，在人困马乏的时候，吃水煮羊肉，感觉味道极其鲜美。战后，忽必烈又想让厨师再做，厨师将羊肉切成均匀薄片，配上多种佐料，涮后鲜嫩可口，忽必烈赐名“涮羊肉”。这个时候就有了涮羊肉，但是在当时并不广泛流传，只是其自己享用。

另一种说法是成吉思汗南下时突然思念家乡的手把肉，因而叫军厨去做，但敌人忽至，刚杀好羊而来不及下锅的军厨把羊肉切成薄片，放到滚水中涮，成吉思汗吃完后便急忙迎战。战胜回营后，成吉思汗叫军厨再做一次，将领们吃后赞不绝口，于是成吉思汗赐名“涮羊肉”。

而我年幼时听老师讲起过，清朝开始有涮羊肉，满族入关后兴起，早在18世纪，康熙、乾隆两位皇帝举办的几次规模宏大的“千叟宴”，其中就有羊肉火锅。之后得以流传，由清真馆经营。《旧都百话》中说：“羊肉锅子，为岁寒时最普通之美味，须与羊肉馆食之。此等吃法，乃北方游牧遗风加以研究进化，而成为特别风味”。据说直到光绪年间，北京“东来顺”羊肉馆的老掌柜买通了太监，从宫中偷出了“涮羊肉”的佐料配方，

“涮羊肉”才得以在都市名菜馆中出售。

最早则是在宋辽时期，从考古资料看，内蒙古昭乌达盟敖汉旗出土的辽代早期壁画中描述了一千一百年前契丹人吃涮羊肉的情景：3个契丹人围火锅而坐。有的正用筷子在锅中涮羊肉，火锅前的方桌上有盛着羊肉的铁桶和盛着配料的盘子，这是目前所知描绘涮羊肉的最早资料。比辽代壁画时间稍晚一些的南宋人林洪，在《山家清供》中也提到了涮羊肉。他原本是对所吃涮兔肉极为赞美，不仅详细记载兔肉的涮法、调料的种类，还写诗加以形容：“浪涌晴江雪，风翻照彩霞。”这是由于兔肉片在热汤中的色泽如晚霞一般，故有此诗句。林洪也因此将涮兔肉命名为“拨霞供”。更有意思的是，他在讲完涮兔肉后又说“猪、羊皆可”，这便成为涮羊肉的最早文字记载了。按照林洪的记载，当时是把肉切成薄片后，先用酒、酱、辣椒浸泡，使肉入味，然后才在沸水中烫熟，这同今天的涮法还有些不一样。

虽然这几种传说的时间不同，但不可否认的是涮羊肉这种食用方式，早已深入人们的记忆和味蕾，千百年间配方被口味不同的人们整改兼容，被远道而来的各族人民喜爱着传递着。不只是食物，更有文化、有欢喜、有进步、有分享。

【此作品荣获全国中学生科普科幻大赛省赛三等奖】

（作者：曲昂 贯通2010班）

◎点评与写作指导

本文以“涮羊肉”为写作对象，介绍了这一常见美食的由来，展现了其不平凡的历史。时至今日，涮羊肉跨越了民族、地域、历史，以其独特的风味成为了一种共通的美食，也凭借其所承载的文化成为了人们共同的情怀记忆。文章结构严谨，层次分明。语言流畅自然，引经据典，具有很强的可读性。文章结尾升华主题，引发读者思考，含义深刻，耐人寻味。

科普类文章不需事无巨细、面面俱到。创作此类作文时最好先确定一个小的主题，然后围绕这一主题进行适当的勾连、补充。同时注意把握字数，切忌长篇大论。

◎相关写作素材链接（课程思政融合案例）

宋朝的饮食业异常繁荣，文人学者对饮食的著述也很庞杂，大致可分为食经、茶学和酒学三大类。而宋人林洪的《山家清供》从中脱颖而出，不仅是菜谱，还有掌故；既有朴素的饮食美学，又有清雅脱俗的诗词，还有各种食疗养生。唐朝以前，中国人喜欢肉食，蔬菜是佐菜，或叫配菜。到了宋代，蔬菜终于以素菜的名目出现，《山家清供》分为两卷，一共写了104道菜，“山家”即山野人家，“清供”即清淡简雅的食物，其中涉及苏东坡的就有12道菜，有渊源典故，也有诗词句涉及。

（摘自孙晓明《〈山家清供〉：舌尖上的宋代，感受饮食烹饪哲学》）

人们口中的猪肉

杨名智

猪肉是人们餐桌上最常见的一种食物，人们很早就开始食用猪肉，也有很多跟猪肉有关的作品和介绍。如北宋著名文学家苏轼就曾写过著名诗词《猪肉颂》，是苏轼被贬黄州后得知当地百姓过年过节有吃红烧肉的传统而写下的词。不只有《猪肉颂》，古时还有许多跟猪肉有关的文和事，也留下了许多的菜谱，把猪肉的美味发展的淋漓尽致。古代是用着最原始的方法饲养猪的，那么我们现代又用着什么样的方式呢？

说到现代养猪那就不得不提起现代化的猪场，他们采用固定栏饲喂，这样猪栏可按照不同要求分为公猪栏、妊娠栏、分娩栏、保育栏、生长育肥栏、配种栏。各种各样的猪栏把猪们的生活分得十分细致，方便饲养员的管理，提高了工作效率。

猪场的地板也采用了漏缝的特殊设计。根据母猪、公猪、育肥猪、仔猪等不同饲养阶段，地板间隙也不相同。地板主要有钢筋混凝土板条或板块、钢筋编织网、钢筋焊接网、塑料板块等，总之，不能卡住猪蹄，还要考虑耐用，耐腐蚀，易冲洗。

最重要的肯定是饲喂和饮水设施，先说饲喂，现在有两种给料方式，一种是全价配合饲料，另一种就是液态料。两种有什么区别呢？一种是无需添加其他东西，液态料是经过充分的浸湿，将饲料中的可溶性营养成分溶于水，饲料颗粒吸水膨胀增加了表面积，变得松软，有利于猪采食和吸收。各有各的长处。饮水现在采用压力供水，以供水管道作为主体连接过滤器，为防止水流过冲还会安装减压阀进行辅助，智能的自动饮水器分担了人力，方便了管理。

我们再来说说猪肉可以做的美食吧，有著名的东坡肉、烤乳猪等等，我要介绍的是日常生活中人们的家常菜：猪肉炖粉条。它是“东北四大炖”的第一炖，东北地区地域辽阔，人口众多，俗话说萝卜白菜各有所爱。猪肉炖粉条这道菜包容性强，即便加入其他菜也能保留猪肉的风味，沸腾的底料肉汤使加入其中的配菜软烂，肉炖出的肥油渗入其中，一口下去有鲜甜也有咸香。白菜猪肉炖粉条、猪肉粉条炖豆腐、萝卜白菜炖猪肉粉条都是很好的选择。根据食材添加的不同，调料也有相应的变化。更多的食材添加也丰富了菜品的营养和色香味，也就能适应更多人的口味。

猪肉，是人们餐桌上最常见的食物，从古代到现代都有它的身影，科学的养猪在能保障高品质的同时还能提高产量，也能让更多人尝到它的美味。

【此作品荣获全国中学生科普科幻大赛省赛三等奖】

（作者：杨名智 贯通2104班）

◎**点评与写作指导**

该作品从人们最为熟悉的“猪肉”入手，从猪栏、地板设计、饲喂和饮水设施几个方面向读者科普了现代化的养殖方式，并介绍了以猪肉为食材的颇具地方特色的美食。文章结构安排合理，层次分明，段落之间衔接流畅。选材贴近生活，具有实用价值。语言明白晓畅，符合科普类文章面向大众的需求。

科普类文章更多面向的是非此专业领域的人士，这就要求在创作此类文章时要注意语言的准确性和趣味性。一方面可将长句子拆分成流畅的短句子，降低理解成本。另一方面可以多运用拟人、比喻等手法，将晦涩难懂的理论形象地表达出来，给读者更为直观的感受。

◎相关写作素材链接（课程思政融合案例）

猪肉颂

（宋）苏轼

净洗铛，少著水，柴头罨烟焰不起。待他自熟莫催他，火候足时他自美。黄州好猪肉，价贱如泥土。贵者不肯吃，贫者不解煮，早晨起来打两碗，饱得自家君莫管。

生活调味

许嘉怡

在历史的岁月长河中，人类发现并采集了许多种植物，并迅速地掌握了这些农作物的相关知识，纵观历史，许多古老农作物伴随人们到了今天。我们接下来要介绍的便是人尽皆知，家喻户晓的菜肴原材料——辣椒。

在对史料的考据和对文化、文物的研究中人们发现，早在公元前5000年美索亚美利加人，也就是玛雅人，就已经开始吃辣椒了，而辣椒也在公元前7000年的时候就在此生长了，所以辣椒可以说是人类种植的最古老的农作物之一。

而作为印第安人第一批栽培和自授粉的农作物之一，前哥伦布时代辣椒普遍种植于墨西哥、中美洲和部分南美洲地区。印第安人中，特别是阿兹特克人，是万物有灵论或泛神论者，他们还祭拜过辣椒女神，并给予了极高的地位，我们从此看出辣椒对他们的重要性。

在哥伦布去美洲途中发现辣椒的味道之前很久，辣椒就已经在美洲生根了，只不过，哥伦布错把辣椒与在印度发现的胡椒混淆，后来，哥伦布把辣椒以香料的名义带回了西班牙。但哥伦布的错误并没有妨碍人们对辣椒的喜爱，它几乎立刻就传遍了全世界，辣椒时代就此来临。

在世界大流动下，辣椒接连地在各个地区安顿下，到了明代，辣椒便也传入了中国。

史料中记载，清乾隆年间贵州、湖南一带最早开始吃辣椒，而普遍开始吃辣椒是道光年间以后，在此之前，中国的辛辣调味品主要是胡椒、花椒辛料，而辣椒传入后，逐渐担当起辛辣味的“C位”，与原有的辛辣料互相搭配，成就了我国一道道美味，乃至成了川菜、湘菜这些菜系中不可或缺的调料。这是中国境内最晚传入却用量最大且最广泛的香辛料。

而这种热门香辛料，也还是药用材料，在古代时，诸多记载药物书籍中都记载了辣椒，如《纲目拾遗》《百草镜》《药性考》等书籍中均写了辣椒的药用价值。它对消化系统、循环系统、抗菌杀虫这些均有药理作用，在我们的临床应用里也有它的身影，这一小小辣椒便有如此多功效、益处。

明代高廉的著作《草花谱》中记载过“番椒”，最初吃辣椒的中国人都在长江下游，即所谓“下江人”。有意思的是，辣椒最先是从江浙、两广传进来的，但并没有在那些地方被充分利用起来，而是在长江上游、西南地区发挥出它的魅力。到了清代嘉庆年间以后，黔、湘、川、赣几省已经“无椒芥不下箸也，汤则多有之”“择其极辣者，且每饭每菜，非辣不可”。据清代末年傅崇矩的《成都通览》记载，光绪年间以后，成都各色菜肴达1328种之多。现如今的我们在饭店聚餐，能在名菜里品尝辣椒的风味，下班后也能在街边小摊吃上一口重油重辣。不论男女老少，不分富贵与否，吃上辣椒便都面红耳赤，气氛也热闹红火，它拉近了人与人之间的距离，是平淡生活的一味调剂。

伴随着生活的品质越来越好，人们都在为了追求美好生活而奋斗，吃一些辣味食品刺激味蕾是对自己的嘉奖。而作为我们生活里小小的“调味料”，辣椒也在努力奋斗，更辣更香的辣椒会随品种改进出现变化，也让我们一同期待技术进步后的未来吧。

【此作品荣获全国中学生科普科幻大赛省赛三等奖】

（作者：许嘉怡 贯通2006班）

◎点评与写作指导

本文为科普类文章，以“辣椒”为写作对象，介绍了辣椒的起源、发展与在全球的传播，展现了其不平凡的前世今生，使读者对这一生活中最为常见的调味品有了更进一步的认识。文章安排详略得当，言之有序。多处引用古籍史料，内容充实、生动、具体，可读性强。结尾升华主题，面向未来，提出对科技发展的美好希望。

知识性是撰写科普文章最主要的特点，但同时此类文章绝非科学知识的枯燥堆砌，要选择大中国能够接受的方式进行科普。在创作此类文章时可借鉴其他类型文章的写作方法，如借用消息写作中的六要素“5W1H”，即是什么、为什么、何人、何时、何地、如何做，使文章结构更清晰，利于读者理解。

◎相关写作素材链接（课程思政融合案例）

辛香料在人类历史上有着重大的影响。因为从前没有有效的食物储存技术，腌制食物是使秋天获得的食物得以维持过冬的唯一方法，而腌制食物需要用香料原料等食品添加物等皆随着食品加工科技的精进及消费者要求高品质的量化，市场上充满了各式各样的天然加工食品。为了使品质及精致度的提高，大量生产及保藏性的确保今后所使用的香料与食品添加物，无论是香料种类或用量，预期也将越来越多样性。

在中国，汉朝的张骞开发了通往西域的商路之后，胡麻、胡椒等香料是从西域获得的重要商品之一。明代的航海家郑和下西洋，也从东南亚获得大量胡椒、苏木等香料回国。明朝政府以香料折赏和折俸，一直到成化七年（1471年）才用完。

在欧洲，辛香料的产量很少。葡萄牙航海家达·伽马绕过好望角前往印度的最主要的目的就是发现一条香料的贸易途径。可以说，香料和黄金、传教一样，是促成欧洲地理大发现的重要原因。香料群岛也因欧洲列强对东南亚的争夺而得名。

（摘自百度百科）

未来食物

王昕悦

未来的世界谁都不知道是什么样子的，人们的衣食住行，相对于现在一定大有改变。但是随着耕地的减少，农作物产量日益减少，粮食问题也越来越成为了未来人们关注的重点。

如今我们的饮食已经非常多元化了，甚至有些人会吃一些看起来很疯狂，让人很难以理解的食品，如果让我们去想象未来的食物，会不会更疯狂一些，更让人难以理解呢?

我认为分子料理会成为未来十分盛行的烹饪方式，分子料理可以让马铃薯以泡沫的形式出现，让荔枝变成鱼子酱状，具有鱼子酱的口感，荔枝的味道。未来的人们或许都掌握了这项技能，在家便可以尝到松茸等高级食物的口感了。同时，用低脂食品在分子料理这项技术中可以做出人们口中的“热量炸弹”人们可以以更健康的形式品尝到油炸食品。

3D打印是最近很火的一项技能，在不久的未来，人们的食物或许是用3D打印这项技术制作而来的。将原料放入机器中，将食品的形状进行编程，就可以快速地做出想要的美食了。火锅、烤串这些需要大量时间来准备的餐饮，在编程下便可以快速地实现了。

未来，在快节奏的生活下，人们可能觉得吃饭是一件浪费时间的事情。人们可能会发明出食物胶囊，食物胶囊内含有人类需要摄入的维生素、蛋白质、脂肪等营养物质，不仅缓解了肥胖的焦虑，也为忙碌的上班族们节省了大量的时间和精力，人们在一定的时间食用食物胶囊，从而缓解饥饿，达到了用餐的效果。于是食物胶囊便会在未来十分盛行，人们将胶囊包装起来，放入包中，随时食用。更有可能在快捷胶囊的盛行下发明出不同味道不同种类的食物胶囊，更好的满足人们去品尝食物的多样化，食物胶囊，可以更快速，方便的拥有饱腹感。

如今世界仍在飞速地变化着，相信随着时代的发展，这些天马行空的想象终会随着科技的进步在未来世界中成为现实。

【此作品荣获全国中学生科普科幻大赛省赛三等奖】

（作者：王昕悦 贯通2105班）

◎点评与写作指导

该作品以“未来食物”为题，向读者展现了分子料理、3D打印、食物胶囊三种充满了科技感的未来食物。作者从现实问题出发，立足已有的科学技术，展开大胆想象，既出乎意料又在情理之中。全文结构清晰合理，语言流畅自然。文章结尾突出主题，也体现了作者对于未来科技发展的坚定信心，不失为是一篇将科学与幻想有机结合的佳作。

科幻，即科学幻想，指的是根据当代世界科技发展成果，运用幻想的艺术形式表现科学技术远景或者社会发展对人类影响。创作此类文章时要以科学成果的科学发展走向为基础，要符合基本的发展规律，体现文章的科学性。

◎相关写作素材链接（课程思政融合案例）

3D打印（3DP）即快速成型技术的一种，又称增材制造，它是一种以数字模型文件为基础，运用粉末状金属或塑料等可粘合材料，通过逐层打印的方式来构造物体的技术。

3D打印通常是采用数字技术材料打印机来实现的。常在模具制造、工业设计等领域被用于制造模型，后逐渐用于一些产品的直接制造，已经有使用这种技术打印而成的零部件。该技术在珠宝、鞋类、工业设计、建筑、工程和施工（AEC）、汽车、航空航天、牙科和医疗产业、教育、地理信息系统、土木工程、枪支以及其他领域都有所应用。

2019年1月14日，美国加州大学圣迭戈分校首次利用快速3D打印技术，制造出模仿中枢神经系统结构的脊髓支架，成功帮助大鼠恢复了运动功能。

2020年5月5日，中国首飞成功的长征五号B运载火箭上，搭载着“3D打印机”。这是中国首次太空3D打印实验，也是国际上第一次在太空中开展连续纤维增强复合材料的3D打印实验。

（摘自百度百科）

关于辣椒的科普

顾博岩

中国国土辽阔地大物博，不同地区的气候形成了各地人民独特的饮食习惯，东北人喜食炖菜，江浙人爱吃甜口，湖南人无辣不欢。今天科普的辣椒就是一方饮食中离不开的调料。

辣椒，既是很好的调味品，也是营养丰富的蔬菜和功效卓著的药品。中医药学认为，辣椒具有温中驱寒、散瘀止痛等功效。辣椒功能温中下气，散寒除湿，开郁去痰，是食疗的好选择。它的刺激性能让与其接触的皮肤产生灼痛，外用亦可杀虫解毒。

干红辣椒是辣椒经晾干后的制品。印度人称辣椒为“红色牛排”；墨西哥人将辣椒视为国食。在我国许多地区辣椒都是非常重要的调味品，甚至没有它就无法下饭，可见人们对它的钟爱。

辣椒中含辣味成分，主要为辣椒碱、二氢辣椒碱；另含挥发油、蛋白质、钙、磷，丰富的维生素C、胡萝卜素及辣椒红素。这是西医的说法，与中医所述疗效不同，更为科学严谨，但同时也能看出来人们对辣椒的认可是遍布全球的。

辣椒也有更细化的分类，青椒就是其一，为植物界，双子叶植物纲，合瓣花亚纲，茄科，和红色辣椒统称为辣椒。怕辣的人去掉筋和籽也可以食用，果实为浆果。别名很多，大椒、灯笼椒、柿子椒都是它的名字，因能结甜味浆果，又叫甜椒、菜椒。

青椒是一年生或多年生草本植物，特点是果实较大，由于辣味较淡甚至根本不辣，对比起做调味料，人们更常用它炒菜，比如家常的青椒肉丝、地三鲜等。它翠绿鲜艳，新培育出来的品种还有红、黄、紫等多种颜色，因此不但能自成一菜，还被广泛用于配菜，生吃作为凉拌菜。青椒由原产中南美洲热带地区的辣椒在北美演化而来，经长期栽培驯化和人工选择，使果实发生体积增大，果肉变厚，辣味消失和心皮及子房腔数增多等性状变化。

中国于明代后期引入辣椒，原本只是观赏植物，但当时物资匮乏，甚至调味所用的盐都少之又少，自此大家才盯上了辣椒这一下饭的美味，再后来发现了药用价值，也就在全国各地流行。如今的日子好了，爱吃辣椒的习惯也随之保留了下来，人们通过科技对辣椒品种进行研究改良，在全国各地普遍栽培。

【此作品荣获全国中学生科普科幻大赛省赛三等奖】

（作者：顾博岩 贯通2107班）

◎**点评与写作指导**

本文从辣椒的功用、成分、分类等方面为读者较为详细地科普了“辣椒”这一常见的调味品。文章语言虽然并不华丽，但却极为准确生动。虽取材平凡，但通过对“辣椒”多方面、多角度的介绍，也令人读来津津有味。文章最后一段阐述我国食用辣椒的缘由及当前辣椒在我国的发展情况，升华了主题，发人深省。

举例子是说明文写作时常用的说明方法，在创作科普类作品时也可使用此方法，用实际示例来阐释事物的一般情况，让读者有更具体、真实的体会，从而达到更好的科普效果。

◎**相关写作素材链接（课程思政融合案例）**

辣椒是如何登堂入室的？

美食家蔡澜曾说：“火锅是一种最没有文化的料理方式，什么东西都切好了扔进去，那有什么好吃呢？”此话在社交媒体上掀起千层浪，很多人并不赞同蔡澜对火锅的评价。蔡澜的话虽然激进，但换一个角度，我们或许就能理解他这番言论的背景和原因。

饮食文化是带有阶级性的。孔子曰：“食不厌精，脍不厌细”。精致的饮食是上层社会的标志。据曹雨的考察，在清代，即使在传统食辣区的大型城市（如长沙、成都、武汉），官绅富户人家也并不怎么食辣。食辣人群仅限于乡村庶民、中农地主。社会上层往往认为，辣椒的刺激性会破坏高级食材的原味。

与社会上层不同，庶民们需要辣椒的刺激性以掩盖掉劣质食材的味道。比如，在二十世纪初，在宜昌到重庆一线的纤夫们的工作能量消耗大，需要补充蛋白质。但贫困的纤夫们只能吃下水。这些食材较为腥臭，因此需要浓烈的作料来掩盖食材的本味。这也促成了“麻辣烫”“毛血旺”“红油火锅”等菜式的诞生。于是，辣椒在南方山区的贫农中受到欢迎，这也让辣椒打上了穷人的阶级烙印。

当然，这一切在革命的洪流中都成为了过去。近代中国一连串的革命打破了阶级藩篱，近代工商阶层逐渐兴起，饮食格局呈现出碎片化的趋势。“辣”因而有了被社会各阶层接受的前提条件。

但食辣文化真正蔓延至全国，还要等到改革开放后。改革开放后，餐饮业的标准化和商业化，以及食辣人群社会地位的不断上升，使得吃辣终于摆脱了其阶级烙印，登上了大雅之堂。纵观中国食辣史，如今“无辣不欢”的流行，可说是一场“庶民的胜利”。

（摘自徐悦东《“无辣不欢”的流行，是一场“庶民的胜利”》）

稻香

侯子木

“我看见了饥荒……”。这是杨教授从穿梭机器回来后说的第一句话。未来世界的人类注重对环境的保护，实现了绿色自然与钢铁森林的结合，臭氧层也逐渐恢复健康。

随着时间的推移，全球人口迅速增长，导致耕地逐渐减少。华夏神农架一座实验室中众人正忙得火热，“杨永，藻类目前可以代替蔬菜，它的营养与蔬菜等量，而且种植空间也很少。”“也只是暂时代替，人口以后会越来越多，地会越来越少。”仪器旁的青年摘下眼镜缓缓说道。未来世界耕地逐渐被生活区所覆盖，而粮食问题却没有得到解决，大部分人认为人造肉等人造食物可以代替由土地种植的食物，但价格昂贵，普通大众消费不起，粮食问题迫在眉睫。

“我要进行杂交水稻实验！”实验室中目光全都聚集在那名青年身上，“你疯了？”众人异口同声。一名老教授抬起头冲他说道：“你有什么想法吗？”“我不需要耕地，我可以尝试无土栽培，研究在海水中可以成长的水稻，实现先辈们的梦想。”“好！”老教授眼中燃起了光亮，仿佛看到了那些曾为了这个项目不懈奋斗的前辈们。

项目刚刚重启，就遭到各界的质疑，生物界众多学者公开表示这个是不可能实现的，但时间终究会给出答案……

旧式游轮上戴着红领巾的小朋友们神采奕奕地看着茫茫稻海，“同学们，你们知道那个是什么吗?”“知道，那个是我们吃的稻果的树!”“甜甜糯糯的特别好吃!”“我饿了，我想吃饭!”老师一提问小朋友们七嘴八舌地说了起来，“老师知道你们饿了，那我们去吃饭，好不好?”“好!”餐桌上正是冒着热气的大稻果，远处的海面上金黄色的稻海随海风翩翩起舞……

无土杂交海水稻种植的成功举世瞩目，子代也完美继承了上一代的优良性状，水稻比以前更大了，更加高产了，像一颗颗大树一样，稻米也改名叫稻果了，胭脂红的稻果解决了全球的粮食危机。

随着危机解除，科技稳步发展，我国在航天领域取得了巨大成就，人类可以在宇宙中航行。在一颗炙热的行星上，我们遇到了外星生命体，他们的外形是亮晶晶的，食物都是硅类有机物。我们与他们进行了友好的沟通与交流，才发现他们是硅类生命，他们寿命对我们来说接近永恒。

此时地球上，一场大型粒子对撞常规实验的失败使科技又迅速发展，出现了超越光速的速度，短暂的形成了“时空隧道”。

若干年以后，地球上再无一个挨饿之人。

【此作品荣获全国中学生科普科幻大赛省赛三等奖】

（作者：侯子木 贯通2107班）

◎**点评与写作指导**

该作品以富有诗意的“稻香”为题，生动地讲述了未来我国科学家继承前辈们不怕困难、艰苦奋斗的精神，终于研制出“无土杂交海水稻”以解决全球粮食危机的感人故事。文章主题鲜明，层次分明，段落之间衔接恰当，语言明白晓畅，且富有感染力。文章结尾以“若干年以后，地球上再无一个挨饿之人。”收束全文，含蓄隽永，意味深长。

科幻作文不同于幻想作文，科幻是科学幻想，其内容不能违背基本规律，不能违背科学常识的规则。因此在选材时需要注意，必须了解清楚当下已有的科学成果，要具备相关的知识储备，绝不能出现知识性错误。

◎相关写作素材链接（课程思政融合案例）

海水稻（耐盐碱水稻），是指能在盐（碱）浓度0.3%以上的盐碱地生长，且单产可达300 kg/667 m^2以上的一类水稻品种，是介于野生稻和栽培稻之间的普遍生长在海边滩涂地区，具有耐盐碱的水稻，比其他普通的水稻具有更强的生存竞争能力，具有抗涝、抗盐碱、抗倒伏、抗病虫等能力。

1986年，广东海洋大学研究员陈日胜在湛江海边发现了第一株野生海水稻，申请了原农业部植物新品种专利，定名为“海稻86”，这被袁隆平院士评价为继杂交稻之后水稻行业的又一次重大革命性突破。2016年，袁隆平院士团队与陈日胜合作，次年10月测产，海水稻开始广为人知。2017年，中国工程院院士、“杂交水稻之父”袁隆平领衔成立青岛海水稻研究发展中心，并联合多家科研单位成立中国首个耐盐碱水稻区试协作组。2020年，青岛海水稻研究发展中心在全国的海水稻示范种植面积由原来2万亩扩大到10万亩；9月下旬起，10万亩海水稻陆续完成测产；其中，新疆喀什、宁夏石嘴山、黑龙江铁力和山东东营、潍坊、青岛等地测评亩产均超千斤。2021年1月15日，袁隆平海水稻团队在海南三亚举行的第五届国际海水稻论坛上宣布，已在全国签约600万亩盐碱地改造项目，2021年将正式启动海水稻的产业化推广和商业化运营，拟用8至10年实现1亿亩盐碱地改造整治目标，实现“亿亩荒滩变良田”。

截至2022年年底，中国耐盐碱水稻（俗称“海水稻”）种植面积已突破100万亩。

（摘自于百度百科）

关于辣椒的科普趣闻

金瀚如

辣是五种味觉中的一种，准确来说辣是一种痛觉，所以吃辣的食物可以给人带来难忘的刺激感和无限的快感。

提起辣，最典型的代表食物就是麻辣小龙虾，想必人人都吃过。那又麻又辣的味道，通红的颜色立马会组成一副食欲满满的画面闪现在脑海中，同时会让人忍不住咽一口口水。是的，麻小就是这么让人上头。上周六下午，妈妈带我去买绝味鸭脖，站在柜台前的我一眼就被红彤彤的麻辣小龙虾尾吸引住了，每只虾尾都团成一个小球，上面沾满了红色的辣椒油，看上去鲜红发亮，我忍不住两眼放光，脱口而出："好有食欲啊！"妈妈看出了我的小心思，二话不说就点了一份麻辣黑鸭脖，一份麻辣虾尾，打包回家。想到喜欢吃的食物中总少不了辣椒的身影，我才后知后觉真正让我上瘾的其实是辣椒。

所以辣椒为什么能使人上瘾呢？笔者上网查阅资料发现辣椒里面的辣椒素也就是辣椒碱，会与神经元中的香草素受体亚型1（VR1）结合，产生一种灼痛感，然后通过神经元传递给大脑，让大脑以为身体受伤了，因此大脑会分泌出内啡肽来止痛，而这种东西也可以带来快感，所以辣椒能让人越吃越上瘾。辣椒有一股辣味，吃辣的能够提升食欲，增强消化功能，因此大家每天适量吃一些辣椒可以促进消化。辣椒也是一种营养丰富的食材，里面含有胡萝卜素、维生素以及各种膳食纤维，适当地吃一些对身体有好处。而我基本上一日三餐都离不开辣椒。早餐吃包子或者饺子要蘸醋和辣椒油，午餐炒菜要放辣椒，米饭要放一些辣椒酱，晚餐吃刀削面要放辣椒油。

有的时候吃辣椒我们会被辣的够呛，有一个常识是喝牛奶可以解辣。为什么牛奶可以解辣呢？牛奶中含有的酪蛋白，可以抵消辣椒素带来的刺激，减轻痛楚，从而达到解辣的效果。吃辣椒的时候，人们往往会感觉到很热，便想要喝水或者吃一些主食来解辣，但其实这样做的效果并不明智，因为使辣椒有辣味的化学成分是辣椒素，而且辣椒素会紧紧地与味觉器官上的神经受体相结合，再加上辣椒素是非水溶性物质，它只能与脂肪、油类和酒精相结合。在吃了很辣的食物之后建议喝脱脂牛奶，因为脱脂牛奶中的酪蛋白更多。曾经年少无知的我不敢吃辣，也不知道辣能带给人如此奇妙的体验。如今感受到了这其中的快乐，我也从一个不能碰辣的小孩，成长为一个无辣不欢的食客啦！

辣椒给我们家带来了很多欢乐，在吃辣椒的过程中，我也逐渐明白了辣椒为什么能使人上瘾，这次查阅资料的经验也增强了我的科学探究意识，这篇文章不仅介绍了有关辣椒的趣闻，也介绍了一个爱吃辣椒的我。

【此作品荣获全国中学生科普科幻大赛省赛三等奖】

（作者：金瀚如 贯通2101班）

◎**点评与写作指导**

这是一篇构思巧妙、生动活泼的科普文，正如文中所说，这篇不仅向读者介绍了有关辣椒的趣闻，也向我们展现了一个可爱的爱吃辣椒的小作者。文章语言严谨准确又清新活泼，情感丰富而真实，读来津津有味。

知识的准确性虽为科普类文章的第一要义，但这不意味着此类文章就一定要“不近人情”。科普文章是面向大众的，因此科普文章的观感应当是“接地气儿”的。在创作此类文章时，语言除了要严谨准确，在必要时可以增加一些趣味性和故事性，更能吸引读者，从而达到科普的目的。

◎**相关写作素材链接（课程思政融合案例）**

一起吃辣——当代年轻人的社交方式

文化心理学家保罗·罗津认为，爱吃辣是人类特有的行为，“无辣不欢”实际上是一种“良性自虐”——大脑中对痛觉和快乐作出反应的细胞很接近，辣椒素能激活口腔咽喉中的痛觉和热觉受体，从而让大脑释放内啡肽。因此，“一起吃辣”天然地适合社交：一方面，能吃辣的人可以展示自己“忍耐疼痛的能力”很强；另一方面，一起吃辣意味着一起“忍耐痛苦”和感受吃辣后的愉悦，这也是信任建立的方式。况且，火锅的食用方式——时间长、食材多、要动手下食材、热气腾腾的氛围——本身就具有极强的社交属性，非常适合当代人聚餐。

有人认为，食辣文化的流行是由于大量来自食辣地区的移民迁入各大城市，导致食辣文化的扩散。但根据曹雨的调查，辣味餐馆的数量与移民数量的确呈正相关，却与城市移民的来源地没有什么关系。此外，越年轻的人对吃辣的接受程度越高。这是为什么呢？因为相对于其他菜系，川、湘、云贵、湖北菜这四种偏辣的菜系是价格最低的——由于食品的商品化和标准化使得调味料变得廉价且丰富，而辣味又能掩盖冷冻食材本身的口味。廉价的辣味餐馆对于收入不太高的城市新移民（通常也是年轻人）来说是最划算的选择。这也是食辣文化在近几十年里横扫全国的原因之一。

（摘自徐悦东《“无辣不欢”的流行，是一场“庶民的胜利”》）

美食长河

陈　杨

在人类的历史长河中，从猿人到古人再到新人的三个阶段中，食物是不可或缺的东西。无论是能量的获取还是营养的摄取，都离不开食物，由此看来食物在我们的世界是多么重要的存在。

齿弓近于抛物线形，前部齿弓明显呈弧形。这是网上对于南方古猿臼齿的描述。而形成这种臼齿的原因也是很简单，早期古猿以水果为食，经过常年累积锻炼进化，使得古猿的臼齿变得强壮。素食的古猿也变成了肉食性动物，环境改变对古猿变人起到了不可低估的巨大影响。积累的经验启发了古猿，火扩大了可食物的范围，食物种类越来越多，我认为这也可以算是中华上下5000年以来烹饪美食的开端起源，于是古猿逐步从自然获取发展到学会主动用火烧烤食物，彻底改变了生食习惯，确立了以熟食为主的饮食方式。吃熟食从而增加了猿人的寿命。

时空追溯又离我们近了一些，在考古人员的发现下，半坡居民种植的粟，和河姆渡居民的水稻就已经树立了南稻北麦的局面，这种局面延续至今。

再离我们近一些，人们对于矿物的使用得到了提升，这使中国美食不仅仅只是在生与熟之间的选择，而是更多的器具，更多的做法，更多的美味佳肴。器具的原材料改变对食物来说有了一个大大的提升。在帝王的统治之下，一道道美味佳肴，山珍海味出现，数不胜数。像周代的周八珍，汉代的面食，魏晋南北朝因为民族交融而受到影响的美食，例如烤串、火锅、蒸豚、胡炮肉……唐宋时期，丝绸之路的扩展，让更多的西域文化流入进来，也为美食的进化带来了贡献。举个例子，在当时有一个清河郡王府筵席的菜单中就有多达近200道美食。到了明清时期，来自西方的代表性农作物以及香料传入了我国，经过明清两代宫廷御厨和民间大厨的加工，再到了近代已经形成了相对完善的各色美食菜系了，俗称八大菜系。

到了现在，在商场中有中国的传统美食、家常菜，还有西餐、日式料理、印度美食、墨西哥美食……我们从古代中吸取精华，也有自己发明的美食，如酸奶大麻花，雾状食物等等，不光食物的味道有所突破，食物的制作方式也有所进展，如机器人削面、机器人炒菜等等。我们能够吃到这些美味，当然也离不开我们当今国家的富强。在以后我想人们会发明出更多好吃健康的美食。

【此作品荣获全国中学生科普科幻大赛省赛三等奖】

（作者：陈杨 贯通2103班）

◎点评与写作指导

该作品以“食物的发展”为主题，以时间为主线，依序介绍了食物的发展，照应了文章题目，食物的发展长河中起到作用的有臼齿、火、器具、西方农作物和香料的传入、当代机器人的加入等等，可见作者素材积累丰富，知识面较广。文章语言通俗易懂，结尾通过呼吁发明更多美食，回扣主题。

科普作文可以让人们对某一专业领域实现快速了解，在写科普文章时，用词要简单有趣，对专业术语要用通俗易懂的话表达出来，要尽力保证自己所述的知识和知识脉络充实、准确、详尽、可信。

◎相关写作素材链接（课程思政融合案例）

饮食不仅是人类赖以生存的物质条件，也是社会发展进步的重要标志。饮食文化是中华传统文化的重要组成部分，从茹毛饮血到欢煮熟食，从大羹玄酒到佳肴美馔，中国古人的餐桌见证了上万年的饮食革命和文化流变。吃饭不仅是为了果腹与生存，更成为一种生活方式的集中表达，调羹弄膳之间处处流露着生活智慧和生命尊严。

（摘编自中国国家博物馆《中国古代饮食文化展》）

酸奶

陈天行

在一个风和日丽的午后，阳光透过窗户一束一束照到室内，但并没有让我感到很热，从卧室出来，朝着沙发走去，走过桌边，顺手抄起一瓶酸奶，一边拆着包装，一边走向沙发，坐到沙发上，包装也拆完了，便大口喝了起来，期间我弟过来一脸自豪地说："哥，我跟你说个事儿你肯定不知道。"我很自然且平静地问他啥事儿。"你崇洋媚外，据历史所证，酸奶是外国人发明的……"我知道他又是看短视频来着，我听着他断断续续地讲述，饶有兴致地从手机上搜了一波，这一搜……我打断了，"他这上面跟你说的不一样啊"，"嗯？"

历史证据显示，酸奶作为食品至少有4500多年的历史了，说最早期的酸奶可能是游牧民族装在羊皮袋里的奶受到依附在袋的细菌经过自然发酵，而成为奶酪。公元前2000多年前，在希腊东北部和保加利亚地区生息的古代色雷斯人掌握了酸奶的制作技术。他们最开始用的也是羊奶，后来，酸奶技术被古希腊人传到了欧洲的其它地方。尤素甫·哈斯·哈吉甫撰写的《福乐智慧》中记载了土耳其人在中世纪就吃酸奶了，这部书提到了"yogurt"这个词，并详细记录了游牧民族是怎样吃酸奶的。欧洲第一个有关酸奶的记载源自于法国的临床历史记录：弗朗西斯一世患上了一场严重的痢疾，当时的法国医生都束手无策，没有任何办法，盟国的苏莱曼一世给他派了一个医生，这个医生宣称用酸奶治好了病人。直到二十世纪，酸奶才逐渐成为南亚、中亚、西亚、欧洲东南部和中欧地区的食物材料。

我们被所看到的文字惊住了，震惊于酸奶居然能治病，还是痢疾，我弟就不得而知了，接着往下看，现在，酸奶的制作工艺可概括为配料、预热、均质、杀菌、冷却、接种、灌装（用于凝固型酸奶）、发酵、冷却、搅拌（用于搅拌型酸奶）、包装和后熟几道工序，变性淀粉在配料阶段添加，其应用效果的好坏与工艺的控制有密切关系。而且根据国家标准，酸奶可分为4类：酸乳、发酵乳、风味酸乳、风味发酵乳；酸乳就是以生牛（羊）乳或乳粉为原料，经杀菌、接种嗜热链球菌和保加利亚乳杆菌（德氏乳杆菌保加利亚亚种）发酵制成的产品；发酵乳是以生牛（羊）乳或乳粉为原料，经杀菌、发酵后制成的pH值降低的产品，没有菌的限定；风味酸乳是酸奶里除了奶、奶粉，还添加了其他成分，如食品添加剂、果蔬或谷物杂粮等。只要满足奶含量超过80%、蛋白质含量≥2.3%即可；风味发酵乳是除了奶，接种发酵后，还添加其他成分，且没有菌的限定。

通过科普了解发现，酸奶果然与我们心想的不一样。酸奶中含有大量人体所需的营养元素，适当喝酸奶可以补钙，有益于我们的健康。

【此作品荣获全国中学生科普科幻大赛省赛三等奖】

（作者：陈天行 贯通2105班）

◎点评与写作指导

该作品以“酸奶”为主题，开篇以与哥哥的对话引入本文介绍对象，轻松自然，接下来依次介绍了酸奶的历史发展、效用、制作工艺、分类等，多方位进行描述，让读者对日常所见的酸奶有了更深的了解。结尾恰到好处地点明主题，语言朴实，首尾连贯，一气呵成。

科普文章不仅要对自己所选择的主题有深刻地了解，理清大体要写的内容，还要整理出一些自己的观点，特别是和其他人观点不一样的东西，表达自己的感悟，这些往往就是一篇科普文章的精髓。

◎相关写作素材链接（课程思政融合案例）

最初邂逅北京酸奶，它盛在一个灰白色质朴可爱的大肚子瓷瓶中。瓶口用白底蓝字绘了乳牛的图画招纸盖着，再加橡皮圈绕两下子，真是香浓可口，天真醇厚。没什么杂质，亦不掺暧昧的果汁和虚应顾客的所谓果粒，感觉难忘。我对那个矮墩的大肚瓷瓶尤其钟情。它数十年如一日，没变过。每个瓷瓶，饱经了沧桑岁月，在无数陌生人的指间流转，有一段段的故事。从前一瓶酸奶卖几毛钱，后来一块、一块二……然后卖两块。今天它的身价已升至三块钱了。在王府井重遇，如见故人，我多付了两块钱押金，特地挑一个古旧的、带点冰裂式缝隙的，一看就知它深沉内敛，无声胜有声。

（摘编自李碧华《北京酸奶载乡愁》）

AI遐想

宋佳音

昨日接到了上级的任务，明天去M星球出差，维修设备。M星球距离地球一万五千光年，是人类开发的第二个适宜居住的地方。听到这一消息想着自己要去一个未知的领域既兴奋又恐惧。

第二天早早来到了某空军基地，办理完手续后坐上了一艘宇宙飞船，正想着睡一觉，就听播报器传出声音，M星球到了。这也太快了吧，我在惊讶之余站起身来，临出舱门前，被要求换上防护服。

迎接我的是一位向导，他的脸和我一样隐藏在头盔里面，我们只是互相默默点头。环顾四周，这里的天是灰蒙蒙的，感到一片荒凉，还有风卷起地上的沙粒，在空中飞舞，地上也是坑坑洼洼。走起路来重心不稳，摇摇晃晃，模模糊糊看到不远处有一个像城堡的建筑物，那里大概就是基地了吧。

跟着向导向那边走去，随着自动门的打开，我们进入内部。脱下防护服，感觉身体轻快不少，随后被带入了一间像病房的屋子，里面是一排排的病床。不同的是躺在床上的人，不是真正的人类，而是AI机器人。他们全身上下都是由零部件组成。不同的是他们的大脑储存了以前人类的信息，是人类和机器的组合，这也相当于人类实现了长生不老。

我走到离门口最近的床边，麻利地启动测试程序，找到病因，然后恢复程序重新启动。几秒钟后，它睁开了眼睛，看到我用不可置信的语调问：你是刘小斌吗？听到这句话我也很吃惊，想着自己第一次来M星球，没有什么熟人，“对啊你怎么知道”“我是你同学赵孟”我这才想了起来，同学里面是有这么一个人。

那是在初中的时候，我和他一个班。他的身体素质很差，总是请假，后来干脆不来学校了，再后来听说他去世了，没想到在这里相遇了。我们又聊起了在学校的生活。我又问了他为何来到了这里，原来，当年他得了不治之症，临终前签下协议，用自己的大脑做科学实验，记忆被储存到了AI里。他们虽然没有了肉身，但是都有自己的意识，对过往的一切也都没有忘记，所以他还能认出我来。

说话间，我又把其它的几位AI病友用程序检测了一遍。大家也都醒了过来，有互相认识的，也有不认识的，都向我聊起了地球上的家人和事情。现在我才知道他们在去世后就离开了地球，成了AI机器人，被送往M星球进行星球的建设工作。虽然这里的环境恶劣，但他们铜墙铁壁的身体，要比人类更加适应这里的环境。正谈着，向导走了进来，邀请我去吃中午饭。

和他们告别后，来到一间似乎是餐厅的房间。房间里有桌子椅子，但是最多的就是一层层的货架，上面放着大大小小的瓶罐，每个上面都有标签写着名字。向导问我喜欢吃什么，我说肉，他拿了一个瓶子递给我，我一看上面写着合成肉。我不解怎么是这个名字，他解释道“M星球不能进行光合作用，不能吃到新鲜的蔬菜、肉类等一切地球上的东西，也没有好吃不好吃一说，只能将就填饱肚子。这些东西也都是从地球运过来的，目前M星球上不能解决食物问题。现在科学家已经在研究当中，以后的食物要达到就地取材，也许不久的将来会有。”我们来到近门口的桌边坐下，打开盖子，我试着尝了一下，也不是很难吃，跟肉泥差不多，只是吃不出来是什么肉。或许是饿了，我连吃了两大罐。

我的工作在上午就完成了，下午坐一点的航班，返回地球，这次任务我是又惊又喜，不仅见到了已故的同学以那样一种方式呈现在我的面前，而且感觉到科技的快速发展。也不禁要感叹，我们在地球上死亡后，随着身体的消亡，灵魂也化为乌有。未来的发展，肉身虽然死亡，而意识却可以长久保存，这对于人类来说，颠覆了以前的认知，违背了现有的自然发展规律，难道真是好事吗？

【此作品荣获全国中学生科普科幻大赛省赛三等奖】

（作者：宋佳音 贯通2106班）

◎点评与写作指导

该作品想象奇特，开篇点出要去M星球出差，接下来描述了作者在M星球的所见所闻，随着科技的发展，人类拥有了第二星球，但还不适宜人类居住，正在开拓阶段，在这个星球上有很多AI机器人，这些机器人是地球上已故的人类，他们肉身虽然死亡，但意识却保存了下来，结尾处用反问句也点出了自己的思考。全篇语言通俗流畅，趣味性强，文中有多处环境和细节描写，使读者真实可感。

爱因斯坦曾经说过："没有想象力的灵魂，就像没有望远镜的天文台。"想象是创造的源泉，只有具备丰富的想象力，新事物才能涌现。但想象也不能胡编乱造，要合乎情理，不能离开现实生活变成胡思乱想。

◎相关写作素材链接（课程思政融合案例）

随着人工智能的不断发展，机器人出现在我们的日常生活中已不足为奇。而随着机器人技术越来越先进，机器人的行为也越来越趋向人类，有关机器人的道德伦理问题也日益变得重要。《机器人伦理学》是由认知科学家、机器人科学家和科技伦理学家共同完成的有关机器人伦理问题的著作，提供了关于这一领域重要的话题的专家分析。《机器人伦理学》从伦理学理论出发，探讨了从机器人伦理道德程序设计到战争中机器人的应用伦理，再到人类与机器人的情感关系，机器人恋人、保姆和护理员的道德检验，以及关于责任、隐私、心理、权利、法律政策等话题。

（摘编自于百度百科）

星

张旖然

小然我好渴，我想喝水。“再坚持一下”咱们一定会找到水的……

这是一次特殊的星际旅行，此行的任务是，研究不同食物在不同星球上所呈现的分子结构变化及其稳定性。随着科技的飞速发展，二氧化碳的排放日益增高，对此提出了碳达峰跟碳中和的战略目标，预计将在2030年达到碳排放的顶峰，2060年将中和这几十年所产生的二氧化碳，对此我们的农作物势必会受到影响，所以我们进行了此次星际旅行。

旅行中我们遇到了虫洞，我跟小然陷入了昏迷……“小然，醒醒!”“咱们这是在哪”“不知道，但是至少可以确定是一个离地球很远很远的地方。”我们降落在了一个未知的星球，好在探测器显示这里的环境倒是适合人类居住，这或许是一个值得高兴的消息。“这里的重力大约是地球的三分之一，我们可以四处转转或许能发现其他文明呢。”我跟小然做好准备工作就开始了所谓的星球探险。因为引力的差异让我们的行动格外的轻松，于是我们脱下了碍事的防护服，但是引力的减小使得我们身体大量失水，我们的水很快就喝完了。

我们走了很久很久……“小然我好渴，我想喝水”“再坚持一下，咱们一定会找到水的”我想此时的我们应该已经处于严重脱水的状态了。“小然你看这是什么”“拍照机？还是自动贩卖机？但是为什么没有按钮跟选项?”这时出现了一个很高很高的生物，我想应该是当地的文明吧，他差不多有将近3米高吧。他看到我们的样子便示意让我们走进机器，严重的脱水状态使得我们不得不这样做，进入机器我神奇的发现我们的脱水状态正在慢慢消失，大概过了3分钟，我们就恢复如初了。他用着不熟练的语言在与我们沟通，这是一种我们从未听过的语言，通过仪器我们了解到，这台机器就是当地文明吃饭喝水的方式，他们不需要食物，他们只需进到机器里，机器就会检测他们身体的状况，根据不同的身体状况，补充水、无机盐、葡萄糖、脂肪、蛋白质等，所以他们不需要吃饭，但是他们会吃水果来补充维生素及膳食纤维等物质。

经过了简短的交谈之后，他告诉了我们回到地球的方法，并且带领我们参观了当地的饭店，但是在我眼中他们的饭店造型就如同地球的“公厕”一样，一排排的机器一个挨着一个，人多的时候还有在门口排队等待，没有服务人员，更没有餐桌文化跟酒桌礼仪等，他们只需要根据自己所需来补营养物质而已，这也导致了这个星球的生物长得几乎都是一个样子，我想：他们应该没有脸盲。“如果你们要出去旅行的话，路上要怎么办呢”他递给了我们一个小盒子，里面装有蛋白质分子、葡萄糖分子，以及水分子，原来他们也有外带模式，他们只需要通过脑电波就可以将这些物质转化成稳定的分子形式，这一发现让我们此次的旅行收获颇丰，也为我们的研究奠定了基础。“为什么走了这么长时间都没看见卖水果的?”的确看见他们每个人都拿着水果却没有看见任何卖水果的，他拿出了一小包种子走到了机器前，将种子随手一撒，8分钟后种子就变成了新鲜的水果，也许我们无法理解，但是未来我们也可以实现这种技术。

“到了，这个飞船可以送你们到达地球，里面有2台食物机跟各种各样的种子，如果你们想要分子形式的也可以手动操作，操作方法在机器后面”。话音未落我们便随着一阵光回到了地球。回到了地球我迅速打开了手机发现已经是2060年了，人们已经摆脱了对石油、煤炭、天然气的使用，取而代之的是可控核聚变这种清洁能源。我们把这次旅行的成果交到了国家，并且很快得到了应用，虽然我们还无法将营养物质直接从食物中提取出来，但是已经出现了食物胶囊、3D打印食物跟人造食物这种方便省时的食物了，人们吃饭只需要像吃药一样吃掉那些食物胶囊，就可以补充我们所需的营养，对于我们生活中最常见的饮用水也变成了薄膜式的，为了减少塑料污染，现在的水都变成薄膜式的了，一个个跟水晶球似的裹着薄暮的水，我们只需要吃掉它，薄膜就会在我们的口中爆开，让水充满我们整个口腔，从而代替了瓶装水。

今天我一如既往的在家看着电视吃着午饭，我拿起一粒牛肉胶囊，拿起一粒蔬菜胶囊放进嘴里，刚准备吃下薄膜水，一则新闻引起了我的注意——妈妈我好渴，我想喝水。“再坚持一下”咱们一定会找到水的……

【此作品荣获全国中学生科普科幻大赛省赛三等奖】

（作者：张旖然 贯通2004班）

◎**点评与写作指导**

该作品以“星际旅行”为起点，讲述了作者在这次旅行中的所见所闻，结合当下社会“碳达峰、碳中和”等时代背景，明确星际旅行的任务，设计了许多跟地球不同的场景和画面，语言诙谐，如饭店的造型和地球的公厕差不多，让人印象深刻。开头和结尾前后照应，首尾连贯，感染力强。

高斯曾经说过：“没有大胆的猜测就不可能有伟大的发现。”随着互联网、人工智能等高科技的飞速发展，对于未来，我们要大胆去想，想象理想的未来世界。

◎**相关写作素材链接（课程思政融合案例）**

星际旅行是一个用来指在宇宙中自然天体之间进行的载人太空旅行的名词。其狭义上通常指恒星际旅行，广义上也包括行星际旅行和星系际旅行。现时，行星际旅行已经能够实现，而恒星际旅行与星系际旅行则是因其本身空间距离过于遥远，又受制于人类当前的航天科技水平而难以实现。

（摘编自于百度百科）

食物的科普

李雨坤

食物对人类而言是指能够满足人的正常生活活动需求并利于延长人类寿命的物质。我们需要每天不停地消耗食物才能存活。我们今天吃的很多食物都不是自然存在的东西，我们存在因为食物，食物也因我们而存在。

举几个简单而有趣的例子，比如我们现在吃的胡萝卜，有一个很大可食用的根部，但是你知道吗？这种自然界存在的胡萝卜实际上是一种野生的。它的味道甘苦，有一种嚼木头根的味道，虽然它能提供一些营养，但很多人不愿意吃它。

大自然母亲提供了食物原型，但人类通过科技帮助食物形成了最终的产品。

和所有植物一样，早期的胡萝卜生长是为了它们的叶子和种子，就像胡萝卜的“亲戚”莳萝和茴香一样，但后来有人发现，咀嚼它的根反而会更有趣。在经过几个世纪的疯狂种植和培育，才成为我们现在吃的胡萝卜，被称为食物。

实际上胡萝卜也并不是唯一一种长得很大的植物，我们再举一个例子，从野生玉米到现代玉米的转变更加令人吃惊。

然而，一些美味的食物，也不是我们最早吃的原型。世界上的香蕉和西瓜可以证明这一点。西瓜种子看起来很整洁。但是现在很多人不喜欢吃有西瓜籽的西瓜，于是在几百年以后，人们就培育出一种没有西瓜籽的西瓜。

其实没有西瓜籽的西瓜是没有理由存在的，你说是不是？因为无籽西瓜不符合生命第一法则：繁衍！但我们现在吃无籽西瓜，它存在就是为了被消耗，被人当做食物，这就像一个死胡同。无籽西瓜的存在完全与人类存在有关。

香蕉也是一样，世界上的香蕉基因都是相同的，它已经灭绝过一次，后来人类通过一株香蕉树重新克隆出来。

动物也是一样，牛对我们的生活至关重要，无论是作为肉、劳动工具还是产牛奶。但是很少有人知道，所有现代牛的祖先：野牛，实际上在很久以前就灭绝了。幸运的是有一部分被驯化的后代却活了下来，为了生存，它们永远与人类在一起。

如今，强大的野牛只能漫步在过去文明的绘画中，就像这张印着印度河流域文明的印章。

猪是另一个例子。欧洲中世纪的猪是野猪，它们又黑又瘦，在森林的地面上跑来跑去，通过在灌木丛中寻找橡子之类的东西来觅食。最后人类开始饲养猪，从野猪变成家猪，膘肥体壮，要不然早就被人吃完了。

我们存在因为食物，食物也因我们而存在。

【此作品荣获全国中学生科普科幻大赛省赛三等奖】

（作者：李雨坤 贯通2102班）

◎点评与写作指导

该作品以“食物与人类的相依相存”为中心，即“我们因为食物而存在，食物也因我们而存在”，全篇通过对胡萝卜、玉米、西瓜、香蕉、牛、猪等，如何从野生到可以食用进行了介绍，让我们了解这些我们熟悉的水果蔬菜肉类的发展，语言通俗易懂，结尾恰到好处地点明中心，文章前后照应，首尾连贯。

科普文章可以用故事开头，经过故事包装过的事实，包含作者情感，可以迅速打开读者心门，在论证自己的观点时，也可以把论证过程写成故事，语言通俗易懂，让读者听起来自然顺畅又欢喜。

◎相关写作素材链接（课程思政融合案例）

中国人最早发明牛排，据《礼记·内则》记载，牛肉美食有牛炙（烤牛排）、牛（酱牛肉块）、牛脍（酱牛肉片）、牛修（牛肉条）等等。牛肉制作有捣珍、渍、熬、糁四种。所谓“捣珍”，就是牛肉糜，它的做法是将牛肉整块放入锅中熬煮，不用刀切，将肉捣烂后晾开，洒上屑桂、姜、盐，等到肉干之后再食用。所谓“渍”，就是吃生牛肉，把新鲜牛肉切成薄片，再用美酒浸渍，吃起来鲜美可口。《楚辞》有“肥牛之腱”，是指牛腱子肉或牛蹄筋。牛肉饮食象征着慓悍、勇武的文化精神。

（摘编自搜狐新闻）

4 “叶圣陶杯”全国中学生新作文大赛获奖作品选录

和你在一起

刘瑞渤

时光转瞬即逝，转眼间我已经度过了十七个春秋，在这十七年的人生道路上，有一个人一直伴我成长，从未停下脚步，那个人就是我的父亲。

我曾经在相册中翻到过我刚满一岁的照片，站立在父亲的手掌之中，父亲的手掌那么大，足够包裹住我的两只脚丫，我站立着，头稍稍偏向父亲，露出灿烂的笑容。还记得小时候，我最喜欢做的事就是依偎在父亲身旁，看那水墨色的毛笔蜿蜒起伏，写下了一个又一个雄浑的字，那时小小的我充满了对父亲的崇拜，便缠着父亲也要一只能写出好看的字的神奇毛笔，父亲经不住我的死缠烂打，终究还是给我买了一支小巧的毛笔。小孩子的愿望总是容易满足，我便不再缠着父亲，开始用自己的毛笔写字，却总写不出父亲那般笔走龙蛇的气势，父亲在一旁微笑着，眉间轻微皱起，好像他亲自写字。

不知不觉，我迈入了小学的大门，成为一名真正的小学生。那段时间，我吵着闹着要骑自行车上学，父亲抵不住我的软磨硬泡，便答应了我的要求。从那天起，一直到我小学生涯结束，父亲每天早上早早地起床，打好早饭，然后轻轻打开我房间的灯，等我吃完早饭，拎起我的书包，慢慢地开着他的摩托车，用脚蹭着地，陪同骑自行车的我一同去学校。

现在，我即将踏入高三，学习生活变得越来越紧张，作业就像一张大网把我捕住，让我动弹不得。好不容易周末回家，也要开夜灯奋战。久而久之，身体也开始“闹革命”。父亲看在眼里，急在心里，每天变着花样地做饭。这天晚上，十一点多了，我还在跟一道数学题较量，父亲不知何时推开了门，把一张纸条和一杯牛奶轻轻放在了我的桌上，拍了拍我的肩，然后转身而去，悄悄带上了门。可就在父亲转身的那一刻，岁月在父亲黝黑的脸庞刻下的痕迹映入了我的眼睛，父亲似乎变矮了，他的后背不再像小时候那样高大了。我拿起字条，上面写道：孩子，注意身体，爸爸相信你是最棒的。爸爸在临走时看了我一眼，我从他的眼睛里看到担忧、期望……

父亲不会说什么大道理，但总能在我遇到选择时指导我做出判断；父亲肚里装不下多少名人名言，却总能在我气馁时鼓励我重新站起来；父亲没有什么幽默细胞，却总在我伤心难过时用不协调的肢体语言和怪异的笑话逗我笑。

我的父亲平凡得一如天下所有的父亲，但在我成长的道路上，他一直陪伴着我，伴我成长，在我眼中，父亲的背影有着说不出的高大。

【此作品荣获“叶圣陶杯”全国中学生新作文大赛国赛三等奖】

（作者：刘瑞渤 贯通2010班）

◎点评与写作指导

该作品开头通过感叹时间流逝，引出写作对象，即一直伴作者成长的父亲。文章主题明确，内容生动丰富，前后连贯，形成完整的形象。全文按照时间顺序，描述了在不同时间段作者与父亲相处的小事，体现父亲对我的关爱，流露温情，突出父亲在作者心中的高大形象。描写能抓住事物的主要内容，人物的动作、神态描写较多。文章前后连贯，结尾恰到好处地点明了中心，表达父爱的伟大，升华主题。

写人的作文，要选用典型事例，人与事是分不开的，在写作文时应选择那些最能体现人物思想、性格和文章中心思想的典型事件，并通过语言、动作、表情等细小环节作具体细致的描写，可以使文章详略得当，文章内容更充实。

◎**相关写作素材链接（课程思政融合案例）**

晚清政治军事人物、湘军首领——曾国藩

曾国藩（1811—1872）是清末政治家、战略家、理学家、文学家、书法家，清末汉族地主武装湘军的首领。他权管四省，位列三公，拜相封侯，谥称“文正”。曾国藩常年在外，身居要职，公务繁忙，无法在身边督促子女，于是写信成为他教育子女的重要手段。在曾国藩的著作中，以教育子女为主要内容的《家书》流传最广，影响最大。在《家书》中，曾国藩不为子女谋特殊化，教儿女节俭创业，如：“吾家男子于看、读、写、作四字缺一不可。女子于衣、食、粗细四字缺一不可。家勤则兴，人勤则健；能勤能俭，永不贫贱。”

钥匙

谢奇芮

每一把钥匙齿深浅不一，大小各异，且齿轮凹凸程度也各不相同。在钥匙插进锁芯后，深浅不同的齿正好将孔中铜柱之间的缝隙顶到锁芯与锁体相切的位置，锁芯就转动了，转动过程中锁里面的弹簧将锁把顶出，锁就开了。正是有了形状不一的齿，成为一个坚实的整体，才能使它在锁芯中的每一个部分发挥出应有的作用，展现出巨大的工作能力。

2020年伊始，一场突如其来的疫情让我们紧急按下暂停键。新型冠状病毒来势汹汹，给我们的生活蒙上了厚厚的阴影，每个人都惶恐不安，纵使生活被包围，但理性永远不被泯灭。在疫情面前，那些逆行向上的党员干部们，他们纷纷向组织提交请战书，不惧困难，冲锋在前。深入贯彻习近平总书记重要指示精神，吹响“冲锋号”，投身到战“疫”之中来。医务工作者们日日夜夜坚守在自己的岗位上，同时间赛跑，与病魔较量。穿着一天的防护服，被汗水浸湿全身，口罩在脸上留下了很深的印记，虽是面色憔悴，却依然笑容满面。在这么高强度的工作下，他们依然尽心竭力去救治每一位被感染的人。医疗卫生战线的基层党组织团结带领医务工作者，坚持人民的利益高于一切，恪尽职守、救死扶伤。这些重要齿为一把完整钥匙打好夯实的基础。

疫情肆虐，全国人民积极配合政府部门工作，树牢“四个意识”、做到“两个维护”。穿红色马甲的社区工作者们一大早挨家挨户宣传疫情防控的措施，一遍又一遍耐心讲解，医护人员日复一日上门为人们测体温、做核酸，心无旁骛把每一个环节都做到位。他们像螺丝钉一样誓死“钉”在工作岗位上，用白衣天使的誓言为人民筑起了坚不可摧的防护墙，看似平凡的岗位，量体温、查健康码、收取核酸标本、维持秩序等等，都是必不可少的部分。还有穿梭在城市各个角落的外卖员，在抗击疫情的关键时期，居家隔离让无法外出的居民对网购更为依赖，为了确保城市居民生活物资供应及时，快递外卖点基本都是满负荷运作，他们任劳任怨地四处奔波着。警察夜以继日奋战在疫情防控最前线，全力协助街道办等部门做好防控工作。这些岗位就是锁芯，是锁具的心脏，与钥匙配套才能够转动并带动锁栓运动的核心部分。他们的团结、无私奉献和工作有条不紊确保了一方的平安，为社区、为社会、为国家守住了安宁。

我们每个人都是钥匙上大大小小凹凸不平的小齿，做好疫情防控就是我们应尽的责任，戴口罩，少聚集，勤洗手等等。虽是细微的齿，但如果缺了它，那整个程序过程就无法运转了。社区的工作者们，防控疫情的医务工作者，外卖员，警察，他们都是平凡的人，在平凡的岗位，有了他们的存在，整体才会运行顺利，历经艰辛磨难，怀揣美好愿景，我们美好的家园将在全国人民的共同守护下，更加和谐，更加温馨，更加幸福。

【此作品荣获“叶圣陶杯”全国中学生新作文大赛国赛三等奖】

（作者：谢奇芮 贯通2004班）

◎**点评与写作指导**

该作品以“疫情防控”为大背景，开头通过介绍开锁原理引入疫情防控中紧密配合、无私奉献的工作者们，角度新颖，文章内容丰富，“党员干部们、医务工作者们”是钥匙上的大齿、“社区工作者、外卖员、警察、”是锁芯、“我们每个人”是钥匙上的小齿，锁芯与钥匙配套才能够转动锁栓运动的核心部分，大家共同努力才能打赢疫情防控战。结尾处总括全文，升华主题。

写作不是一蹴而就的，也不是胡思乱想出来的，而是要在一定的知识积累基础上进行创作，文章源于生活的同时，也要高于生活，平铺直叙地简单讲述，就会像流水账。因此，在提高作文能力的时候，要学会多观察生活，在日常生活中汲取营养，积累素材，写出来的文章也更有真情实感。

◎相关写作素材链接（课程思政融合案例）

疫情中的“生命摆渡人”——汪勇

汪勇，湖北顺丰的一位快递小哥，2020年武汉疫情来袭，他带领的志愿者司机团队，自大年三十起义务接送武汉市金银潭医院医护人员上下班，协调推动网约车企业参与接送医护人员，协调共享单车企业在医院周边投放单车。他自行募集资金为医护人员提供泡面，“扫街”找餐馆、争取有关部门餐食供应，快速搭建起应急餐食免费配送备用网络，他以“聚拢温暖守护英雄”的义举被批复火线入党。

（摘编自中国青年报）

青春之魂

刘　露

“为什么我的眼里常含泪水，因为我对这片土地爱得深沉。”

泱泱中华，上下5000年。百年前，无数青年学子聚集在一起，为了民族复兴振臂高呼、为了国家富强奔走效劳。回首往昔，这场浩荡的“五四运动”依旧深深烙刻在我的心中，使我不由得想起李大钊先生在《青春》中说过的那一段话：“以青春之我，创造青春之家庭，青春之国家，青春之民族，青春之人类，青春之地球，青春之宇宙，资以乐其天涯之生，个人的理想，只有涌入爱国主义的这条洪流才能排山倒海，勇往直前。让爱国主义成为青年学生学习的一部分，才能培养出有担当的新一代青年。”

回望过去的岁月，无数英雄儿女为了祖国的繁荣昌盛，抛头颅、洒热血，在所不惜。古有周瑜坚守信念，为国捐躯；岳飞精忠报国，岳母刺字。现有袁爷爷禾下乘凉，天下饱饭梦；张校长带领山区女孩走出大山等事。他们坚守信念、爱岗敬业、无私奉献，感动了无数人。

“人生自古谁无死，留取丹心照汗青”，南宋英雄文天祥，兵败被俘。坐了三年土牢，曾多次严辞拒绝了敌人的劝降。元世祖忽必烈曾亲自来到牢房劝降，许以丞相之职。他却丝毫不动摇，坚定地说：“唯有以死报国，我一无所求！”他在牢里经历过怎样非人的折磨？我们一无所知，每当我有意无意抱怨北京无常的天气时，总会不时想起，那时的大都大抵也是这样寒冷的，牢里不曾有取暖设施，没有厚被子，没有热食烫水。只有漏风的墙壁以及“壁下有水穴，群鼠走踉跄。此夕水弥漫，浮动八尺床”。老鼠活的、死的、漂浮在水中。而他顶着牢里的恶臭与污水。两首诗的结尾却分别是：“但愿天下人，家家足稻粱”，以及“遗书宛在架，吾道终未亡”。他被压在土里，心中却是人间正道是沧桑。

当然，华夏历史绵延数千年不仅因为有熠熠生辉的大人物，更有默默无闻的小人物在为国付出。当山洪来袭，他们不惧危险冲在最前方。抗震救灾，他们奔赴震中奋力救援。防洪抢险，他们筑起铜墙铁壁般的“生命堤坝”。他们就是中国军人，正是因为他们的负重前行，才有我们现在的岁月静好。“黄沙百战穿金甲，不破楼兰终不还。”还有一些人，他们冲在第一线，直面面对病毒，那些厚如山的书本，那些值过的夜班，以及那些重如山的责任。他们承受了生命的重量，穿上了防护服，他们是守卫国家的英雄。他们就是——防疫工作者。除却君身三重雪，天下谁人配白衣？

爱国精神是什么？是慷慨赴死的决心，是英勇就义的果断，是明知山有虎偏向虎山行的倔强。千百年以来，国家的命运一直牢握在自己手中。天上有十个太阳，我们就自己打下来九个！正值青春的我们，就应该肩负起这样的责任，把爱国奉献精神发扬壮大。传承先辈们的爱国主义精神，争做新一代青少年的表率。

爱国，就是“山河今有恙，国民当自强”。

爱国，就是“捐躯赴国难，视死忽如归”。

爱国，就是“生平未报国，留作忠魂补”。

拿起笔，我描述先辈们为祖国做出的贡献以及那无私的爱国精神，放下笔，我抬头看向窗外飘扬的红旗，耳畔恍然响起了那首《我和我的祖国》。我们生在国旗下，长在春风中，如果我心中存在一抹颜色，那一定是中国红！

【此作品荣获“叶圣陶杯”全国中学生新作文大赛省赛一等奖】

（作者：刘露 贯通2105班）

◎点评与写作指导

该作品以“爱国精神”为主题，全文主题鲜明，立意深远，在论证材料的选择上，作者将古今的名人逸事、历史故事信手拈来，足见其深厚的阅读功底和文化底蕴。文章有详有略，内容生动具体，以感受开篇，以感受结尾，这样便使文章前后照应，收尾连贯，同时又使文章主题回环复沓，感染力强。

写作“爱国”主题文章时，开门见山亮明观点，议论过程入情入理，论据典型充分，段落分明，可以按照“是什么、为什么、怎么样”的结构安排全文，有详有略。

◎相关写作素材链接（课程思政融合案例）

巾帼英雄——张桂梅

张桂梅，丽江华坪女子高级中学书记、校长，华坪县儿童福利院院长（义务兼任），获得“时代楷模”称号、“感动中国2020年度人物”荣誉、“七一勋章”等。张桂梅本是由于亲人离去从大理来到丽江，但在丽江山区看到了孩子们渴望知识的清澈目光，爱使她留了下来。为了节省开支，把钱都用在孩子身上，她紧衣缩食，甚至给家庭贫困的孩子捐出了自己的衣物。为了学生的未来，他全身心投入教学，即使被查出患有子宫肌瘤，还忍着病痛坚持上课，她深知“身教重于言教”的道理，用自己的实际行动督促学生成长。她把生命献给了祖国的花朵，除了孩子们，她别无所求——如果我是小溪，就流向沙漠，去造就一片生命的绿洲。

食物

刘瑞渤

进入21世纪，人类遇到了气候变异、环境恶化、病毒肆虐等许多前所未有的挑战。有许多学者对于人类文明的未来和未来条件下的食品供应感到担忧，广大消费者对于工业化食品的健康影响变得越来越关切。在这个背景下，未来食品作为一个笼统的概念被广泛提及，在诸多媒体、文献上众说纷纭。

面对未来的不可预测性，我认为，当代食品科学工作者需要认真思考三个基本问题：未来的食品资源供应如何满足持续增长的人口对食物的需求，这是一个食品保障与人类文明发展可持续性问题；随着生活水平的提高，人类对健康与美好生活的需求亦会持续提高，如何满足人类对高品质生活的要求，是未来食品的另一重大挑战，是并于食品与健康美好生活关系的问题；未来食品与中国传统饮食智慧的关系，工业化背景下的食品生产与消费已经极大地偏离了传统的东方饮食文化，未来食品是继续这个趋势还是重新思考？这是一个关于传统与未来的问题。

看到这样一篇文章，各国专家、研究人员热衷考察各地饮食文化，尝试各种未知的味道。探索领域横跨环境永续、教育与社会创新，研究如何通过设计思维带来崭新的食物体验。现在就有这样一家公司，是做食物创新相关探索的小型设计创新单位，每天都在思考未来我们到底会怎么吃。我们现在谈论这么多关于食物安全的问题，关于食物永续的问题，关于城市中人们要吃什么的问题，但实际上大家有在思考这么多吗？在看向我们会吃什么的路上，我们有看到哪些好玩的、有趣的案例，以及对于食物未来的一些畅想，也希望能够让大家一起去思考，我们要的未来会是什么样，每个人在其中的角色会是怎样。

我们其实探索了非常多跟食物相关的话题，比如说现在中国年青一代的父母他们到底怎么吃？他们怎样形成自己的饮食观？因为这非常影响我们下一代的孩子会怎么选择食物。我们在面对这些话题的时候，也看了国外都在探讨什么。2017年5月，米兰举办了全球食物创新论坛，大家看到美国上任总统，在他卸任以后第一次对外做公开演讲，他谈论的话题就是食物，以及我们在城市怎么吃得永续。可能有些人知道他和他的太太把一个小院子改成了小农场，他们想要知道当人口越来越多、越来越密集的时候，我们怎么样用身边最贴近的方式让孩子们多接触食物。

如果我们先往未来10年想，10年后的人们每天出去吃饭或者叫外卖，你觉得你选择食物的标准会是追求美味，美味优先，还是想要以计量性为主的食物？是不是有些人已经开始每一天在计算热量，每一次在计算吃了多少蛋白质、钙、铁这些微量元素，我们会不会为了这样吃而放弃了美味？第二个问题，10年以后烹饪晚餐的时候，我们到底还会不会从食物的源本开始，购买食物从头到尾开始切、开始煮，为自己做一顿晚餐，还是不会了？如果10年以后我们每个人都吃外卖，还可以定制个人的口味，3分钟送到家，你要选择哪一个？产品怎样不断影响我们每天吃的生活，这些科技的进步会不会让我们更加了解食物，我们更容易知道与食物有关的信息吗？

之前讨论的时候我们就算过，一天吃三餐，一年365天，也就是一千多次的选择。在这一千多次的选择中，每一次应该都代表着我想要吃什么样的食物。我可以联想更多一点，它是怎么被种出来的？是谁种了它？其实这背后都传达了我们对食物的一种态度。我相信，这是今天城市中的人们需要不断面对以及思考的问题。我搜集了几个硅谷好玩的高科技食物案例让大家看一看，现在食物领域已经开始了哪些不可思议的想象和可能性。

第一个案例是在前些年推出了一款蛋黄酱，但是这个蛋黄酱本身却不含任何鸡蛋。它背后的创始人其实是个工程师，他整天在想人类一天要消耗多少鸡蛋，那时还是72亿人口的时候，他算下来我们为了养鸡，以及取得鸡蛋的过程中消耗的资源，可能比拿去喂饱世界上更多饥饿的人类还要更多，于是他就提出要做一款没有蛋的蛋黄酱，把蛋所有的成分拆解出来并且找到了植物的替代品。

第二个案例更疯狂一点。我不知道大家现在会不会吃代餐，或者用一根营养棒解决一天的食物。其实有的产品直接一句话就告诉你，你喝这个产品就好，你一天什么都不用吃，帮你算好了每一天的营养比例、热量、各种蛋白质等，这是最健康的方式，而且还是全素。有没有可能我们在吃这种东西的时候，放弃了其他看起来好像很美味的零食，看起来好像很棒的牛排，或者其他我们天天想去吃的餐厅，放弃没事，我回家喝一瓶产品就好，有这样的可能吗？

可以看到很多科技已经介入我们的生活，甚至有点像是用反自然的方式来达到我们所谓的“吃”，这样的食物虽说可以达到能量的补充，但同时也要思考如果长期吃下去，会不会吃腻，这个问题其实已经有人在研究，叫做生物电，通过电信号，让味蕾向大脑传递假信号，让它以为你吃的就是你想吃的。当然现在关于未来还有很长的路要走。但是或许有一天会发现一个可以代替食物的物品，解决人类食物的问题。

【此作品荣获“叶圣陶杯”全国中学生新作文大赛省赛一等奖】

（作者：刘瑞渤 贯通2010班）

◎点评与写作指导

该作品开篇介绍了气候变异、环境恶化、病毒肆虐等挑战，由此引出“未来食品”这个主题，在此背景下，需要思考的三个基本问题，即“食品保障与人类文明发展可持续性”“食品与健康美好生活”“未来食品与中国传统饮食智慧”，涉及的面广泛深刻，接着论述了一些与食物有关的话题，比如畅想以后的人们会不会为了计算热量而放弃美味，最后还讲述了三个案例。多方面多角度选材，事例充分，全文语言流畅，舒展自如。

科普类的文章，选题和主要观点最好是自己在科学探索中发现的，论述的主要观点也要通过自己的观察、考察、采访甚至是实验等多种手段获得，不能凭空编造、猜测等。

◎相关写作素材链接（课程思政融合案例）

代餐，网络用语中指取代部分或全部正餐的食物，常见的代餐形式有代餐粉、代餐棒、代餐奶昔以及代餐粥等。代餐除了能够快速、便捷地为人体提供大量的各种营养物质外，具有高纤维、低热量、易饱腹等特点。如利用魔芋为原料生产的鲜花派、五谷杂粮碾磨的杂粮粉。代餐的产品有许多形态，当做热量控制餐使用时，所有代餐都有相同的效果，因此在选择代餐时，要选最适合自己口味、食用时机及脂肪含量最少的产品，并在食用前先详读标示，才能发挥代餐的效果。

（摘编自百度百科）

我们的未来

谢奇芮

从古至今，食物是人类不可缺少的东西。“民以食为天”，人类与食物息息相关，如果没有了食物，人类将无法生存。人们日常生活中所必需的七样东西，俗称开门七件事，分别是：柴、米、油、盐、酱、醋、茶。从燧人氏“钻木取火”后，中国人结束了茹毛饮血的时代，由此逐步产生了许多烹饪方法。食物在我们生活中占了很大的比重，它不但丰富了我们生活的面貌，也支撑着人类生命体的繁衍，维护我们的健康。

远古时代，人类大都聚集在河流附近，捕捞鱼虾是主要的一种食物来源，逐渐地，他们聚集起来围攻猎物，一次又一次惨痛失败的围猎，使他们积累经验，传授经验。对于火的使用并掌握，是人类一次质的飞跃，钻木取火，打火石，并保留火种，火不但在寒冷的天气温暖自己，还可以让人吃到热乎乎的食物。

犹记得小时候外婆一大早起来就给我做玉米面糊，是以玉米面、盐等为主要食材制作的，刚开始看到一碗黄色黏糊糊的食物时，很让人没有了食欲，但吃上一口，慢慢品味玉米面糊的味道却让我记忆犹新，也常常听起外婆说她们那个年代，主要的主食就是这些，能吃上一点儿，便很满足。随着人类获取食物的能力越来越强，现在我们的生活中有非常多的食物供给我们选择，食品越来越丰富，各种各样的食物应有尽有。

随着人类对环境认识的深入，环境是资源的观点，越来越为人们所接受，空气、水、土壤等，都是社会的自然财富和发展生产的物质基础，构成了生产力的要素。人口数量的增加，滥用耕地、土地沙漠化，使得土地匮乏，温度不断升高，很多农作物将无法种植，气候变化以及生态环境的破坏和污染所带来的种种变化，使农业生产遭到严重破坏。想象到更远的未来，我们会在吃什么？到那时，食物可能供应不足，人类不得不将目光转向其他食物，比如昆虫，它们在许多国家泛滥成灾，种类繁多，繁殖非常快，昆虫以及别的无脊椎动物富含蛋白质和健康脂肪，同时也是必需维生素和矿物质的最佳来源，它们的生存相比于其它动物所需的空间更少，也更少依赖水，产生的温室气体极其有限，这些优点都使其成为未来可持续食物的完美候选。浮游生物也许也能够维持我们的生命，浮游植物是一种漂浮在海洋中的极微小植物，包含大量种类的海藻，它们的生长如同陆地植物一样依靠阳光进行光合作用。但与陆地植物不同的是，他们不需要土壤栽培，而是简单地在水缸中就能难以置信地茂盛生长，这也意味着他们可以被更高效高产量地培植。塑料对环境的污染是非常巨大的，人类对塑料的使用量大大增加，对地球的环境造成了巨大损害，或许在未来，随着科技的迅速发展，可食用塑料不但可以百分百降解，还可以食用，大大减少了对环境的污染。

人类从原始社会的狩猎到农业种植，再到后来食物的大规模发展，我们可以看到如果不保护环境，就会威胁到人类社会的生存，现在我们应该保护现有的食物资源，减少破坏，让我们的未来越来越好。

【此作品荣获“叶圣陶杯”全国中学生新作文大赛省赛一等奖】

（作者：谢奇芮 贯通2004班）

◎**点评与写作指导**

该作品开篇点出了食物的重要性，原始社会的河流、火等使食物实现了质的飞跃，随着社会发展，食物应有尽有，种类多样，但气候变化以及生态环境的破坏导致农业生产遭到破坏，结尾点题食物的艰难发展到今天，如果不保护好环境，就会威胁到人类生存。全文语言虽然并不华丽，但通俗易懂，结尾处面对未来，提出希望。

写作文必须要有一个“正能量”的中心，无论是赞扬真善美，还是抨击假丑恶，都要是一种积极的引导和宣传，能让人获得一些思考和启示，更是一篇文章的成功之处。

◎相关写作素材链接（课程思政融合案例）

由于人们对工业高度发达的负面影响预料不够，预防不利，导致了全球性的三大危机：资源短缺、环境污染、生态破坏。环境污染指自然的或人为的破坏，向环境中添加某种物质而超过环境的自净能力而产生危害的行为。（或由于人为的因素，环境受到有害物质的污染，使生物的生长繁殖和人类的正常生活受到有害影响。）由于人为因素使环境的构成或状态发生变化，环境素质下降，从而扰乱和破坏了生态系统和人类的正常生产和生活条件的现象。

（摘编自百度百科）

节约粮食

田芮西

民以食为天，这是中华民族自古不变的道理。

我们生存的这片土地富饶美丽，善良勤劳的人们在此生息繁衍着，孕育了灿烂的文化，这其中也包括那与我们相生相伴的朋友——食物。食物是能够满足我们的生理能量需求，并且延续正常寿命的东西。可以说，没有食物，就没有我们的祖先，也就没有我们。

很久以前，在女娲造人后地球上就有了成百上千的人，但是地球一片荒芜，什么吃的都没有，人们饥寒交迫，生活苦不堪言。将人类如孩子般看待的女娲看见后心痛不已，她开始启发人们并给予福利，教人类搭房子、种庄稼，不让人类再挨饿受冻了。

那时候的种子只要播种在地上就会生长，农作物也不像现在一样只长一个，是从头长到尾的。而且一年多次成熟，不像现在的种法需要锄地、除杂草、除虫这种麻烦的操作，也根本不存在灾荒这一说。在这样的福利下，地球焕发生机，给人们织衣用的麻，生出温饱的稻，建房的木材高大茁壮，树荫下人们也不必畏惧风吹日晒。

时间久了，所有的粮食都长得像树一样高。粮食全都摘不完，甚至烂在了地里。每家每户的粮食全都堆满粮仓，他们吃着扔着得寸进尺着，吃掉了居安思危，丢掉了感恩戴德，得寸进尺地消耗着以为理所应当的被馈赠的礼物。

女娲在天上见人类如此糟蹋粮食，悲痛至极，可对自己的孩子哪有那么容易狠下心肠呢？她决定下入凡尘用言行激发人们的善心，像当初教会人们不再挨饿的技能一样，教会他们珍惜与爱护。

于是女娲下凡变成了一个布衫褴褛的乞丐，拄着朽掉的木拐杖、踏着欲破未破的满是灰尘的草鞋，走进了炊烟袅袅的村庄。她敲开第一家的门，说好心人给我点吃的吧。那家人一脸嫌弃道："我们家的食物也不多，没看到都不够用吗?"乞丐低头一看稻谷铺在地上，踩起来十分舒适，只是尚未铺满。她摇了摇头，接着去了另一家，依旧是不给粮食还十分瞧不起脏兮兮的女娲。她走遍富饶的村庄，把这一切都看在眼里，在看到人们用麦粒当土壤捧着玩儿的时候，终于忍不住哽咽着问道，"你们这么遭蹋粮食不怕遭报应吗?""粮食是我们的，我们想怎么用就怎么用，再说了粮食这么多又不是我一家在浪费。"农户理直气壮，满不在乎，似乎有没有这点粮食对他家根本没有影响。女娲终于不再抱希望，回到了天上。

她将他们的粮食全部收走，撤掉了给人们的福利，大树变小，谷子和小麦受了风雨就只剩下顶端的那么一点，菜叶又耐不了干旱蔫在了地里。

人们不懂耕种知识，撒了一把又一把的种子，却入不敷出只能等着坐吃山空。没了蔬菜的人便去啃野草扒树皮，动物失去了栖息地而远走，人们肉也吃不上了。他们无助地刨着土地，用血淋淋的双手和泪痕斑驳的面颊恳求着女娲的原谅。

女娲又一次心软，看到付出应有代价的人，她决定不能再下发福利让极致的穷困和奢侈一遍遍轮回上演，她给了人类稻谷，但是人们为收获粮食需要付出劳动，翻地、锄地。有时还会遇上旱灾、洪涝、蝗虫等自然灾害，这个时候地里的庄稼就会绝收。种的小麦和玉米只长一个头，谷子弯起来就像狗尾巴一样，庄稼也都是一季一熟。

一米一粟来之不易，爱粮节粮人人有责；一粥一饭当思来之不易，半丝半缕恒念物力维艰。在粮食稀缺的地球，我们更应当节约粮食，防止浪费，让更多人能够吃上粮食，过上吃得饱、睡得好的好日子。

【此作品荣获"叶圣陶杯"全国中学生新作文大赛省赛一等奖】

（作者：田芮西 贯通2107班）

◎**点评与写作指导**

该作品以“节约粮食”为主题，文章借用“女娲造人”这一历史故事为引子，展开丰富想象，文章叙议结合，指出了人类的浪费造成的危害，语言生动活泼，通俗易懂，趣味性强，读来津津有味，虽为一件小事，但作者描绘得有声有色，结尾处不可或缺的点睛之笔，较好地突出了文章主题。

写作是一个创作的过程，写出来的文章要想打动到别人，引起关注，就需要用一些经典话语或故事寓言融入其中，平时就要阅读各类书籍，古今中外，文学典籍、人文历史、自然地理等，才能提高引经据典的写作能力。

◎**相关写作素材链接（课程思政融合案例）**

毛泽东一生粗茶淡饭，睡硬板床，穿粗布衣，生活极为简朴，一件睡衣竟然补了73次、穿了20年。经济困难时期，他自己主动减薪、降低生活标准，不吃鱼肉、水果。伟人在勤俭节约方面为国人做出了表率。毛泽东的女儿上学时，吃窝窝头时只把里面的枣掏了，其余的都扔掉。要知道当时有不少人连饭都吃不上。老师把这件事告诉了主席，毛泽东严厉地批评了她女儿。从此，她再也不浪费食物了。

（摘编自百度）

羊肉泡馍

刘丰源

每年年末，他们都会小聚一下，找到一个合适的餐厅聊天叙旧。餐厅由威廉的朋友鲍勃来定。因为威廉经常会迷路、迟到，所以鲍勃会把集合的地点定在他绝对不会迟到的地方 —— 威廉的家。

门开了，鲍勃准时出现，“走吧”他说道。他还是老样子，没有一点变化，浓密的胡须使人难以看清他的外表，长髯覆盖了两颊，遮住了嘴唇的一大半，穿着那件松垮的毛衣。威廉跟在鲍勃的身后，下楼上了他的车。鲍勃坚持自己驾驶，这总是让威廉很紧张，一路上不敢跟他说话。“你还会紧张吗?”他笑着问道。“鲍勃还那么喜欢驾驶。”威廉说。他当然喜欢驾驶，他喜欢驾驶一切交通工具，越快越好，所以他最后成为一名星际运输员，穿梭在星球宇宙当中，运输物资。“开车更自在。”鲍勃说道。威廉当然可以明白他的意思，毕竟他们还是在地球上长大的，一切直觉反应都以地心引力为基础。

之前他们去的那些饭馆，不是深巷小店就是高深莫测的深宅大院，这次的饭店招牌高高挂在门口，显明又正派，门面不故弄玄虚。鲍勃松散地坐下，开始点菜。其中最经典的就是羊肉泡馍。美食是不会随着时间的流逝而消失的，马上服务员就端来两个大碗和几个馍。服务员说：“吃羊肉泡馍最主要就是掰馍，越小越好，吃起来才更有味道。”于是他们两个人就开始掰馍了。过了一段时间后，服务员端着滚烫的羊肉倒入碗中，同时放上了葱末、香菜、盐，这样羊肉泡馍就做好了。

他们看着这碗羊肉泡馍，就像看着一件完美而又杰出的艺术品，红红的辣椒油漂浮在汤上，灰蒙蒙的羊肉，翠绿的香菜和葱末，晶莹剔透的粉丝，雪白的馍，真令人赏心悦目。他们仿佛看到羊肉汤变成了大海，粉条就像层层波浪，馍块和肉块，就像星罗棋布的小岛，而翠绿的葱末就像点缀在小岛上郁郁葱葱的树木。羊肉泡馍的香味也十分诱人，那浓郁的香味早就已经随着热气四处弥漫，香气就像无形的手勾住了他们的鼻子，令人垂涎三尺。

这两个人也顾不上什么绅士风度，狼吞虎咽地吃了起来。他们感受到羊肉的醇香、香菜和葱末的清香、泡馍的柔软筋道、香辣的辣椒味道，这就是羊肉泡馍的特色吧。再喝上一口羊肉汤，真是鲜美至极！突然鲍勃感叹到："汤鲜而不膻，羊肉肥而不腻，泡馍细腻柔软充满汤的鲜美和馍原有的香味！"然后威廉总结地说出一个字："爽"！他们早已经吃得全身发热，头上也直冒汗。

羊肉泡馍不仅色香味俱全，历史也很悠久。当年秦能一统六国，靠的就是羊肉泡馍。行军打仗最重要的就是粮食，所谓兵马未动，粮草先行。秦国人的粮食就是腊羊肉，接近于现在吃的风干羊肉，又干又硬，但是它不容易坏。吃的时候也很方便，腊羊肉，锅盔馍放到锅里煮，等到水烧开，舀一碗，正宗的羊肉泡馍就出锅了。秦军将士们吃完羊肉泡馍，提着刀就上战场，跑到敌人营地一看，人家菜还没炒……结果显而易见。早在北宋时期，著名文豪苏东坡就留有诗句赞美这一碗羊肉泡馍："秦烹惟羊羹，陇馔有熊腊"。

【此作品荣获"叶圣陶杯"全国中学生新作文大赛省赛二等奖】

（作者：刘丰源 贯通2105班）

◎**点评与写作指导**

本篇文章着眼于"羊肉泡馍"，以两位主人公串起主题，用小说式的写法，通过人物的语言和动作、神态表现突出了羊肉泡馍的鲜美。全文语言流畅，行文舒展自如，语言生动活泼，用了形象生动的比喻手法，如把羊肉汤比作大海，粉条比作波浪，馍块和肉块比作星罗棋布的小岛，翠绿的葱末比作郁郁葱葱的树木，写出了羊肉泡馍色香味俱全的特色。最后介绍了羊肉泡馍悠久的历史和相关典故，可以看出作者丰富的知识储备。

写作此类文章可从多角度、多层次入手，对所叙述事物进行完整而详尽的论述，可从古今、外形、内在等方面多角度开展。而且要注意各部分的布局安排，要具有一定的逻辑顺序，或由浅入深，或由宏观到具体，做到条理清晰。

◎相关写作素材链接（课程思政融合案例）

羊肉泡馍

羊肉泡馍，亦称羊肉泡，古称“羊羹”，是关中汉族风味美馔，源自陕西省。它烹制精细，料重味醇，肉烂汤浓，肥而不腻，营养丰富，香气四溢，诱人食欲，食后回味无穷。北宋著名诗人苏轼留有“陇馔有熊腊，秦烹唯羊羹”的诗句。因它暖胃耐饥，素为陕西人民所喜爱，羊肉泡馍已成为陕西名吃的“总代表”。羊肉泡馍在2012年入选纪录片《舌尖上的中国》第二集《主食的故事》系列美食之一。

食盐生活

安文琪

盐是一种家喻户晓的调味料，也是维持正常生理活动不可或缺的东西。人们耳熟能详的一句俗语：“柴米油盐酱醋茶”，指的便是老百姓家中的必需品，在以前不富裕的时候更是人们每天为生活奔波的七件大事。而盐不但是其中之一，还有“百味之祖”的称号。

为什么盐如此重要呢？我们可以通过现在所学的化学知识了解到，食盐的主要成分是氯化钠。钠在生命活动中的角色至关重要，它能促进蛋白质和碳水化合物的代谢、神经脉冲的传播以及肌肉的收缩。比如在运动后，人身体中的很多离子成分就会随着汗液被代谢出去，为了维持细胞内外渗透压平衡，就需要喝淡盐水来达到补水效果。此外钠还能调节激素和细胞对氧气的消耗、控制尿量生成、缓解口渴以及产生液体等。氯化钠中的氯离子重要性并不低于钠，胃里有大量的胃酸用来消化食物，而胃酸中的氯元素绝大部分来自于食用盐。

盐可以食用也可以用于杀菌消毒，细菌的细胞膜可以看作半透膜，半透膜两侧可以选择性地交换分子或者离子，将细菌的生存环境给予高浓度的钠离子环绕，浓度高的溶液将产生渗透压，让细菌脱水而死亡。所以应急情况下，伤口上撒盐也是可取的。盐如此重要，那么为了给全世界近70亿人使用，就必然有足量的来源和严格的制作工序。

制盐的方法很多，有些制盐的古法甚至从一千多年前的北宋沿用至今。我国海南有一片中国最早的日晒制盐点，当时的人发现，每当海水涨潮后，滞留在大块岩石凹陷处的海水，经过日晒就会产生结晶。后来为了提高产量，人们改成用太阳晒干后的泥沙浇上海水过滤制成含盐量更高的卤水，再将卤水晒干就有了更多的盐，比过去煮制更高效。再后来他们世代驻扎于此制盐为生，并将这种方法沿用至今。

到了科技发达的现代，制盐的局限性更小了，海水、盐矿、咸水湖都可以用于工业制盐。矿盐是古代到现在日积月累形成的，其余则是人工蒸发的，现在的工艺便不止局限于此。卡车会将粗盐晶运往工厂清洗，用卤水除去海藻和固体砂石，还能避免盐溶解后再次晾晒。洗好的盐会放入热风干燥机，在三分钟的时间里进行烘干，再经过筛选后，分出不同的颗粒盐，送上传送带，去不同生产线精加工。

而在原始社会的人们就没有这样的方法和工具，他们吃盐只能通过食物链。植物生长从土里吸收无机盐，动物食草，人再去捕猎获取动物体内的盐，茹毛饮血。如果猎物不够就会去寻找天然盐碱地、盐湖、盐沼等，甚至舔食盐矿乃至于吃土。经考古发现，直到公元前6050年，新石器时代的人类才学会了在盐土中获取盐，他们还用陶器煮盐泉水制盐。西周时，山西运城的解池，开始大规模生产湖盐。食盐也一度在历史上成为重要的战争资源，有些时期还能将其当货币使用。

但是物极必反，盐的好处虽多，但过量摄入也会危害身体健康。前文我们说过，盐的主要成分是钠，人体每排泄约1000毫克的钠，便会消耗约26毫克的钙。钙流失会导致骨质疏松等问题，而这一问题目前不止影响着老年人的身体健康，也困扰着如今的年轻人。此外，过多的钠需要肾脏排泄，这样还会加重肾脏负担。

世界卫生组织也曾提到过控盐这个话题，事实上每天摄入仅3克的盐就能维持人们的正常生理需求。我国膳食指南提倡每天摄入6克的盐，作为食盐摄入量最高的国家之一，我国人均盐摄入量却高达每天10.5克！钠有带水的特性，钠多水分也相应增多，大量的钠和水进入血液后，造成血容量增高，血管壁水肿，就会引起高血压。高血压会增加中风、心脏病的发病几率。过多的盐分还会降低胃中保护性黏液的粘度，使它对胃壁的保护作用下降，进而导致多种胃病的发生。如果吃东西太咸的话，胃里就会有反酸，烧心的感觉。所以盐以及其他的许多调味品，的确能在增加食品美味程度的同时获取营养，但也不能一口吃成胖子，均衡控量才最重要。

在未来，哪怕技术进步了，人们的身体也离不开盐、糖、油这些营养物质。它们或许会以更多元的形式出现，像钙片维生素一类的，能够更精准地摄入补充。相信科学营养在未来能够帮助更多的人。

【此作品荣获“叶圣陶杯”全国中学生新作文大赛省赛二等奖】

（作者：安文琪 贯通2004班）

◎点评与写作指导

本篇文章属于科普文，作者开篇就指出盐的普及性以及在人类日常生活中的重要性；接着从科学的视角出发解释了盐重要的原因，从其成分构成、人体生理条件以及盐对人体的外部作用三个方面突出盐的重要作用；然后写到了制盐的方法，并将过去制盐和现在制盐的工序和流程作对比，让读者可以清晰地了解到制盐技术的进步过程；最后向我们普及了科学摄入盐分的量。可以说本文逻辑思路十分清晰，并且从多个角度普及了食盐的知识，是一篇优秀的科普文。

科普文的写作有几个重要的点需要注意：首先是要选准对象，科普文章就是要把你想介绍的事物给尽可能多的读者阅读；其次是要主题突出，一篇科普文章，最好只有一个主题，文章应紧紧围绕这个主题展开；再次要定位准确，科普文章不是掌握本门技术的入门书，而是了解本门技术的通俗读物；最后要取材适当，必须保证概念正确。做到以上几点，就可以说是一篇优秀的科普类文章了。

◎**相关写作素材链接（课程思政融合案例）**

盐湖中的“盐”从何而来

世界上分布着众多湖泊，这些湖泊按湖水中含盐量，可以分为淡水湖和咸水湖。其中湖水含盐量达35%以上的被称为盐湖。如位于青海省茶卡镇的茶卡盐湖，由于湖面结晶盐层上卤水的反射形成镜面效果，水天倒映，美不胜收，吸引了国内外游人纷至沓来。

盐湖的形成需要满足三个条件。第一，要有一个封闭或半封闭的汇水湖盆地。这样封闭的地形有利于流域内的径流、雨水等水资源能源源不断地向湖盆汇集而不外泄，形成聚集态。第二，湖泊要有持续干旱的气候条件。这样的气候条件下，湖泊被增发的水量超过补入的水量。并且，在强烈的蒸发作用下，湖水不断浓缩，含盐量逐渐增加，在湖底形成不同种类的盐类沉积矿床，形成盐湖。第三，不同盐湖里的盐分来源是多种多样的，但都需要丰富的盐类物质不断地汇入湖泊，才能保证盐湖具有一定的盐度。

（摘自《科普中国》）

宇宙美食之旅

李　姝

清晨，天边刚泛出一点微白，椎侑收拾好了行李踏上他的星际美食之旅。椎侑是研究所的一名科研人员，为了统计当今社会人们对食物的需求开始了这趟旅行。

第一站他便来到了一个人类的家里，椎侑站在门口轻轻地敲了敲门。天刚刚亮，这户人家还不知道有没有起床，在等待了一阵子后，“吱呀”的一声房门打开了，房子的男主人睡眼朦胧地站在门口，显然是刚起来不久。椎侑带有歉意地笑了笑，说：“很抱歉这么早打扰您，我在寻找世界上的各种食物，您可以给我一下建议吗?”男主人怀疑地打量着面前这个突然拜访的男人，最终在椎侑真挚的眼神下还是妥协了：“好吧，我们正好准备吃早饭了，你进来吧。”椎侑随着男主人进了屋子，餐桌上摆放着丰富的早餐。女主人从一个机器里接了一杯牛奶递给了他，女主人用她温柔的声音说道：“这个给你，这是3D打印牛奶，将牛奶蛋白的DNA和营养物质一起放入打印机里进行混合就可以啦，和普通牛奶几乎没有区别，而且还能保存得更久。还有这些食物也都是用3D打印技术做出来的。”椎侑接过牛奶喝了一口，果然与普通牛奶味道一样。

在用过早餐后，椎侑离开刚才的小镇，映入眼帘的是繁华的高楼大厦。这里是人类和外星的边界，整个星球的领导人都居住在这个地方。街道上四处都有售卖食品的商店，就连药店里摆放着的也是有各种药效的食品，有可以治疗感冒的糖果，有用来止痛的蛋糕，还有可以随自己心意点要吃带有什么药效的食物。椎侑走进一家餐馆，一个童声突然从身旁传来："欢迎光临！您有什么需要吗？"他低头看向旁边的机械服务员，在小机器人的"脸"上显示出了好几个选项。椎侑选择了堂食这个选项，小机器人便开始给他带路。点完菜不过几分钟第一道菜就上来了，从远处就能闻到浓郁的果香。盘子里摆放着类似元宵一样球状的食物，轻轻咬一口，软糯的团子配上酱汁，酸甜气味涌现出来。这是一种新发明的合成食品，将植物中有益的维生素细胞提取出来，再混合到面粉当中，最后再去除植物本身带有的口感。这样一来，那些不喜欢吃蔬菜独特口感的人们也可以尝试这道菜，桌子上的每一道菜所含的热量维生素等都有精准的数值，根据每个人的需求不同所含的营养物质也不一样，口味也不同。

离开餐厅，椎侑前往了空间传送站。通过这里，人们可以在外星和地球之间自由往来。登上传送车，椎侑无聊地看着窗外发呆。外面的星球上种植了各种各样的农作物，太空种植这种科技现在非常成熟，甚至还有畜牧业也在太空里开展。不知过了多久，传送车到站了，高耸入云的建筑物映入眼前。椎侑刚走下车，就有一个像是人类但是长着犄角的生物拦住了他："您好，你是来这里统计人们食物需求的吗？我叫帕奇，是一个餐厅的老板，到我的餐厅品尝一下怎么样？"椎侑思考片刻后点了点头，答应了这个外星人的请求。两人来到一个私人餐馆，找了个位置坐下后帕奇便去了后厨。不久，他端了一锅浓汤过来，淡黄色的汤汁散发出一阵淡淡的清香，"我从陨石等矿物质中提取了折叠元素活性磁加入到汤中，这些活性磁激发了人体内的活性肽，可以提供自身的免疫力。"椎侑舀了一勺汤尝了一口，浓郁的茉莉花香在嘴里迸发出来，喝起来十分清爽，没有一丝来自矿物的铁锈味。椎侑还在喝着汤，帕奇继续说道："地球上有很多食物呢，以前的时候我们只能吃些陨石一类的矿物，而现在有很多来自地球的食材让我们食用或者改进食物。对了，你什么时候回地球？走的时候带上我吧！"椎侑将最后一口汤喝完说："在这里逛一会儿应该就回去了，你要一起去小吃摊看看吗？"帕奇激动地答应了他。两人走了出来在附近的各种小吃摊逛了起来。摊位上摆放的有来自地球的零食，还有将外星的各种矿物和其他食物混合在一起的小吃。整条街上的食物各式各样的什么都有，椎侑记录下这些千奇百怪的小吃之后，便和帕奇准备离开了。

回到地球两人便分道扬镳了，帕奇去寻找他的食材，椎侑则回到了研究所汇报这次旅行的成果。进入研究所的大门，椎侑将在小吃摊上买到的饼干放进柜子，这个饼干是由维生素A和折叠元素活性磁组成的，对视力的提升有很大的帮助。收拾好行李椎侑便去写这次旅行的总结了，在汇报论文的结尾椎侑写道："再繁忙的生活里，也总会有人热情地对待你。"

【此作品荣获"叶圣陶杯"全国中学生新作文大赛省赛三等奖】

（作者：李姝 贯通2001班）

◎**点评与写作指导**

本文开篇以一次星际美食之旅展开，接着以人类家里、餐厅和空间传送站为串联点把整个文章串起来，行文过程中夹杂着人物的语言描写，通过语言描写将宇宙中美食的制作原理和味道娓娓道来。虽是科幻文章却能以趣味性的方式吸引读者眼球，激发出读者的阅读兴趣，规避了某些科幻作品艰难晦涩的问题。而且文章描写详细，读来不会让人感觉一片"空"，不知所云，而是富有故事性，令人觉得生动有趣。结尾处写到旅行结束，与开头首尾呼应，使整篇文章结构完整，布局合理。

写作科幻类文章时要注意，科幻作品不代表毫无事实根据地瞎编乱造，它是需要建立在现有的科学技术水平之上的，需要在事实的基础上大胆想象，因此作者需要把握好想象的尺度，平时也要多加强科学素材的积累与运用。

◎**相关写作素材链接（课程思政融合案例）**

科幻作品助力科学普及

近年来，从小说《三体》持续热销，到电影《流浪地球》赢得高票房，一批科幻作品广受好评。与此同时，网络文学发展方兴未艾，涌现出大批网络文学作者。科幻文学与网络文学互动加强，更多科幻作品在网络平台落地生根，创作队伍持续壮大，科幻作品正以更加积极的姿态走向大众。

科幻作品虽然不等于科学著作，却是科学普及的重要帮手。而网络文学因其传播的便利性，在众多文学品类中拥有数量优势。所以，网络科幻作品的出现，让科幻作品获得更多传播渠道，融入更大的阅读群体，并产生了更为广泛的影响力。如何让网络科幻作品更好承地担起普及科学常识、弘扬科学精神的功能，激发广大受众尤其是青少年的科学兴趣和创新思维，值得深入研究。

（摘自《人民日报》）

盈盈禾谷尽归仓

周新洋

谁知盘中餐，粒粒皆辛苦。中国是一个农业大国，人们自古以来便有珍惜粮食的意识。但是在以前那个经济落后、物资匮乏的年代，连最基本的温饱都是个问题。办法总比困难多，有一个人研究出一种超级杂交水稻，解决了全世界为之烦恼的粮食生产问题，他就是袁隆平爷爷，一个既平凡又伟大的人！

1964年，袁隆平在我国率先开展水稻杂种优势利用研究，并提出通过培育雄性不育系、雄性不育保持系和雄性不育恢复系的三系法途径来培育杂交水稻，以大幅度提高水稻产量。但我们都知道，万事开头难。工作刚刚起步，就开始了“文化大革命”。当时对科研工作的阻碍非常大，在上级有关部门的支持下，他避开干扰，依靠社会主义的大协作精神，带领助手刻苦钻研，克服种种艰苦困难，经过10年奋战，终于攻克了三系法杂交水稻研究中的难题。在1972年，袁隆平与同事们一起率先育成我国第一个实用的水稻雄性不育系及其保持系“二九南1号”，并于1973年实现“三系”配套，1974年选育成第一个强优组合“南优2号”，1975年研究出一整套生产杂交种子的制种技术，1976年开始，杂交水稻在全国大面积推广，比常规稻平均增产20%左右。由此，袁隆平成为世界上第一个成功地将水稻杂种优势应用于生产的科学家。他离自己的梦想又近了一步。

1980年以来，袁隆平又先后育成“威优64”“威优49”等几个大面积推广的早熟、多抗新组合。1987年，两系法杂交水稻研究列入国家“863”计划，袁隆平挂帅开展全国性的协作攻关。历经九年的艰苦攻关，1995年，两系法杂交水稻研究成功，普遍比同熟期的三系杂交稻每亩增产5%—10%。而在1998年，袁隆平主持的长江流域两系法杂交早籼稻选育研究获得突破，育成优质、高产、早中熟的两系早籼稻组合，为解决长期以来长江流域早籼稻米质不好、产量不高的难题提供了有力的技术支撑，解决了众多难题。1998年，超级杂交稻研究被列为国家“863计划”重点项目，袁隆平出任首席责任专家；2000年，超级杂交稻实现百亩示范片亩产700公斤的第一期目标；2004年，超级杂交稻实现百亩示范片亩产800公斤的第二期目标；正朝着百亩示范片亩产900公斤一步步发展推进。

如今，超级杂交水稻已经在“一带一路”沿线的40多个国家落地。杂交水稻成功地解决了我国人民的饥饿问题，袁隆平帮助我们实现了这个梦，他研究培育的杂交水稻亩产在1200斤以上，是普通双季稻的三、四倍，不但使中国人吃饱了饭，而且使中国人摆脱了贫农的帽子。据统计1976年至1987年期间，他培育的杂交水稻种植面积累计达11亿亩，增产稻谷1000亿公斤，近二十年为全国增产粮食3000多亿公斤。解决了中国人民的粮食问题，改善了吃上顿还要为下顿担忧的生活窘状。圆了自己的梦，也圆了中国人民温饱的梦。

每个成功人的背后都有很多的艰辛和困苦。希望读了此文，能让后人警醒并珍惜现在的美好生活，在我们享受便利的同时，也要懂得珍惜。在此缅怀袁老。爷爷，您的梦已经实现。英雄既去，精神常在！愿天堂没有病痛，向您致敬！

【此作品荣获“叶圣陶杯”全国中学生新作文大赛省赛三等奖】

（作者：周新洋 贯通2103班）

◎点评与写作指导

本文以时间为顺序，从1964年到如今，向我们介绍了袁隆平一生的研究生活及其取得的成就与做出的贡献，以大量数据，如亩产量、粮食面积、增产率等使全文说明更加充分，具有很强的说服力。文章条理清楚，清晰明白地展示出事情发展的脉络，起到了提纲挈领的作用。在文章最后，作者提出了要珍惜现在的美好生活，呼吁大家节约粮食，还致敬缅怀袁老，感情亲切自然，引起读者的情感共鸣。

说明文写作时要注意首先抓住特征说明事物，才有准确性，才能清楚地认识到作者介绍的事物；要注意选好说明角度，我们在说明事物时要根据不同的写作目的、读者对象，选好角度，确定重点，有详有略地进行说明；要注意合理安排说明顺序，要根据事物的特点并在认识规律的基础上采取便于说明白的说明顺序。

◎相关写作素材链接（课程思政融合案例）

袁隆平：鲐背之年仍为“稻粱谋”

90岁的袁隆平在本该“颐养天年”的年龄，依然坚持奋斗在科研第一线。他在稻田里走的每一步，都引领着我国杂交水稻技术的发展。因为在这个领域扮演了创始者的角色，他被誉为“杂交水稻之父”。梦想永不止步。如今，超级杂交稻在大面积示范情况下已经达到了每公顷17吨的产量，“高产更高产”是他永恒的目标。鲐背之年，他的眼里依然是金灿灿的稻田。远方一串串饱满充实的稻穗，那里承载着的，是农民辛劳一年的寄托，还有老人的梦想。

（摘自人民出版社微信公众号）

水稻

贾子殷

中国人种植水稻是从7000年前开始的。中国水稻栽培历史已有14000 ~ 18000年。史记中记载大禹时期曾广泛种植水稻，夏本纪记载：“令益予众庶稻，可种卑湿。”大禹命令伯益给大家分发水稻种子，种在水田里，还命令后稷（周的先人）给大家分发食物。没有食物的地方，他就命令让有多余食物的地方，分给那些缺少食物的地方。

水稻原产于中国和印度，七千年前中国长江流域的先民们就曾种植水稻。水稻的栽培历史可追溯到约公元前12000 ~ 16000年前的中国湖南。水稻在中国广为栽种后，逐渐向西传播到印度，中世纪引入欧洲南部……

禾下乘凉梦，一稻一人生。

袁隆平爷爷走了，但他曾凭一己之力养活了中国亿万同胞。我国伟大的科学家袁隆平爷爷为了杂交水稻事业，几十年如一日，矢志不移，视科学为生命。刚开始研究时，许多人说他是自讨苦吃，他坦然回答：“为了大家不再饿肚子，我心甘情愿吃这个苦。”研究条件的简陋艰苦、滇南育种遭遇大地震的威胁、上千次的实验失败，都动摇不了袁隆平爷爷研究杂交水稻的决心。

“锄禾日当午，汗滴禾下土。谁知盘中餐，粒粒皆辛苦。”盛夏中午，烈日炎炎，农民还在劳作，汗珠滴入泥土。有谁想到，我们碗中的米饭，粒粒饱含着农民的血汗？做不到珍惜当下美好的生活，又何尝会去替他人辛勤劳作的粮食着想。袁隆平爷爷一生献给了杂交水稻，农民伯伯挥洒汗水种植的粮食，造就了一个“不会挨饿”的中国。

水稻收获的稻粒称为稻谷，可以加工成糙米和精米，是我国主要的粮食来源；稻壳可做燃料、填料、抛光剂，可用于制造肥料和糠醛；稻草可用作饲料、牲畜垫草、覆盖屋顶材料、包装材料，还可制席垫、服装以及扫帚等。

水稻具有补中益气，健脾养胃，和五脏，通血脉，止烦止渴，止泻的功效。还具有补水保湿、美颜的效果，因为它富含大量的营养成分，如维生素、蛋白质。稻米熬成粥，还能使咳嗽、便秘患者得到一定程度的缓解。大米熬成粥具有调和脾胃，促进胃液分泌而助消化的功能。脾胃虚的人多吃有益于健康。稻米油质含量很少，吃了不会发胖。

每逢秋天的到来，稻子成熟了。由翠绿变成了金黄色，远远望去黄澄澄的，向人们展示着大丰收的景象。

【此作品荣获“叶圣陶杯”全国中学生新作文大赛省赛三等奖】

（作者：贾子殷 贯通2103班）

◎**点评与写作指导**

本文开篇向我们介绍了水稻的种植历史和原产地，并列举了古籍史书中的记载来支撑自己的观点；接着从我国“杂交水稻之父”袁隆平辛勤耕耘写到我们要珍惜粮食，这部分行文感情真挚细腻，让读者与作者达到感情交融的境界；然后写到水稻的用途及其营养价值，让读者意识到水稻的珍贵，给读者留下思考的空间。

写作时要注重文章各部分内容的分类与布局，文章要有主线，以主线按照一定的顺序来串联内容，比如逻辑顺序、时间顺序等，而且要注意各部分衔接要紧密流畅，不能东拉西扯。

◎相关写作素材链接（课程思政融合案例）

我国科学家发现让水稻“不怕热”基因

全球变暖，不仅影响人类也影响植物生长。气候变暖是影响水稻生产最严重的非生物胁迫因素之一，为此，在稻属野生种资源中发掘水稻生殖发育时期耐高温基因资源对培育水稻耐热品种具有重要意义。江西省农科院科研团队发现了我国具有重要利用价值的自主知识产权水稻耐高温基因，该基因可以应用于农业生物技术育种，是应对全球气候变暖、提高水稻高产稳产的有效途径。

据了解，该研究团队利用耐高温普通野生稻和热敏感籼稻及粳稻为亲本，通过多年杂交和回交构建了一系列生殖生长期耐高温近等基因系和定位群体，把其中第5号染色体上的耐高温QTL qHTH5精细定位在26.5Kb区间内，结合核苷酸序列分析和表达分析确定HTH5为候选基因。该基因属于磷酸吡哆醛结合蛋白基因家族，编码一个磷酸吡哆醛稳态调节蛋白，并且定位在线粒体中。进一步通过互补测验转基因试验证明HTH5正向调控水稻抽穗扬花期耐热性。超量表达HTH5能够显著提高水稻扬花期高温胁迫下的结实率，抑制表达HTH5能够显著降低水稻扬花期高温胁迫下的结实率。生理实验分析表明HTH5通过提高热诱导的吡哆醛磷酸含量来减少高温下活性氧的积累，从而提高水稻花粉的耐热性，达到提高结实率（产量）的目的。启动子区域序列分析发现HTH5启动子上游2个单核苷酸变异影响了基因表达量，并且与水稻耐热性多样化相关。因此HTH5基因的克隆为水稻耐高温理论研究积累了经验和数据，也为水稻耐高温育种提供了重要的基因资源。

（摘自《科技日报》）

无糖

马炘楠

糖的发展历史可追溯到三千年前，中国古书上出现“饴”字是在汉代，“饴”是古人口中的一种糖。而如今，我们的生活中早已离不开糖，不管是把其作为调味料，还是衍生出的受欢迎的甜品和奶茶。根据科学研究表明，摄入糖分可以调节情绪，使心情更加愉快。

而这样的好处无疑增加了人们对糖的摄入，世界卫生组织建议，每天糖的摄入量应控制在50克以内，最好不要超过25克。但是现在的年轻人每天摄入的糖早已超过此数据。摄入过多的糖会导致一系列疾病并且会对皮肤和身材造成不良影响。于是出现了大量无糖食品或是代糖食品。市面上的这类产品的主要成分基本上都为麦芽糖、木糖醇等。在浏览器的搜索框中打下“无糖食品”后，点击量最高的便是“无糖产品真的无糖吗”。可见大家对无糖食品一直存有疑问。

按照国际通用的概念，无糖食品不能含有蔗糖和来自于淀粉水解物的糖，包括葡萄糖、麦芽糖、果糖、淀粉糖浆、葡萄糖浆、果葡糖浆等糖类。但它必须含有糖的替代物，一般采用糖醇或低聚糖等不升高血糖的甜味剂品种。所以，无糖食品确实无糖。但是还是要注意食品成分表中的成分，以防陷入商家的“文字陷阱”。

食用真正的无糖食品会给人体带来益处。现在，平均每个孩子有五颗坏牙，儿童龋齿率高达66%。假如，儿童食用适量无糖食品，那么儿童龋齿率应该会有一定降低。与此同时，儿童的肥胖率也逐渐年轻化、普遍化。无糖食品可以减少糖分的吸收，儿童食用适量的无糖食品与食用含糖食品相比，会更有利于健康发育。

成年人不良的饮食习惯，会迫使其对糖分的摄入过多。这时，如果摄入的含糖食物都替换为无糖食品，那么对健康的不良影响则会有所降低。同理，老年人多食用无糖食品可以避免因多吃糖而导致的骨质疏松、糖尿病等常见疾病，并且会减缓细胞的老化。

无糖食品真的是“百益而无一害”吗？答案是否定的。无糖食品并非等于低热量食品。它们依然可能含有大量淀粉和脂肪等高热量成分。过量食用这类无糖食品，淀粉和脂肪在体内经过分解代谢同样会升高血糖，积累脂肪造成肥胖。

“甘瓜苦蒂，天下物无全美。”这句话形容任何事物都没有十全十美。所以，“无糖”在一定程度上可以对人体有各种各样的益处，但是过度依赖过量摄入无糖食品，也会为人体带来负担。“民以食为天”，中华民族上千年的饮食文化值得我们进一步研究。膳食均衡，健康饮食才是重中之重。

【此作品荣获“叶圣陶杯”全国中学生新作文大赛省赛三等奖】

（作者：马炘楠 贯通2107班）

◎点评与写作指导

该作品“无糖”是一篇典型的议论文。文章首段提到糖的历史悠久，糖可以令人心情愉悦，接下来以转折过渡，提出糖的危害，再进一步说明无糖的由来，层层递进，衔接自然。对于无糖食品，作者用两段内容分别介绍儿童、成年人、老年人食用真正的无糖食品会有一定益处，但是作者结尾提出疑问：“无糖食品真的是‘百益而无一害’吗？”进一步阐明了凡事皆有度原则，过量食入无糖食品也会给人体带来负担。

议论文写作重点在于理清逻辑关系，无论是并列关系、选择关系，还是转折关系，应按照正确的逻辑思路理清句与句、段落与段落之间的关系，使文意紧密衔接，前后贯通，才能更好地表达所述观点。

◎相关写作素材链接（课程思政融合案例）

科技与狠活

近日，随着“海克斯科技”短视频的迅速走红，“科技与狠活”一词频频出现在各大网络平台。加一勺“三花淡奶”立马成为了香味醇厚且汤底浓白的羊汤，炒糖色时选择焦糖素或者甜蜜素，完全不输冰糖的滋味。而一切的源头都指向了食品添加剂，食品添加剂可以改善食品品质和色香味，同时也是防腐以及加工工艺的需要。为保证食品的安全卫生，国家卫健委根据相关规定颁布了一系列标准，规定了食品中允许使用的添加剂品种，并详细规定了使用范围和使用量。“科技与狠活”揭秘了食品制作过程，让民众了解到了自己手中吃的食物究竟是如何制作的，在科普食品安全的同时也提升了民众的科学素养，加强了健康饮食意识，揭示了餐饮乱象，加大了相关部门的监管力度，倒逼规范生产。

冻干食品

马梓腾

在如今繁忙的现代生活中，人们的时间安排尤为紧张，对于许多年轻人来说，在厨房花上一两个小时做饭并不是一个划算的事情，他们会选择外卖或者速食食品。因此，方便面大规模进入百姓家庭，高热量快餐在中国各地大行其道，人们待在厨房的时间越来越短。但是外卖与速食食品其实并不健康，它们没有身体所必需的营养物质，这就要请出我们今天介绍的主角——冻干食品。

什么是冻干食品？冻干食品是运用冻干技术快速冻结，真空冰状脱水，保存了原有的色、香、味、营养成分和原有的物料的外观的一类食品。冻干食品具有良好的复水性，不含任何添加剂，是理想的天然卫生食品。冻干食品的出现人们可以快速的制作出色香味俱全的美味佳肴，在获得味蕾的满足的同时，也能获取大部分人体所需的营养。

什么是冻干技术？冻干技术是冷冻干燥技术的简称。它会首先将食品中的水分冻成冰，然后再真空脱水使得冰升华为气体，食物就因此而脱水干燥。脱水后的食品因为微生物和酶无法通过水对其发生作用而达到长期保鲜的目的。由于食物是在低温和贫氧条件下干燥的，食品原有的营养成份几乎不受任何破坏，所以它跟新鲜的食物一样有营养。此外，超过95%的高脱水率还使这种食品的保质期大大延长，在包装良好的情况下，冻干食品不加防腐剂便可在常温下可保存5年以上，而且重量极轻、运输方便。这使得冻干食品在一些恶劣条件下显得极为方便快捷。

例如，我们平时喝的粥类、汤类等都可以运用冻干技术将其制成冻干食品，不仅易于保存，还方便制作。将煮好的粥由冻干技术加工，将粥品速冻到零下三十度，再置于真空中，直至食物中冰晶升华，食物表面留下细微孔洞即可。在需要食用时，只需要用沸水冲跑，表面空洞再次被水分填满，回到正常状态，即可食用。

随着时代的发展，工业与科技都获得了极大的进步。但无论如何，食物都是人类必不可少的需求之一。因此，食物的创新与发展尤为重要。

【此作品荣获“叶圣陶杯”全国中学生新作文大赛省赛三等奖】

（作者：马梓腾 贯通2107班）

◎**点评与写作指导**

该作品“冻干食品”作为一篇科普说明文，较为详细地介绍了冻干食品的形成以及冻干技术的原理与优点。作者思维缜密，逻辑清晰，在首段谈到由于人们生活节奏的加快，往往会选择营养价值不高的速食食品，引出主角即“冻干食品”，并介绍了冻干食品不仅快而且具有营养价值的特性，符合现代人的需求。紧接着作者介绍了冻干技术的原理与制作过程。作者还通过举例子的方式便于读者更好地理解冻干技术的优点与原理。全文层次清晰，语句流畅且通俗易懂，结尾处升华主题，时代与科技的发展催促食物的创新。

写作科普说明文时，要注重语言的风格特点，主要以浅显易懂为主，要做到逻辑清晰，语言直白地阐释事物的特点、构造、功能及原理等，使读者快速理解作者的写作意图，明白事物背后的科学原理。

心有冷月，手触苍穹

张煜瑶

我不去想，是否能够成功，既然选择了远方，便只顾风雨兼程；我不去想，是否能拥有热火，既然心有冷月，便只盼手触苍穹。

人们常说："事实便是如此。"我们在这言论的磨打和挤压下逐渐风化，真理便如一页永未翻开的书卷。在黑一般的雾霭下，我迷失了方向，我渴望探索出新的事物，却止步不前了……

"1312号飞船进入缓冲阶段，注意！1312号……"灰蒙蒙，一切都被黑雾笼罩包围。我与93号太空班一同抵达土星，手握探测器，不停地进行扫射。"队长，发现新情况！"，我的助手小刚说道。我立即跟在他身后，双目瞪大，牙齿打颤——扫描屏上，蓝底黑字——具磁场力元素，高幅，巨波！

我的手臂在不断地发抖着，青蛇一般的细条在额头上突出，蔓延。"终于！终于……我终于找到它了！"

队员们发现新情况，纷纷转向我。"队长，这是……这是?"顿时，93号太空班，连同我在内，都不禁回忆起来：

65年前，地球陷入了一场科学界的大危机，人们不再善于思考，产生了诸多所谓迷信的"崇尚科学论"，新兴起的一批青年学者的创新思想遭到否定，而科学界的"大佬"们都一致认定，自然界的秘密早已被人类的智慧所征服，其余的"残渣"早已不足以啃食。然而对于一些人们无法解释的现象，自是以事实论定。后生皆以现成的定理作论，再无人会为了疑问而探索，真理这本书，再也无法书写。

为此，少数青年组成93号太空班，几十年来不断尝试在新的邻域上开耕，开展了大大小小50多项秘密工作。随着时间的推移，我们心有冷月，却渴望手触苍穹。

近日，陈博士指出，土星上曾探测到一种新型元素，足以推翻古拉登的“期型不稳定量子说”。

93号太空班立即在土星展开了拉网式的搜索。

时隔32天5时8分13秒，我与我所在的太空班最终发现了这一元素。我用发红的手指在铬纤维上划动着，把这一发现带回了地球。

时至今日，我变成了一个满头白发的老翁，笑吟吟地看着眼前正在为科学理论争论不休的十七八岁的少年们。

真理的书卷翻开了新的一页，科学的大门仍散发出未解之光，探索与创新也如热火般被点燃，我依旧心有冷月，却将会有更多后辈们手触苍穹！

【此作品荣获“叶圣陶杯”全国中学生新作文大赛省赛三等奖】

（作者：张煜瑶 贯通2005班）

◎**点评与写作指导**

该作品采用第一人称的写作手法，讲述了一段充满奇幻与想象的故事。文章开头直抒胸臆，表达“我”为了理想而坚持的一腔热血。全文对人物神态、动作及语言的描写生动传神。人物语言虽只有寥寥数语，却能将人物形象刻画地逼真生动，赋予人物鲜明独特的个性。作者想象力丰富大胆，文笔简洁流畅，全文没有半句多余之言，正是作者对细节传神的刻画，解释了人物的内心世界，这是文本的成功之处。

科幻小说的写作应在生活中注重寻找灵感，在想象大胆、丰富、生动、新奇的同时应立足现实，符合科学逻辑与人物行为关系等。

◎相关写作素材链接（课程思政融合案例）

“备份”英雄邓清明

近日，神舟十五号成功发射，航天员费俊龙、邓清明、张陆组成神舟十五号飞行乘组，接力空间站建造阶段载人飞行任务的最后一棒。而56岁的邓清明却引发了全网热议，许多人称邓清明为“备份”英雄，为什么这样说呢？二十多年前，包括他在内的14名飞行员经过严格筛选、层层选拔，成为我国首批航天员。时光荏苒，身边的人一个接一个登上了太空，而他始终与自己的飞天梦想擦肩而过，神舟九号、神舟十号、神舟十一号、神舟十二号……邓清明站在了离太空最近的地方，但同时他离太空之梦如此之远，作为一名备份航天员，他何尝没有低落与失意，但紧接着他又继续开始高强度的训练，因为在他的眼里，“无论是主份还是备份，都是航天员的本分”。

未来的食物

王妙仪

想象是梦的基础，梦铸就了灵感的殿堂，灵感是通往科技的天梯，而当我们通过天梯到达殿堂，那便是未来。我们向往着、憧憬着未来。衣、住、行也许会变得千奇百怪，但我相信它们功能更加齐全，能更好地满足我们对美好生活的需要。但有一样让我难以发挥自己的想象，那就是食。现在的耕地越来越少是全球都面临的问题，我在想，未来的食物会变成什么样，营养膏、压缩食品、注射剂？

随着耕地面积变小、收获的农作物变少，而科技变强，未来的食物会变成一种药片大小的胶囊。不同颜色，形状的胶囊功能也不一样，不同颜色的胶囊代表不同的味道，比如红色代表辣，黄色代表酸，绿色代表苦，粉色代表甜，青色代表咸等等。不同形状代表不同的食物，他们的形状就跟现在的食物形状相似，但他们是压缩版的。他们体型很轻，只有50克，轻便小巧，很容易带出门，以后小孩子不爱吃饭或者出去玩的人们没时间吃饭的时候就可以拿出几个胶囊来吃，出去旅游，外出游玩，也不用再背着大包小包。也不用担心长胖等问题，未来世界不会有胖子，胶囊体积很小，不会占地方。

我们还发明了可食用水泡，可食用水泡没有塑料包装，可以减少对环境的污染。这种水泡被一层膜包裹着，而它是从可食用的天然海藻中提取的，实际上它具有可降解的特性。随着塑料对地球和环境的污染，它成为了未来地球上的重要饮用水产品。我们还研发了空气食物，比如空气棉花糖，我们用特定的氢气和果胶制成的空气棉花糖，吸一口就能吃得很饱。

最新研制的新发明是一个自动食物帽，专门给孩子研制的，孩子们必须通过劳动换取食物，让孩子们学会主动劳动，在商场购买自动食物帽后，系统会链接孩子的神经，孩子的想法，一举一动通过链接视觉、感官神经传到自动食物帽中。比如今天孩子帮妈妈做了家务活，在脑子里想出自己想吃的食物，自动食物帽会自动变出来，比如今天在街上看到街头乞丐，你可以在脑子里想出我要帮助乞丐，自动食物帽会根据情况变出你想要的食物，如果外面天气不好，家人们还没吃饭，带上帽子想出下雨的画面，自动食物帽会感受到外面天气状况而变出食物。这样就解决了很多问题。

未来的食物味道形状多种多样，还有一个最重要的功能——代替药物。它不像以前的药一样苦苦的，而是甜甜的，现在的人吃药也不会痛苦了，会面带微笑，假如你心脏很疼，心梗发作，按照疼痛情况吃几粒红色的糖果，就会舒缓很多。假如你患肝癌，也可以吃一颗青色的糖果，也会好很多，他们不光能治好所有的病，甚至还有长生不老的功效呢，糖果里面的维生素和果C有神奇的魔力。晶莹剔透、五彩缤纷让你看了就胃口大增，我们运用了独家秘方，加入了从彩虹中提取出来的彩虹素，不仅使糖果颜色鲜艳无比，入口之后，都会有彩虹的味道，一口下去，嘴巴里甜丝丝的，感觉就像自己骑在彩虹上，闭上眼睛，眼前就会浮现出一道美丽的彩虹。同时糖果富有维生素与帮助儿童成长发育的钙铁锌铜……

最重要的莫过于我们从恐龙蛋以及恐龙肉上提取出的可以强身健体，使人生出肌肉，还能延年益寿的——恐龙素了。至于恐龙，是我们的林博士经过很多年研究后克隆出来的。

随着科技的发展，未来世界一定会更加美好，营养的研究也会越来越成功，人类也会越来越健康长寿。

【此作品荣获“叶圣陶杯”全国中学生新作文大赛省赛三等奖】

（作者：王妙仪 贯通2002班）

◎**点评与写作指导**

该作品以未来的食物为主题，想象力大胆而丰富。作者想象食物是五彩缤纷的胶囊，具有轻便、小巧易拿等功能，想象没有污染环境的塑料袋，而是可食用水泡，想象自动食物帽与代替药品的糖果等，可见作者在日常生活中具有敏锐的观察力，围绕人们现实生活中的问题，去思考、探索解决问题的方法。作者描写所想象到的食物与境界都相对具体清晰，叙述较有条理性。

科幻类作品虽然不受现实的束缚，但想象要围绕一个中心，要以改善人们生活质量、提高人们生活水平以及促进社会进步为目标。同时，叙述想象的事物或者世界要尽可能的清晰具体化。

◎**相关写作素材链接（课程思政融合案例）**

《三体》是刘慈欣创作的长篇科幻小说系列，由《三体》《三体2：黑暗森林》《三体3：死神永生》组成，作品讲述了地球人类文明和三体文明的信息交流、生死搏杀及两个文明在宇宙中的兴衰历程。其第一部经过刘宇昆翻译后获得了第73届雨果奖最佳长篇小说奖。2020年4月，列入《教育部基础教育课程教材发展中心中小学生阅读指导目录（2020年版）》高中段文学阅读篇目。

（摘编自百度百科）

5 “语文报杯·时代新人说”全国中学生征文大赛获奖作品选录

永远的“十八岁”

李　誉

十八岁，是成人的年龄，是需要为自己未来做出全新规划的年龄，是需要担负起更大社会责任的年龄；是拼搏奋斗，为社会、为国家的建设而努力的年龄；是在实现理想，实现梦想上一个崭新里程碑的年龄；是展现青春活力的年龄；是学习更重要知识的年龄；是即将在各自的领域中发光发热的年龄；是树立坚定理想的年龄；是迎接全新自我的年龄；是充满未知的年龄；是铿锵热血的年龄；是朝气蓬勃的年龄；是将要毕业的年龄……是人生中的美好年龄。

回望过去的十八年，是初步认识这个世界的十八年，我们在这十八年里不断的学习，这些努力在今天得到了回报，也为未来打下坚实的基础。这十八年是成长的十八年，我们学会了用更广阔的视角去观察世界，学会了更多解决问题的方法。在这十八年中，我们树立起自己的世界观、人生观、价值观，但其大体都是向着更好的方向发展，我们明白了如何去完善自己，如何去实现自己的理想与梦想，我们作为社会的一员，时常去思考如何为这个社会去做出贡献，偶尔会付出一些行动，更深刻地明白如何去做。也时常去思考如何为国家，甚至为世界的发展贡献出一份力量。在十八岁之后，我们就要开始付诸行动了。

为社会做出贡献的方式有很多种，这和我们未来在大学中的专业有着很大的联系。当专业与经济有关系时，就要在未来努力去推动经济的发展，不仅仅要努力工作，更重要的是将所学的专业知识与实践相结合，提升经济发展的质量和效率，用科学的发展方式增强经济的稳定性，为社会的发展提供重要的经济保障；当专业与法律相关时，要明确对法律的认知，要严格地去约束自己，严格地去执法、司法，做到公平公正；当专业与医学相关时，更要仔细地学习每一条医疗知识，在未来面对病人时要认真负责；当专业涉及到教育时，要深刻地明白教育关乎着人类社会的持续发展，教育是非常重要的，是需要教师为此努力付出的；当你学习的专业与科学有关时，要秉持着严谨求证的态度，当我们在大学中学习时，我们要利用好自己所学的专业知识，为自己所在的领域增加新的见解与成果，为社会与国家乃至世界的科技事业增光添彩……还有很多很多专业，在我们做出选择时都要去树立相应的理想。

为社会做出了贡献的同时也要不断提高我们自身的能力。如果我们想要实现自己的理想与梦想，就要不断地去完善自己，要不断地去拓宽自己的眼界，梦想就如同山顶，我们在通向山顶攀爬的旅途就是我们努力的过程，爬到山顶是一个结果，而攀爬的过程，我们所做出的努力带给我们的收获也同样重要，而山不可能只有这一座，我们人生的旅途就是在攀爬一座座山峰，在实现一个又一个梦想，从更高的角度看，我们的社会，我们的国家就是由梦想所塑造出的壮丽山河，或许，当我们的梦如此呈现开来就是我们国家的梦，中国的梦，我们终将实现这一切。

或许我们在生活中经历了很多事，遇到了一些挫折，或许会去质疑我们的努力，但在经过思考后，我们要更加坚定曾树立的理想。

我们在未来的二十多年，甚至三十多年中，又能否持续为我们的社会发光发热？或许没有人可以回答这个问题，只有自己才能看到问题的答案，但是要坚定理想与信仰，去努力地实现我们的梦想。

同学们，在我们可能三十岁、四十岁甚至五十岁时，我们仍然需要去为社会做贡献，我们仍然要向更美好的生活而努力，我们或许能够领悟到“十八岁”的意义。这就是我们人生前进的动力，这就是我们在一生中珍贵的、永远的“十八岁”。

【此作品荣获“语文报杯·时代新人说”全国中学生征文大赛国赛二等奖】

（作者：李誉 贯通2101班）

◎**点评与写作指导**

该作品是一篇典型的议论文，首段整体采用排比手法，语气一贯，给人一气呵成之感，增强了语言气势，可见作者文笔功底深厚。接下来作者以十八岁为分界线，阐述十八岁以前主要处于学习思考阶段，十八岁以后要为社会贡献付诸行动。全文语句通顺，句意流畅，衔接与过渡较为自然，结尾处深化主题，意蕴深远，是一篇有思想的文章。

写作议论文时要善于使用修辞手法，常见的有“对比论证”和“比喻论证”，语言可多变，或紧凑或舒缓，主要与文章整体风格相联系。

◎**相关写作素材链接（课程思政融合案例）**

元朔六年（前123年），年仅十八岁的霍去病被汉武帝任命为剽姚校尉，命其随大将军卫青出击匈奴。卫青受诏后，授予霍去病壮士。随后，霍去病与轻勇骑八百直弃大军数百里，伺机打击匈奴军。这是他第一次统兵，却一举“斩捕首虏过当”，其中包括匈奴的一些重要首领及达官贵员等。战后，武帝封霍去病为冠军侯，以表彰其勇冠三军之意。

（摘编自百度百科）

奋斗中的平凡人

宋晋辉

“奋斗本身就是一种幸福，只有奋斗的人生才称得上是幸福的人生。”

哪有那么多英雄人物、名扬海外的人物，正是许多平凡人通过不断地奋斗创造出不平凡的事迹，从而一点点实现目标理想。平凡的人也可以托起世界，就如一片大草原中的一棵小草，乍一看，仿佛并没有任何意义。直到后来生物老师告诉我小草也是可以吸收二氧化碳放出氧气的，为整个自然环境做出贡献，我知晓了小草的重要性，得知不能轻视任何生命的力量，即便渺小平凡，也能通过奋斗创造价值。

张桂梅的人生原本是平凡的，但是，她做出了不平凡的事迹。张桂梅校长看到贫困地区教育的贫瘠，看到不少贫困家庭的孩子无学可上，她一次又一次开启逆向选择，在那么多次的选择中，她并未选择大城市的安逸，而是主动前往乡村，为贫困山区的孩子带来希望，这份为了贫困地区的教育事业无私奉献的情怀，这份甘愿自己吃苦也要让孩子们拥有美好未来的心，无疑是这个时代里最催人奋进的精神。张桂梅老师在开始筹钱时不管遭遇什么困难都不放弃，哪怕是在大庭广众之下被人说骗钱，被吐口水都不气馁，坚持初心。自己一顿饭只花三块钱，省下来的钱都为学校改善环境，张桂梅老师参加工作30多年来，爱生如子，行善助学，先后捐出工资、各类奖金和社会捐助诊疗费等100余万元用于兴教办学。尽管自己身患重病，但为了改善孩子们的生活和学习状况，她节衣缩食，甚至是停药、严控生活费，把省下的每一分钱都用在学生身上。张桂梅所建造的女子免费高中是党和人民之间沟通的桥梁。

她虽然身患重病但是还坚持家访，对于不愿意让女儿上学的家庭，她承诺绝不收取一分钱，对于一些困难家庭她还给予帮助，一些顽固的家庭，张桂梅老师不放弃，坚持做思想工作。她没有子女，却把母亲般的慈爱全部献给学生和孤儿，她用真爱点亮了孩子们的希望之光，她不仅生活上关心学生，而且积极培养学生学习兴趣和健康的业余爱好，从各个方面无微不至地关爱学生，大家都亲切地称呼她“校园妈妈”“张妈妈”。我们应学习张桂梅老师为民服务的真情和心系群众的大爱，真正做到“先天下之忧而忧”，在工作和生活中要想民之所想、急民之所急，把群众的事当作自己的事，以大局为重不计个人得失，舍己为人、无私奉献。

张桂梅虽然是一个平凡的普通人，但是，她所做的事情很伟大，她通过不断奋斗把许多深山女孩送出大山，她为人民服务，把民众的事情当做自己的事情，心系群众。

所以平凡也能托起世界，我们并不畏惧平凡，只要努力，我们也可以托起世界！让我们带着一颗平凡的心和使世界更美好的愿望，努力奋斗向未来前行！

【此作品荣获“语文报杯·时代新人说”全国中学生征文大赛省赛一等奖】

（作者：宋晋辉 贯通2102班）

◎**点评与写作指导**

该作品以“奋斗中的平凡人”为主题，开篇开宗明义提出论点：“奋斗的人生才称得上幸福的人生”。作者以感动中国十大人物张桂梅老师为例，讲述了一个平凡人的不平凡的事迹。通过作者细腻入微的笔触，使读者也能从文章的字里行间感受到平凡人的幸福。全文感情真挚、语言朴实流畅，可圈可点的佳句不少。

议论文写作除了要重点把握正确的论点以外，选材也尤为重要，选材务必适合表现文章的主题，而那些联系松散的材料硬凑字数让文章效果大打折扣。

◎相关写作素材链接（课程思政融合案例）

36年扎根乡村讲台——支月英

江西一位平凡的乡村教师站在了2016年感动中国十大年度人物的颁奖舞台上，她叫支月英。她的事迹平凡而又伟大，三十六年的坚守让它从“支姐姐”变成了“支妈妈”，一头乌黑的麻花辫也逐渐成了花白，正是她的坚守，让宜春市奉新县澡下镇白杨教学点的孩子们学习了山外的广阔世界，看着学生们一个一个走出大山，成为各行各业的骨干，支月英心里说不出的甜。她曾说自己就是一个平凡的人，做着一件平凡的事儿，三十六年的坚守不是因为看到希望才坚守，而是因为只有坚守才能有希望。

新时代青年在当代如何展现活力

李 誉

中国共产党第十九次全国代表大会召开后，中国特色社会主义进入了新时代，我国的发展目标由富起来转变到强起来，在发展目标的高度上进行提升，对中国伟大复兴道路的探索更加深入，改革开放四十余年的时间里，中国在经济、文化、科技等方面展现出了惊人的发展实力，如果说二十世纪八十年代到二十一世纪初是上一代人艰苦奋斗为我们奠定基础的时代，那么二十一世纪初到二十一世纪三十年代就是像九零后乃至零零后的我们当代青年延续成果努力发展展望未来的新时代！

当代青年应积极推动祖国经济发展，经济是一个国家综合实力的主要体现形式，一个国家如果强盛，其经济实力必定强大，经济实力强大才能在国际舞台上斩获一席之地，才能在国际交流上拥有话语权。经济又是一个人的立身之本，一个人想要在社会上生存必须拥有一定的经济实力，青年人想要推动社会发展并实现自身理想就要拥有强大的经济实力，想要获得强大的经济实力就要树立美好生活都是奋斗出来的思想，只有不断努力工作才能获得强大的经济实力，任何投机取巧都是具有极大不确定性的，只有脚踏实地才能无惧地面向未来，青年如果想要在工作奋斗中取得成就就不能只局限于最基本的工作形式，简简单单地完成工作任务那么简单，要不断提升自己的工作质量，敢于带入新的思想、新的方式、新的智慧，推动企业多元化，积极与其他行业合作，探索新的行业发展方向，为企业的高速稳定发展贡献自己的一份力量，最终实现对社会发展的推动，将个人的经济发展与社会的经济发展联系起来，在经济上展现出自己的人生活力。

新时代青年不仅仅要在外在的硬实力上展现人生活力，还要在软实力上活出精彩，所谓软实力大体上指的是思想和文化。先谈谈文化方面，当代青年在文化方面如何展现自己的风格与影响力？目前文化的组成有我们所熟知的古代传统文化，也有现代的新兴文化。传统文化我们从小学起就开始学习，古诗中的每一个词句都深深地烙刻在我们的记忆中，我们现在生活中也存在很多的传统文化元素，像传统乐器出现在很多知名的歌曲伴奏中，我们在购买文具和生活用品时也经常能够看到很多传统文化元素；现代新兴文化的种类包括现代文学（轻文学、大众文学、严肃文学、现代诗词文学、奇幻文学、科幻文学、网络文学……）、现代音乐文化、现代影视文化、网络文化、外国文化等等，对于优秀、友善、有新颖想法及特点且不违背人类原则的外来文化我们要开元接受、引进吸收，对于对我们有不良影响阻碍人类发展的外来文化我们要抵制拒绝、仔细辨别。我们现在的生活离不开网络，因为网络已经在生活的方方面面给予了我们很多，我们现在的工作、学习、娱乐都离不开我们手中那块巴掌大的屏幕。我们生活中的各种娱乐活动都可以通过网络实现，我们想要了解新闻就有很多的新闻应用供我们选择。我们想要听歌，网上更是音乐创作者传播作品的热爱之地，我们想要看一部电影，网络上只要是有记载的就几乎能搜到，小说、视频、游戏……你可以在这片星海中自由发挥你的创造力，当我们需要购物时，我们在各大购物平台的选择无边无际，包括传统文化元素的融入可以通过网络与以上所涉及的每一个部分产生联系，新时代的青年要合理并广泛地应用网络展现自己的人生活力，将传统文化与现代文化相结合努力推动新时代下人们文化内涵的进步。

科技是一个国家发展的重要指标，一个科技发达的国家在国际社会上拥有举足轻重的地位，只有不断发展科技，国家才能在国际社会站稳脚跟，才能先进，才能强大。新时代的青年应为国家的科技事业献出自己的一份力量，当我们在大学中学习时，我们要利用好自己所学的专业知识，为自己所在的领域增加新的见解与成果，为社会与国家乃至世界的科技事业增光添彩。

新时代，新青年！在这个新时代我们的社会也发生了翻天覆地的改变，人民的生活水平不断提高，社会和谐安定，国家变得更加富强，逐渐向着为中华民族伟大复兴而不断努力着。新时代的青年该如何为我们的社会做出贡献？2020年初武汉爆发疫情，无数青年医生、战士在这条拿生命做“赌注”的道路上毅然前行，他们的努力最终得到了回报，武汉的疫情得到了完全控制。我们在日常生活中虽不能像这些洒热血的青年精英一样为社会做出贡献，却能在生活中的一些小事上贡献自己的力量。现如今疫情虽得到控制，但防控工作仍是重中之重，我们可以成为防控志愿者中的一员，为人们的日常生活保驾护航；当我们看到有人需要帮助时，我们可以及时伸出援手；当我们看到路边的垃圾没有放到垃圾箱时，我们可以拾起放入垃圾箱；当我们看到路边的共享单车倒下时，我们可以上前扶起；当看到路边的公共设施损坏时，我们可以及时上报相应部门。社会上有很多事都需要我们的帮助与努力，这些事虽小，但当它们汇聚到一起时，就是为社会为国家做出贡献的大事！

新时代青年在当代及未来如何展现自己的人生活力，我们已经在经济、文化、科技、社会等方面回答了这个问题，还有很多方面没有提到，这些方面都需要青年人不断奋斗、不断努力。春种秋收，我们相信这些努力最终会迎来丰硕的回报，青年就是这些成果的缔造者，不断地在新时代这个舞台上展现人生活力、发光发热。

【此作品荣获“语文报杯·时代新人说”全国中学生征文大赛省赛一等奖】

（作者：李誉 贯通2101班）

◎点评与写作指导

该作品是一篇典型的议论文，作者以总分总的模式论述了新时代的青年人应如何展现活力，并分别从经济、文化、科技与社会四个方面展开论述。作者能够提出问题、思考问题并且给出解决问题的具体方法，这一点难能可贵。全文结构合理、思路清晰且逻辑性较强，在论证过程中能与一些贴合性较强的事例结合起来，对读者来说兴趣性较强且易懂。

写议论文时需要有一定的问题意识。生活是发现问题的源泉，因此，我们可以在日常生活中积极探索、学会刨根问底、尽量把问题写深写透，而不是三言两语轻轻揭过去。

◎相关写作素材链接（课程思政融合案例）

以青年力量作出卓越贡献

只要肯奋斗，青年人都可以在自身擅长的领域大展拳脚，以青年力量为社会作出卓越贡献。1995年出生的邹彬是一名普通新生代农民工，他的工作是在工地上和灰浆、砌砖头，这份工作看似简单，但也需要一定技术和日积月累的经验。邹彬做事勤奋肯吃苦，从来都是秉持着“墙砌不好就推倒重来”的工匠精神，就这样，他一砖头一砖头砌出了注定不平凡的人生之路，他以出色的砌墙本领入选国家集训队，并在19岁时参加第43届世界技能大赛，为中国赢得首枚砌筑奖牌。在诠释工匠精神的同时，邹彬也希望和自己一样的“手艺人”能被发现、被认可，两会期间，作为全国人大代表，他建议推动农民工向新型产业工人转型，希望更多农民工可以凭本事提高收入，改变命运。

团圆

侯子木

山区里的雪量每日见长，下得越来越大。小陈望着这山中的雪景不停地叹气，快要过年了……

“对，就把这些东西送到这个地址就好，谢谢了”，小陈默默地望着邮政的快递员远去。

以往几年工作不太忙，能带着媳妇回家看看爸妈，陪陪他们。小时候他和妹妹最害怕的就是父亲，自从母亲走后就父亲一个人在家，但现在山区的扶贫情况正处于关键情况，今年就让妹妹陪他吧。看着快递员身影消失，“对不起，爸”。

回办公室的途中，小陈看到每家每户过年充满笑容，不禁有了笑容。“陈书记过年好”“陈书记过年好啊，来我家过年啊”村民们热情似火般地叫着，小陈一一向大家道谢，突然想到什么冲村民们喊到“大家记得把自己的山货整理整理，一会直播”，他连忙去办公室检查设备，小小的办公室已然成为了一个直播室。他们想通过带货的方法来给村民们销售产品，到了深夜这个小房间还传来滔滔不绝的声音，为这个小山区早日脱贫而努力着。

春种秋收，村民们度过一个欢乐的春节，开始劳作着，小陈也与村民一同下地干农活，在与村民的聊天中了解贫困户的难处并对症下药，晚上与其他的同志开会调整扶持措施。他还请到了市里的专业人员教授村民们专业技术，让每位村民的产业发展更好，老百姓除了能领到补助外，还能让产业发展更好更大。

不知不觉，秋意已浓，村民们都挂着丰收之季的喜悦，经过统计，所有农作物产量比去年提高了很多，小陈的心也就放下了，这一年的努力没有白费，他不禁想起自己主动来当扶贫干部的奋斗目标，那就是为人民群众的幸福而努力，他要在自己的奋斗中实现自己的幸福。

又快过年了，父亲给他打了电话，向他“预约”过年，“可是，我的任务还没完成呢，爸，对不起！”

新年到了，雪还是下得很大很大，都封路了。小陈接到了妹妹的电话，电话里说妹夫摔断了腿不能回家陪爸过年，媳妇也打电话抱怨小陈天天忙扶贫家都不回家了……

“书记，书记，书记，乡亲们，乡亲们…… .”一名同志喘着粗气跑进办公室，“先喝口水，慢点说，乡亲们怎么了？”“乡亲们看你好几年没回家过年了，他们集体组织去铲雪要把你送火车站去！”

在乡亲们的坚持下，小陈踏上了回家的路途，他的脚下堆满了乡亲们塞的土特产……

看着熟悉的房子和屋内忙碌的孤单背影，“爸，过年好！”

【此作品荣获“语文报杯·时代新人说”全国中学生征文大赛省赛二等奖】

（作者：侯子木 贯通2107班）

◎**点评与写作指导**

该作品以“小陈”为视角，讲述了春去冬来，扶贫书记一年又一年的工作。全文通过细腻入微的笔触描写了小陈的心理活动，衬托出人物的思想品质。全文叙事集中，以时间为线索，将细节贯穿到每一个季节，且文章首段与末段相互呼应，从没法回家过年到村民集体铲雪送小陈回家过年进行对比，情感真挚、打动人心。

写作记叙性质的文章时，要交代清楚人物、时间、地点等，如果没有说清楚记叙的要素，文章就会显得内容不完整，脉络不清晰，也就不能很好地表达中心思想。

◎相关写作素材链接（课程思政融合案例）

时代楷模黄文秀

黄文秀，一个再熟悉不过的名字。一个从大山走出来的女孩，靠着自身的努力考上了北京师范大学的研究生。研究生毕业后，她毅然决然地放弃了城市的工作与生活，选择回到了家乡，在脱贫攻坚一线上倾情投入、奉献自我。黄文秀始终践行“为人民服务”的宗旨，想人民之所想，始终把群众的安危冷暖装在心间，带领群众发展多种产业，担起脱贫攻坚的重任。在2019年6月17日凌晨，黄文秀同志在突发山洪中不幸遇难，献出了年仅30岁的宝贵生命。黄文秀同志被追授“全国三八红旗手”“全国脱贫攻坚模范”等称号。

平凡铸就伟大

李春玲

每个人都呼吸着空气，感受着外界的万事万物，内心有着欢喜悲伤，即使这个人多么位高权重，即使这个人多么贫穷落魄。生活对于每一个人来说都是一个日子一个日子地流淌，昨天，今天，明天。日子对于每个人来说，平常或不平常由他自己来定。平凡和伟大也在这些日子里隐隐现现，都由你自己。平凡可能就是平平常常，今天和昨天比没什么特别。伟大就不同了，比如说，你会说今天是个伟大的日子，那么伟大就驾到了。今天做了个伟大的决定，伟大就出现在你身边。但假设天天是个伟大的日子，那么用什么时间准备伟大的日子呢。天天做伟大的决定，那么什么时候执行伟大的决定呢。无志之人常立志，有志之人立长志。那怎么办呢，答案是，在平凡中前行。

一个有希望的民族不能没有英雄，一个有前途的国家不能没有先锋。崇尚英雄才会产生英雄，争做英雄才能英雄辈出。对英雄楷模最好的致敬，就是引导全社会了解英雄故事、感知英雄情怀，领悟英雄精神、学习英雄品格，形成崇尚英雄、争做先锋的良好氛围，让每一个平凡人在脚踏实地的奋斗中获得不平凡人生。有一份热，发一份光，哪怕只似萤火一般，也可照亮一点黑暗。

我的母亲是医院的一名普通工作者，她不像医生护士一样奋斗在抗疫一线治疗患者，只是负责运送核酸样本，每天穿着严厚的防护服，每天早出晚归，眼角边还有眼罩勒出的痕迹，手指被汗水泡的发白，一周也只能休半天，我总想着她可以多一点时间陪我，但是还有更多的人需要她。

2011年，一张照片获得年度中国新闻摄影金奖和第21届中国新闻奖，是一位年轻的母亲，背上巨大的行囊压弯了她的身躯，手里的背包眼看拖地，但揽在右臂中的婴孩整洁而温暖。如今，多年前那位“春运母亲”找到了。再见到她时，她笑得灿烂。正当她和丈夫打算重新外出打工的时候，村里的“精准扶贫”让夫妻俩看到了希望。她说：“无论生活有多难，我们都要勇敢向前。”

“无臂少年”彭超，6岁时不慎被高压变压器击中，失去双臂。彭超通过艰辛训练，学会了用脚穿衣、写字、上网，他用脚做题的速度不比正常人差。2015年高考，他以603分的优异成绩，考入四川大学法学院。2019年5月16日，荣获全国自强模范。2021年3月29日，彭超因研究生初试、笔试和面试成绩达到法学院录取分数线，顺利被同济大学法学院拟录取。

这是每一个平凡人的奋斗故事，他们从事着最普通且相对辛苦的工作，但在他们的身上永远不缺乏对生活的向往和坚持，所以他们也渐渐找到了属于自己的那束“光”！

“苟利国家生死以，岂因祸福避趋之。”我们自古以来，就有埋头苦干的人，有拼命硬干的人，有为民请命的人，有舍身求法的人……这就是中国的脊梁。

没有生而英勇，只有选择无畏。在抗疫战场，无数平凡人带着舍我其谁的勇气，或顽强奋战在一线，或日夜坚守于后方，团结一心，筑起坚不可摧的钢铁长城。

现在，处于这个时代的我们，作为新时代青年，当求真务实，勇于反思，勇于改错，彰显复兴决心，更应继承这种求真务实、勇敢反思的精神，在实现梦想途中不断反思，不空谈，要实干，要坚信，幸福是奋斗出来的。这必将给我们带来与众不同的人生，而这样的人生也必将与我们的时代交相辉映。

“白日不到处，青春恰自来。苔花如米小，也学牡丹开。”

【此作品荣获“语文报杯·时代新人说”全国中学生征文大赛省赛二等奖】

（作者：李春玲 贯通2103班）

◎**点评与写作指导**

该作品是一篇典型的议论文，论点突出，全文围绕“平凡铸就伟大”展开论述，论据选取真实典型，且具有时效性，文章最后一段以清代诗人袁枚的一首赞美青苔的诗结尾，诗的大致意思为青苔即使阳光照不到，花儿又小如米，却也依旧如牡丹般自豪地开放，绽放出亮丽的青春色彩。这首诗正映照了文章的主题，即使生而平凡，却依旧能在平凡中铸就伟大。

◎**相关写作素材链接（课程思政融合案例）**

渐冻症医生——张定宇

身为武汉金银潭院长的张定宇还有另外一重身份，他还是一名渐冻症患者。处于疫情风暴中心的金银潭医院，院长张定宇在身患重病的情况下仍然心系患者，想用尽全力救治每一个感染新冠的患者，即使他的双腿已经开始萎缩，但他仍然站立在一线，成为金银潭医院一名英勇的守卫者。张定宇医生不仅仅代表金银潭医院，更是代表了全国千千万万冲在一线抗疫的战士们，他们舍生忘死，无私奉献，发挥了白衣战士应有的担当，他们的精神鼓舞人心，值得每个人学习。

快递员

邵子谦

我经常在我家楼下看见快递小哥们骑着电动车来回奔波着。

一天，刚放学的我走在回家的路上，忽然发现楼下的快递站中有一个快递小哥在搬运着包裹。

看他艰难的样子，我准备去帮助他。

我慢慢走过去，小心翼翼的问他："请问，您需要帮助吗？"

他扭过头来，仔细的打量我，点了点头。

我帮助他将一个一个包裹搬到他的快递车上。我们搬了很久，我心里已经有些不耐烦了。

"天那！怎么这么多！送的完吗！"我脸上明显的不愉快。

他看出了我的情绪不对劲，问我说："累了吗？休息一下吧！"

我巴不得他说这句话呢，立马放下手上的包裹一屁股坐在了地上。

这一歇，我就不想起来了。看着还在忙碌的他，觉得自己帮忙没帮到底，很不好意思。我开始找话聊缓解不安。

"您一天要送多少件快递啊？"

"您每天忙吗？"

"送快递的生活怎么样啊？"

"……"

我抛出来了一个又一个问题，期待着他的解答。

他听见我接连不断的问题，显得很没有办法，只能一个一个为我解答。

“我们一天能送150件快递……每天当然很忙啊……至于每天的生活吗……我给你讲一讲，好吗?”

好奇的我自然很乐意听，我点了点头。

“我们每天八点就要到快递站了。开始分拣我们今天所需要送的包裹，录入和整理包裹的信息进入系统。然后开始我们一天的奔波了。我们在石景山里面来回跑，有时候经过了自己的家也不能进去看看父母。除了中午吃饭，得不到一点空闲。只有这样我们才能赚够自己的生活费，打给父母的钱外，还能有一些富余。”

“真的好辛苦啊!”

“是啊，”他很赞同我的话“但是，我们没有别的选择了。我们只能通过这种辛苦的工作，维持生计。”

“我们不像富二代一样有显赫的家世。我们不能决定自己的出身。但是我们可以选择如何去活。”

“我们的生活算是社会基层的生活吧。每天为自己的生计而发愁，我们的努力也是因为要生存。”

“当然是这样。其实劳动的感觉挺美妙的。”

跟他交谈后，我又想了很多：劳动真的是幸福的源泉啊。虽然他们收入不高，但是他们很快乐。

【此作品荣获“语文报杯·时代新人说”全国中学生征文大赛省赛三等奖】

（作者：邵子谦 贯通2102班）

◎**点评与写作指导**

该作品是一篇以人物对话为基本结构的文章，在对话中读者可以了解叙述的事件、人物性格等。作者通过与快递小哥的对话了解到了快递员一天的生活与工作，并有所感悟。作者在该作品中的描写有详又略、言之有序，内容具体，能够抓住人物神态及心理活动，把握人物性格。

描写人物应注意抓住人物的特点，写出与其他人不同的地方，才能给读者留下深刻的印象。描写要通过某一具体的事件来表现人物，而事件的选择也尤为重要，事件要能充分表现人物的性格与品质。

人物·故事

王渪滕

我走在街上，步入冬季的风早已把枯叶吹尽，树看着自己光秃的头顶，冻得发抖。我也在冷风中冻得直流涕，这风很冷，好像要把一切都冻结一般。我看到远处的炊烟，仿佛抓住救命稻草般大步地向前奔去，只见是一家便民餐馆，里面坐满了在此歇息的环卫工人，一碗热粥，一根油条，这里的人情味早已把这个餐馆变得暖洋洋的。

老板热情地招呼着我："小伙子你想吃啥？""大娘，给我来杯豆浆，再来两根油条。"我忍着口水回答道。只见老板娘嘴里应着手上就把油条和豆浆端了过来，我夹了两筷子咸菜，大口的吃起来；我边吃边看着这些环卫工人，便想起当年我小学时总照顾我的白老太，白老太并不姓白，只是我小时她就白了头发，我便叫她白老太，白老太也愿意让我这样叫她。她很矮，记得五年级时我就超过了白老太的头顶，那时开始她见到我就会说"都长这么高了。"只是我看到白老太越来越佝偻的腰背，什么话也说不出来，我知道那是因为做环卫工人早出晚归累的，穿着绿色的制服在太阳未升起时便拾起了垃圾，月亮高高挂起时才回家。

依稀记得是六年级的时候，我本以为白老太是早上七点半才出来拾垃圾，可上了六年级，每天六点钟就要出家门上学，那时白老太就穿着制服出来拾垃圾了，我看到白老太还很惊讶"白老太您怎么这么早就出来拾垃圾？""害，岁数大了睡不着，还不如出来拾垃圾。"白老太这么说我居然还信了，后来才知道环卫公司规定五点就要出来拾垃圾。白老太见我每天慌慌张张地上学也不吃早饭，还会给我买好一个烧饼或者油条让我在路上吃，虽然白老太的生活也很困难，但是这份好意也因为我当时饥肠辘辘的肚子收下了。我还记得有一天没见到白老太，我心里总是发颤，到处询问才得知是白老太感冒了，我想在这白雪飘飘的冬天还要大早上来拾垃圾哪有不感冒的道理，那天我特意买了一碗热豆浆和油条给白老太送过去，白老太家里就她一个人，儿女和孙子在其他地方住，平时也不回来，我敲了好几声门白老太才把门打开，我跟白老太说“白老太您平时总是给我买早点，我也给您买了早点，您趁热吃。”“好，乖孙儿。还是你孝顺我这个老太太。”白老太有气无力的声音让我很是心疼，她告诉我不用担心她，很快就会好。“咱的孙子也长大了会照顾人了。”我听到这句话眼泪流了下来。白老太看到我哭还给了我一块大白兔吃，这块大白兔让我的心都充满了甜。

上了初中我便离开了住处，也就没再见过白老太。看着饭馆中的环卫工人就好像白老太还在眼前一样，热粥里滴满了咸咸的泪水，我喝下去却好像大白兔那般甜，擦了擦嘴付完钱，我又回到那寒风凛冽的街上，只是现在的风衬着阳光是那么的温暖。

【此作品荣获“语文报杯·时代新人说”全国中学生征文大赛省赛三等奖】

（作者：王渪滕 贯通2006班）

◎**点评与写作指导**

该作品是一篇典型的记叙文，首段由景触情，回忆了“我”与白老太之间的故事。全文叙述详细具体，细节描写生动逼真。人物形象丰满，跃然纸上。同时，作者以环境描写来烘托人物的心情，为后续的叙说渲染气氛，情景交融，情陷景中，情随景现。作者的文笔流畅，叙说井然有序，纤毫不乱。

好的记叙文应该充满生动形象的描写，精细入微的刻画，包括人物的语言、行为、心理活动以及事件发展的过程、景物的变化等。在写作中可以运用自然环境的描写为全文定下感情基调，让环境作为一个重要要素参与整个故事的发展。

住在“养老院”的95后

郑舒予

幸福生活的创造，离不开每一位奋斗者的努力。七十年来，一代又一代奋斗者将对“国”的情意融入对品质的执着、对客户的珍视和对社会的担当。过去如此，未来亦然。这些奋斗者不论职位高低，不论年龄大小，有来自一线的建筑工人，有发挥创意的建筑设计师，有兢兢业业的项目经理，有忘我工作的销售顾问，有踏实进取的经纪人。他们在自己平凡的岗位上默默付出，用点滴日夜里的细细耕作，融入美好时代的伟大进程。

今天我要说的是一位住在“养老院”的95后。她的名字叫刘小好。人们说她的身影像冬日的光，春季的雨，夏天的风，秋夜的空，温暖柔和散发着光。当一个人的脸上像是被眷顾的常带微笑，那她一定爱着身边的一切。在养老院工作的她从未嫌工作劳顿，她觉得老人们就是自己的亲人，没有什么比让亲人愉快，更令人开心的事了。

曾看过一篇六格短漫，从一个成人牵着一个孩子的手，到一个成人搀着一个老人的肘。孩子充满活力、老人身形佝偻，但脸上的笑容别无二致。都说年纪大的老人，性格就跟小孩儿一样，他们需要关爱陪伴，因此刘小好对工作更加细致入微，从基本的吃喝到心情上的变化她都关注着、照料着。她发自内心的善举和对工作的负责也备受人们褒奖。

现在我要介绍的是一位在刘小好照顾下打开心房的爷爷。入住椿萱茂后，岳爷爷一直在房间用餐，也从来不参与任何集体活动，爷爷长久的自闭让身边人苦恼不已。于是，刘小妤和家属以及其他椿萱家人轮流劝说爷爷，正是在这个过程里，小妤一点一点取得爷爷的信任。日子一天天过去，令人惊喜的事情发生了：终于，在椿萱家人不断地鼓励和引导中，爷爷开始尝试着和外部世界沟通。如今，爷爷的身体状况一点点恢复，在每天固定时间里写毛笔字，偶尔踢踢球，甚至开始积极地参加各种集体活动……爷爷的转变被家人看在眼里，连家属都说离开自己房间以后，爷爷的精神状态比以前好很多。按照小妤的话说，工作虽然艰辛，但收获也是值得。平日里，爷爷奶奶们用近乎对自己孙子孙女的眼光来看待自己；遇到困难时长辈们也会尽力帮助她；天气冷了会发微信告诉她要多穿衣服，防止感冒的时候，那些艰辛与困难，都会随之烟消云散。

如果说，做一名一线养老人员，不怕苦、不怕累、不怕脏，只是对于从业者的基本要求，那么一个更为强大的企业则是每一位一线养老人背后的支撑。这份支撑是技术，是视野，是格局，是认知边界与思维方式。谢谢小妤，谢谢每一位和小妤一样有着养老梦的椿萱家人，正是你们这么优秀，还这么努力，成就了这份厚重的养老事业，和椿萱茂共同成长，为祖国的养老事业献力。

【此作品荣获“语文报杯·时代新人说”全国中学生征文大赛省赛三等奖】

（作者：郑舒予 贯通2105班）

◎**点评与写作指导**

该作品介绍了一位奋斗者刘小妤，她在自己平凡的养老院岗位上默默付出并带给他人温暖的故事。第二段中刘小妤的特写镜头别开生面，读来令人倍感亲切。文章有详有略，写岳爷爷在小妤精心照顾下越来越开朗健康的的典型事例，表现刘小妤的善良与对工作认真负责的态度。以点带面，通过写刘小妤来赞扬每位爱岗敬业的养老人。结尾处集中表达情感，总结全文，一气呵成。文章语言流畅，作者文言文功底扎实。言之有序，内容生动具体，不失为一篇佳作。

在写作中举例说明时，写事例离不开写人。因此在记事过程中，一定要把人物描写细致，逼真，这样才能表达出人物的思想品质，才能更好表达这件事所包含的含义，即文章的中心思想。

◎相关写作素材链接（课程思政融合案例）

18年不打烊的抗癌厨房创始人——爱心夫妇万佐成、熊庚香

江西省爱心厨房创始人万佐成、熊庚香夫妇获评“感动中国2020年度人物”。几十年来，距江西省肿瘤医院仅一墙之隔的小巷子里总是充满烟火气，锅碗瓢盆一应俱全，老两口每天早早起床生好炉子、准备好器具，全天供病人及家属做饭使用。从开始免费到后来为维持收支每次仅收取1元钱，爱心厨房为家属照料病人提供了方便，也让肿瘤患者尝到了家的味道。万熊夫妇说：“有的病治不好了，但是能让病人吃得好一些，家属的遗憾也能少一些。”炉火照亮了前方的坎坷，也温暖了一颗颗绝望的心灵。

“小小螺丝钉”

谢奇芮

新时代的中国，就像是一艘“快速”航行在世界前列的巨型航母，它的运行速度让世界赞叹，在历史长河中，起到了举足轻重的作用，影响着时代的进步与发展。这艘“快速”的巨型航母，由成千上万的螺丝钉连结、固定而成，成为一个坚实的整体，才能使它的每一个部分发挥出应有的作用，展现出巨大的工作能力，也正是有了它们的存在和默默无私的奉献，才使得当下的中国走向时代前沿。

在我们的生活中，每一个人每一个职业都是一个个看起来不起眼的螺丝钉，但这样的螺丝钉都是不可缺少的一份子。

当清晨的第一缕阳光照耀在大地上，他们已忙碌在城市中各个角落。我时常被楼下的社区保洁阿姨惊醒，通过窗户可以看到她瘦小的背影，她左一步右一步移动着自己的脚步，扫帚扫在地上的沙沙响声，像是在奏响劳动乐章的每一个音符。眼前的美丽画面，让我蠢蠢欲动，借倒垃圾的机会，迫不及待下楼感受劳动的乐趣。提上垃圾走下楼，碰到将要去上班的邻居，他走到垃圾站旁边，直接用右手将垃圾扔到了垃圾箱旁，未喝完纸杯中的咖啡飞溅在垃圾箱周围，阿姨将扫帚扔在地上，她拿出一块破烂不堪的毛巾认真地擦拭着垃圾箱上的污渍。一位父亲也带着一位小朋友来扔垃圾，小朋友用手遮住鼻子，小跑过去将垃圾扔进了垃圾箱，这位父亲批评小朋友，“这里不是有保洁阿姨吗？直接扔在地上，她会收到垃圾箱里的，你不嫌脏吗？多事”。小朋友笑盈盈的回答：“老师告诉我们，垃圾要分类，我们要做好孩子，你不懂！”

眼前的情景让我汗颜。我走向垃圾站，将我带来的垃圾，按垃圾站分类说明一一分好，阿姨微笑着对我说：“姑娘，好样的！”“应该的，阿姨，您辛苦了，垃圾分类人人有责，我们应该带头做好！”

看着阿姨忙碌的背影，我顿时想到她们就是我们社区的“螺丝钉”，看似不起眼，但作用非常大，就是这样的小小“螺丝钉”让我们环境变得越来越好，为我们的社区建设做出了不可磨灭的贡献。像这样的“螺丝钉”在我们的生活中处处可见，在此次疫情歼灭战中，一个个穿着防护服的背影最引人注目。疫情肆虐，他们冲向了战役的最前线，像螺丝钉一样誓死定在工作岗位上，用白衣天使的誓言为人民筑起了坚不可摧的防护墙，量体温、查健康码、收取核酸标本、维持秩序等等。每一个岗位就是一个螺丝钉，环环相扣，无缝对接，工作有条不紊，正是因为她们的团结，无私奉献，确保了一方的平安，为社区、为社会、为国家守住了安宁。

时代在进步，社会在发展。“虽然是细小的螺丝钉，是个细微的小齿轮，然而如果缺了它，那整个机器就无法运转了。”社区的保洁阿姨、保安、防控疫情的医务工作者们等等，她们都是平凡的人，有了他们的存在，整体才会运行无比顺利。

【此作品荣获“语文报杯·时代新人说”全国中学生征文大赛省赛三等奖】

（作者：谢奇芮 贯通2004班）

◎**点评与写作指导**

该作品以“在平凡岗位中默默奉献”为主题，详写对工作认真负责的保洁阿姨，略写防疫工作者及社区保安等在自己平凡岗位上保障人民生活的普通人，详略得当，突出中心。运用多种人物描写方法，对保洁阿姨的动作描写和“我”的心理描写，从正、侧面写出保洁阿姨无私奉献、认真的工作态度。结尾处对人物的赞美以点带面，情真意切。文章语言生动幽默，巧妙的前后照应，证明作者已经掌握了一定的写作技巧。

写作中写人物事例时最好要围绕中心，抓住重点，不要面面俱到。重点部分要详写、写具体，结合略写的事例，给读者留下深刻印象。

◎相关写作素材链接（课程思政融合案例）

“藏族适应生理学”研究创始人——吴天一

2022年，高原医学事业的开拓者、中国工程院院士吴天一教授被评为“感动中国2021年度人物”。他13岁学医，随部队到青海后，经过多年对病例的整理与研究，他提出高原病防治的国际标准，开创了“藏族适应生理学”研究，诊疗救治了藏族群众上万人。吴天一为青藏高原的筑路工人制定了完备的医疗救助体系，创造出14万筑路大军无一因高原病死亡的医学奇迹，在青藏高原上守护生命已有60余年。“白衣执甲，丹心为矛，勇敢坚定，无怨无悔”。

成就平凡

安文琪

世人常叹“这世道待我不公”，问他“何出此言”，他道“我乃富二代乎？非也。我乃官二代乎？非也。我乃文二代乎？非也。我乃胸无大志、无点墨，腹中空无一物的白丁也!”闲谈过了，他重拾搬砖为一打工人也。一个笑话，但也确实是现在最为平凡的普通人。

但其实每个人生来都是平凡的，是不断地奋斗造就了他们不凡的一生。

三国时期的大谋士诸葛亮，他的先祖就曾在西汉时期为汉元帝效力，早年丧父，但叔父在东汉时期也在朝当官，可以算得上官吏之家的后人了。不幸的是，叔父诸葛玄被罢职，投奔好友不久便病逝了。自此诸葛亮便失去了生活的依靠，如他在《出师表》中所写的“躬耕于南阳，苟全性命于乱世”。但即便如此，诸葛亮依旧读书，不拘泥于一章一句，而是观其大略。在他的潜心钻研下，终于上知天文地理，下晓兵法奇谋，志在四方。这样的诸葛亮自然就遇到了赏识他的能人，刘备三顾茅庐与诸葛亮探讨天下大势，而刘备也在其辅佐下与孙、曹二人共立三国。诸葛亮通过努力拥有了自己学富五车知识，让自己被后世所熟知，改变了自己平凡的一生。

近代史的中国，是崛起的时期却也是至暗的时期。在那个战火纷乱的年代，参军成了年轻人为首的志愿。他们都是我们不知姓名的普通人，是当时中国四万万同胞的一员。每一个人在上战场前都知道会有死亡的风险。可除了战友与亲人，熟知他们名姓的人寥寥无几，可他们依旧是伟大的，因为他们用自己的身躯铸造了防御的高墙。

2022年，四川省渠县扶贫移民局局长张渠伟在一个忙碌的夜晚，突然的眼睛不适使得他不得不停止工作去到医院。检查结果很不理想，医生建议马上手术，但是张渠伟拒绝了，开完药便赶回渠县完成他放不下的工作。渠县是一个扎根在山里的特困地区，张渠伟每天要做的就是徒步跋涉几个小时去查看各项扶贫工作，一天能睡五个小时就是极大的满足了。他是感动中国人物，用自己的精力与生命为自己创造价值，为百姓脱贫摘帽。

他们都是平凡的人，即使做了再多的贡献也都不觉得自己有多么伟大。他们将自己的工作职责放在心尖，最是看重，最是为其奋斗。从古至今，奋斗带来的幸福都是被人尊敬的。其实每个人都在奋斗，却不是为了脱离平凡，而是为了实现自己的目标与价值。实现中国梦每个中国人任重道远。

【此作品荣获“语文报杯·时代新人说”全国中学生征文大赛省赛三等奖】

（作者：安文琪 贯通2004班）

◎**点评与写作指导**

该作品以“奋斗”为主题，是一篇典型的议论文。文章开头提出中心论点，接下来以诸葛亮、中国年轻战士、张渠伟为典型事例，论证每个人都在奋斗，实现中国梦每个中国人任重道远，论据合理充分。文章语言虽然并不华丽，但却极为准确生动，情感丰富而真实，读来津津有味。作者文言文功底扎实。文章结尾总结全文，进一步深化主题令人饱含期待与热情，言已尽，意犹未了。

写作“奋斗”主题议论文时要注意论据合理充分，结构安排详略得当。同时还要加强素材积累，使用论据时可从“古今中外”多角度论证。

◎相关写作素材链接（课程思政融合案例）

中国高温超导研究奠基人——赵忠贤

赵忠贤，中国著名物理学家、超导专家，中国科学院院士，第三世界科学院院士，担任超导国家重点实验室主任，专门从事低温与超导研究，探索高温超导电性研究。曾荣获2015年马蒂亚斯奖，这是中国大陆科学家首次获得该奖项。从1989年开始，每一次引领他走向中国科学之巅的，都是一个同样的关键词“超导”。“我这一辈子只做一件事，就是探索超导体、开展超导机理研究。”赵忠贤，一位朴实无华的科学老人，就算是胸前的奖牌熠熠生辉，由内而外依然透着沉静与厚重。

（参考《新民晚报》）

我心中的英雄

杨天乐

我们自小歌颂母爱，有诗歌和文章的熏陶，有在老师带领下自制的礼品，母亲成为了亲情的主角，却有许多人忘记了站在母亲身边威严却又总是在无意中流露温情的父亲。在前几天，我有了一种别样感触，那次，父亲正在敲着计算器整理家庭的开支，他低着头，我便从侧面看到了他微微皱起的眉、泛白的鬓，我的心不由得一阵紧缩 —— 这个男人，这个曾经那么高大似是能撑起一片天的男人，什么时候变得这样沧桑了？

在妈妈的话语里，爸爸是一个很实在的人。他不善言谈，偶尔也会有些木讷，沟通无法解决的问题他便亲身去做。有次妈妈生病，他跑去找医生问食补的方法，妈妈抱怨吃药苦，他总是把那些中药渣一点一点地滤掉，然后再给妈妈买来爱吃的东西，作为吃药后的“补偿”。今年情人节，爸爸忙于工作，似是忘记了这个特殊的节日。当我准备提醒他时，正一通电话打来，他紧忙下楼，跑上跑下7层楼时间却不过5分钟，原来，他早已预定好了妈妈爱吃的蛋糕，当爸爸喘着粗气、却还紧绷着脸郑重地把蛋糕塞到妈妈手里时，妈妈脸上的幸福笑容很浓很浓……

但爸爸的确老了！他不再像原来那样爱去爬山，啤酒肚一天天隆起来，但天黑之后倒垃圾拿快递这种活，他是断不舍得让我和妈妈去做的。他说我要学习，妈妈工作辛苦要休息，可我知道那更是对我们安全的一种担忧，又怕我逞强才这般说辞。

爸爸的名字并不响亮，甚至还老和别人重名，但在我的眼里，这个名字是最具意义的，是唯一的，他像是山峦抵挡了狂风骤雪，日晒风吹。“我的爸爸是个盖世英雄，他会踏着五彩祥云来接我。”记得有一天晚上，预报说有暴雨，我背着书包披着校服狂奔出来，却很不赶巧的与豆大的雨点相迎，身边熟悉的或不熟悉的同学们都被家长接走了，我额前的碎发被压在脸上多少有些狼狈，透过密密的雨帘，我忽然看见一个人影冲破瓢泼大雨，扯开一半自己身上的雨衣，对我说：“来，快！上车。”那一刻，我知道父亲是大河上小舟的掌舵人，我和妈妈是他庇护下船篷里最需要保护的人，但同样他也是人，暴雨也会将他淋湿，日晒下的皮肤也会泛红受伤，甘于奉献自己，他在我的面前就是最厉害的英雄。

何其有幸，能在父母的呵护下成长，不同的或许是温柔似水坚硬如铁，但人非流水无情，非巨石坚硬，他们只是以自己的方式守护他们最重要的珍宝，在我这里他们就是我的英雄。

【此作品荣获“语文报杯·时代新人说”全国中学生征文大赛省赛三等奖】

（作者：杨天乐 贯通2101班）

◎点评与写作指导

该作品开头描绘场面，引出事件，以曾经的父亲和现如今沧桑的父亲进行对比，令作者感到父亲真的老了。文章主题鲜明，内容生动丰富，语言朴实而含义深刻，耐人寻味。通过不同的事例写出父亲的威严，详略得当，流露温情，突出父亲是作者心中的英雄。描写能抓住事物的主要内容，人物的语言、动作描写较多，内容生动丰富。文章前后连贯，结尾恰到好处地点明了中心，写出父母都是孩子们的英雄，表达父爱与母爱的伟大，以点带面，升华主题。

写人物的文章，若恰到好处地运用细节描写，能起到烘托环境氛围、刻画人物性格和揭示主题思想的作用。写人则如见其人，写父亲事例时，可适当加入父亲的神态等细节描写，会使人物形象更加丰满、真实。

◎相关写作素材链接（课程思政融合案例）

从双耳失聪到清华博士——江梦南

2022年，清华博士江梦南被评为“感动中国2021年度人物”。令人感动的是她背后的故事：出生仅几个月的江梦南，因病失去了听力，却凭借自己的努力考取清华大学博士。在无声世界里陪她一路走来的，还有她全心全意爱孩子、乐观豁达的父母。父母安慰她：“听不见是既定的事实，与其怨天尤人，不如努力克服。”从小教梦南说话的方法，是父母自创的气流法。为了陪她读正常学校，父母每日接送、陪读、和老师同学沟通情况，梦南以全市第二名的成绩顺利考入心仪的高中后，全家相拥在一起，喜极而泣。江梦南说：“父母是上天给我的特别大的礼物。”是父母爱的力量，给江梦南插上了隐形的翅膀，造就了奇迹。

新时代里的“战场”

董艺超

回首过去，一个个鲜活的人物英雄事迹不断涌现在脑海里，抗日战争时期的董存瑞、邱少云、刘胡兰、王成都是大家所熟知的为了革命胜利，不顾个人安危而英勇献身的民族英雄，他们的精神，一直激励着一代又一代中华儿女。

历史的长河中还有许许多多为了人民能过上幸福生活而奋斗的人物，如：铁人王进喜、人民的公仆焦裕禄等。

“一个时代有一个时代的主题，一个时代有一个时代的使命”，置身于新时代的我们，有我们新时代的责任与任务，为了保卫和平年代的国家，为了“百年大计”，为了实现民族的伟大复兴而努力奋斗。

在以习近平总书记为核心的党中央领导下，为实现中华儿女的伟大的中国梦，在我们身边平凡人的世界里，出现了一批批英雄的人民。2019年武汉疫情严竣时刻，一批批支援的医护人员，不分昼夜，身穿防护服，在第一线抗疫，这是一场无声的战争，是没有硝烟的战争，有的人也为之付出了生命，在这安逸的生活中，有人为之负重前行。

2008年的汶川大地震发生后，中国军队迅速做出反应，广大官兵积极参与灾后救援任务，争分夺秒，为生命创造一个又一个奇迹，黄金72小时里，夜以继日地奋斗着，在有限的时间里为生命创造一线生机，是他们谱写出了一篇篇动人的诗篇。

在抗洪抢险的战斗中，解放军官兵们的表现，也体现了把人民的生命财产放在第一位的精神，使人民群众感受到了部队是人民的军队，人民的身后有强大的人民军队，为保护人民的利益，不怕困难，不怕牺牲，是人们坚强的后盾力量。

还有为了守卫祖国的边疆，不畏严寒酷暑，在冰冷的雪地里也不失军人本色，坚持站好每一班岗的解放军战士们。有的战士即使被冻成了“冰雕”，依然屹立在祖国边锤，为保护国家的每寸国土，日夜守护在祖国的边防线上；有的甚至不惜牺牲自己的生命也不容国土受到侵犯；有的消防员为了人民的生命舍身相救，他们每时每刻都在保护着人民的生命安全，是人民可靠的后盾。

新时代里有许多动人又真实的故事在我们身边，好比是无声的“战场”上一次又一次的战役，每一次都是一个心惊动魄的故事。和平年代里的“战争”也是无处不在的，但总是有着一群党领导的人民军队在默默地守卫着人民的安全。

为我们生活在新时代而感到骄傲，为我们生活在新中国而感到自豪，在新时代里，在没有硝烟的“战场”上，向英勇奋斗的人们致敬！

【此作品荣获“语文报杯·时代新人说”全国中学生征文大赛省赛三等奖】

（作者：董艺超 贯通2103班）

◎**点评与写作指导**

该作品赞颂了新时代战场上人们英勇奋斗的精神，是一篇典型的议论文。文章开头交代故事背景，结构独特合理，内涵深刻，主题鲜明。文章内容生动丰富，列举了医护人员、抗震救灾的解放军、保卫边疆的军人、消防员等多个事例，详略得当，表达作者对生活在新时代和中国的骄傲，以及对在新时代战场上英勇奋斗的人们的崇敬和赞扬。结尾处集中表达感情，既照应了开头，又总结了全文，首尾连贯，升华主题。

优秀的议论文主要特色在于论据充分、情感充沛、逻辑合理。议论文的论据范围广、段落多，最让人眼前一亮的是主体段，要紧扣文章中心，可以采用多种写作手法，增加文章生动性。

◎相关写作素材链接（课程思政融合案例）

中国核潜艇之父——彭士禄

“时代楷模”“感动中国2021年度人物”称号获得者彭士禄，是中国第一任核潜艇总设计师、中国工程院首批及资深院士、中国核动力领域的开拓者和奠基者之一，被誉为“中国核潜艇之父”。受父辈和幼时经历影响，他远赴苏联求学，并在祖国最需要的时候，放弃了国外的优越条件毅然回国。在大山里隐姓埋名十几年，在物资匮乏的条件下刻苦钻研技术。1970年，我国第一艘核潜艇成功下水，中国成为世界上第五个拥有核潜艇的国家。彭士禄说：“只要祖国需要，我愿为祖国奉献一切！”正是有彭士禄院士这样的时代楷模，他们无私奉献，才有我们现在的幸福生活，值得所有人敬仰。

6 全国中学生创新作文大赛获奖作品选录

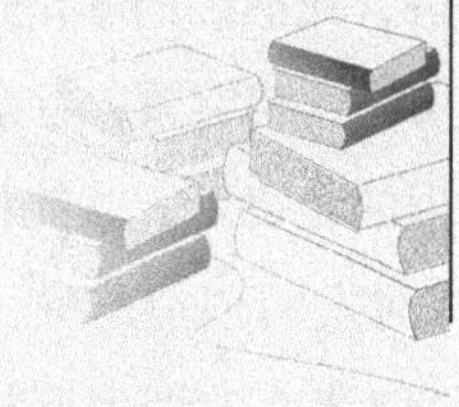

维护知识产权，你我势在必行

刘　露

尊敬的各位老师、亲爱的同学们：

大家好！

很荣幸能够以学生代表的身份站在这里演讲，我演讲的题目是《维护知识主权，你我势在必行》。随着人类智慧的火花竞相绽放，社会也被赋予无限种精彩的可能。人类意识到火花须在合理的燃烧下，才能释放出期待中的绚丽，于是知识产权诞生了。这是人类对发明创造的又一认知突破。劳动成果在诞生之际得到尊重，使得发明创造圈中烟火盛放又秩序井然。

不知大家平日里是否遇到过这种情况：买饮料发现手中的是“雷碧”而非“雪碧”；吃饼干发现袋子上印的是“粤利粤”而非“奥利奥”；明明花了同样的钱，书籍的纸质与印刷效果却明显劣质；今天读的小说情节似乎又与某部热门网文相差无几……其产生的深层原因还是民众缺乏知识产权保护意识，社会对侵害知识产权的现象没有足够重视。正是由于我们知识产权保护意识的淡薄，才使一些心怀不轨之人有机可乘，在法律面前肆意妄为。

知识产权无疑是对智力成果的保护，智力成果是人类思想的结晶，而思想固然是无比重要的存在。笛卡尔曾说“我思故我在”。那么就可认为一味抄袭的人“不在”，他们没有思想，因为他们只会窃取。蒋生说，“一个唯利是图的社会，每一个人都会在物化自己与他人的过程中成为“受害者。”窥视他人的利益，实为最愚蠢的行为，因为窥视者在物化一切的过程中，会渐渐迷失人的本性，给社会和他人的利益带来损害。

就拿最近红爆全网的“冰墩墩”举例，随着冬奥会的开幕，吉祥物“冰墩墩”成为了受人追捧的“顶流”。然而，在一“墩”难求的情况下，一些商家却打起了歪主意，未经授权借冬奥和“冰墩墩”进行商业宣传并贩卖盗版。2022年2月14日，在北京新闻中心举办的全面加强冬奥知识产权保护专场新闻发布会上，发言人介绍了全国首例侵犯北京冬奥吉祥物形象著作权案判决书，犯罪嫌疑人制售盗版“冰墩墩”“雪容融”获刑1年。国家知识产权局新闻发言人张志成说，“冰墩墩”既受到奥林匹克标志保护，又受到专利、商标和版权的保护，可以说是既穿着晶莹透明的“冰糖外壳”，也戴着严密无形的“知识产权保护罩”。

如果在知识经济的今天，我们不去保护知识产权和其权利，那么又有多少人愿意埋首实验台用一生去为人类的进步重复枯燥的实验呢？又有多少人愿意无偿地为我们带来美妙的音乐、精彩的文章、绚丽的画作以及扣人心悬的影视作品呢？

所以，行动起来吧。维护知识产权就是维护创新精神。抵制抄袭，尊重原创，向尊重知识产权的你致敬！

我的发言到此完毕，感谢您的聆听。

【此作品获全国中学生创新作文大赛省赛一等奖】

（作者：刘露 贯通2105班）

◎**点评与写作指导**

该作品是一篇演讲稿，主题鲜明，主要目的是维护知识产权。文章语言表达清晰明确，有说服力。事例通俗易懂、紧跟时事热点问题，叙述详略得当，直接指出民众对知识产权保护意识淡薄的深层原因，一针见血。文章引用诸多名言名句，强调了为了自身利益而侵害他人利益是不正确的行为。结尾呼吁我们维护知识产权，抵制抄袭，尊重原创。文章逻辑清晰，通篇紧扣主题，不失为一篇佳作。

写作“维护知识产权”主题的演讲稿，要注意论点鲜明准确，论据合理充分，事例选取通俗易懂，语言有煽动性，与听众产生共鸣。

◎相关写作素材链接（课程思政融合案例）

假冒专利将承担哪些责任？

假冒专利的，除依法承担民事责任外，由负责专利执法的部门责令改正并予公告，没收违法所得，可以处违法所得五倍以下的罚款；没有违法所得或者违法所得在五万元以下的，可以处二十五万元以下的罚款；构成犯罪的，依法追究刑事责任。

——《中华人民共和国专利法》第六十八条

保护知识产权，继承文化精神

王雪一

尊敬的各位老师：

大家好！

今天我演讲的题目是《保护知识产权，继承文化精神》。

2月4日，第24届北京冬奥会如期开幕。随着冬奥会的到来，社会上出现了一些涉嫌非法利用奥林匹克标志从事商业活动的违法行为，针对这一情况，黑龙江省知识产权局深入推进北京2022年冬奥会和冬残奥会奥林匹克标志知识产权保护专项行动，严厉打击奥林匹克标志违法行为。保护知识产权已经得到政府、社会、民众的广泛支持。

所谓保护知识产权，不仅是对创作者成果的保护，也是对民众生活的保障。生活中侵犯知识产权的行为时有发生：在许多偏远地区的小商铺中，拿起“雪碧”却发现是“雷碧”，端起“康师傅”却发现是“康帅博”，这些假冒产品不仅影响了民众对原商品的印象，也侵害了消费者的合法权益。保护知识产权渗透在生活的方方面面，我们应该自觉抵制这些侵害知识产权的行为。

北京冬奥会正在举行，冬奥会吉祥物冰墩墩成为“顶流”，运动员谷爱凌也霸屏热搜。在这个“流量为主”的时代，一些企业和个人打起了蹭流量的主意，试图抢注“冰墩墩”“谷爱凌”商标。常州有一家蛋糕店，在蛋糕上违规使用了冰墩墩的形象，还在蛋糕上印上了冬奥会的标志谋利，最终被查…… 诸如此类的事情还在发生，怎能不令人深思？创新是引领发展的第一动力，保护知识产权就是保护创新。若没有知识产权保护，创作者呕心沥血创作出来的作品，被其他人不当使用，直接影响创作者的利益。任正非说过，“我们中国十三亿人每个人都做好一件事，拼起来就是伟大祖国。”如果每个人都有保护知识产权的意识，那么社会将会变得更美好。

那保护知识产权我们应该怎么做呢？网上出现了大量高价倒卖冰墩墩的商家，这时我们应该拒绝购买，主动举报，增强保护知识产权的意识，共同抵制这些行为！在学生阶段进行知识产权教育，强化自己的知识产权保护意识，了解知识产权有关知识，强调宣传保护知识产权的重要性。2021年9月，中共中央、国务院印发了《知识产权强国建设纲要（2021—2035年）》，这是对我们个体的约束，也是对社会的警示。知识产权就是我们的财富，加强知识产权保护，继续推动我国从知识产权引进大国向知识产权创造大国转变，推动我国科技高质量发展，向世界展示科技文化更加强大的中国！

时代在发展，我们在进步。我们作为新时代青年，理当展青年之志，以赤诚之心护知识产权，弘扬中华民族传统文化，以改革创新探求民族复兴新征程，续写华夏新篇章！

谢谢大家！

【此作品获全国中学生创新作文大赛省赛一等奖】

（作者：王雪一 贯通2102班）

◎点评与写作指导

该作品是一篇演讲稿，以“保护知识产权”为主题展开论述。文章逻辑清晰，从保护知识产权的作用、创造者的利益、个人保护知识产权意识、保护知识产权的做法等方面概述了社会上破坏知识产权的现象及其危害。事例真实可信，紧扣主题。文章语言详略得当，独具一格，别有风味。文章结尾升华主题，点明中心，呼吁人们保护知识产权，进一步突出了保护知识产权的重要性。

以“保护知识产权”为主题的演讲稿属于社会实用文本类型，不仅要主题鲜明，还要有问题意识、情境意识，作者在写作时要积极思考个人与社会责任的问题。

◎相关写作素材链接（课程思政融合案例）

“锂电池保护芯片”集成电路布图设计侵权案

苏州赛某公司申请登记了名称为“集成控制器与开关管的单芯片负极保护的锂电池保护芯片”的集成电路布图设计。深圳裕某公司未经许可，复制、销售的芯片与赛某公司的集成电路布图设计实质相同。经司法机关鉴定，侵权芯片与赛某公司布图设计具有独创性的部分实质相同，构成侵权。裕某公司最终赔偿赛某公司经济损失50万元。

如何保护知识产权

黄博文

知识产权是人类智力劳动成果的专有权利，也是社会财富的重要来源，需要全社会共同保护。保护好知识产权，让劳动成果受到尊重才可以孕育出创新的种子。它会伸展创新枝干支撑高质量发展；它结成创新果实，回报辛苦的智力劳动；它凝聚创新雨露鼓励研发核心技术。创新是引领发展的第一动力，保护知识产权就是保护创新。

冬奥会开幕已经一周多了，除了看比赛，普通人参与冬奥会最直接方式是什么？那无疑是爱上吉祥物！人们都迷上了那个被冰壳包裹的大熊猫——“冰墩墩”。今年的冬奥会可谓是史上知识产权保护力度最强的一届，从冰墩墩的确定流程来看就可见一斑。值得关注的是，北京冬奥会吉祥物的最终方案在2019年8月才得以确定。但在2019年6月初，北京冬奥组委就委托国家知识产权局、商标局对冬奥会吉祥物的候选方案和名称进行了查重。商标局作为全国商标注册和管理工作的部门，通过时间查重，能够明确是否有相同的或类似的在线商标、外观专利或其他设计作品，从而可以提前合理防控商业风险。从这里我就学到了知识产权保护的第一个知识点——“事先查重”。它能够帮助我们明确权利归属，避免后续不必要的权力纷争。回到冰墩墩的确定流程，2019年8月北京冬奥组委确定了吉祥物的最终方案。2019年9月晚冰墩墩正式对外发布。那么问题来了，北京冬奥组委是什么时候提交的这些申请呢？我在国家知识产权的官方网站上找到了答案。据“迎冬奥知识产权保护先行”这篇新闻稿记载，在冰墩墩正式对外发布的前一天，北京冬奥组委的工作人员在受理大厅正式提交了北京冬奥会吉祥物北京冬残奥会吉祥物形象相关的8件外观专利申请。在商标局的官方网站上，我们同样可以看到北京冬奥组委在2019年9月16日针对冰墩墩的中文名称、英文名称和三维形象分别提交了45件全类的商标申请。除了注册商标和外观专利，著作权保护也绝不可忽视。在北京冬奥组委会的官方网站上，关于北京冬奥会吉祥物的公告中，第一条就是吉祥物的形象已在中国版权保护中心进行了著作权登记。到这儿我们就能学到第2个保护知识产权的知识点——“设计成果正式对外公布之前提交代保护知识产权的这些相关申请”。既可以防止公布后他人恶意申请，也可以在第一时间为我们的设计成果筑起知识产权的“防火墙”。第3个知识点就是注册商标保护、著作权保护和外观专利保护。

冬奥顶流冰墩墩的热销是“国潮”崛起的又一生动样本，更是我们中国人民文化自信的现实写照，而北京冬奥组委会为我们带来知识产权保护的“组合拳”，更是我们向着中国特色世界水平的知识产权强国目标不断迈进的生动展现。

【此作品获全国中学生创新作文大赛省赛一等奖】

（作者：黄博文 贯通2104班）

◎**点评与写作指导**

该作品以冬奥吉祥物“冰墩墩”为例，阐述了“保护知识产权能更坚定中国人民文化自信”的观点。文章中列数字、举例子、打比方、下定义等说明方法运用恰当，更具说服力，增强了表达的形象性。语言幽默风趣，通俗易懂。文章多处运用设置悬念、设问、反问等写作手法，激发读者阅读兴趣，并巧妙结合社会实际，增强文章可读性，更突出了保护知识产权的重要性及严谨性。全文结构稳定，结尾深化中心，展现了作者对保护知识产权的独特观点以及对中国日益强大的民族自信，凸显主题。

议论文写作时为确保论点可信，大多会采用事例论证法，要求事例典型、新鲜，转述事例时简明清晰。

◎相关写作素材链接（课程思政融合案例）

保护知识产权，大连海关在行动

2020年以来，大连海关针对重点领域和渠道开展了代号为“净网行动”的知识产权海关保护专项行动。行动中，各口岸海关结合业务特点，分渠道加强对输往来自重点目的国的侵权高风险商品加强管控，加大对进出口侵权违法行为的打击力度。2020年以来，关区累计查获侵权嫌疑货物229批次，涉及商品近5万件。

（参考梦海蓝天）

了解知识产权的重要性

许梦涵

亲爱的同学们：

大家好！

知识产权是人类在社会实践中创造的智力劳动成果的专有权利。随着科技的发展，为了更好保护产权人的利益，知识产权制度应运而生并不断完善。互联网的普遍使用使侵犯专利权、著作权、商标权等知识产权的行为越来越多。因此保护知识产权显得越发重要。

每年的4月26日是世界知识产权日，这样便可以长时间地推广和宣传知识产权的保护知识，引导大家尊重发明、尊重科学，营造鼓励知识创新和保护知识产权的法律环境。知识产权是人民、法人或其他组织对其智力劳动成果依法享有的占有、使用、处分和收益的专有权利，在自己国家被赋予权力的创造者对其智力成果在一定时期内享有的专有权或独占权。知识产权从本质上说是一种无形的财产或者是一种精神财富。大家可能会说，这与我们有什么关系？这都是发明家、科学家的事，可是，你知道吗，知识产权也与我们的日常生活息息相关。小到日常生活用品以及音乐、艺术、影视和文学作品，大到尖端科技产品，以及服装品牌这些都是有版权的。

在日常生活中，知识产权离我们近在咫尺，我们要提升自己的知识产权意识，为了保障自己以及身边人的知识产权不受侵犯，同时也要规范自己的行为，不要侵犯他人的知识产权。我们现在阅读的每一本正版书籍，都可以看到书籍的出版编号和产权申明。“假货”明目张胆的售卖，导致品牌利润减少，比如“莆田鞋”，因为价格便宜，样式没有明显差异更多人反而会选择购买，几百甚至几千块钱的东西仅卖十几块，正盗版间相差了十几倍的价格。

小到公司的商标，大到使用物品的专利，我们都应去遵守相关法律法规，不该因为一时的蝇头小利而损害创作者们的心血成果。我觉得，每个了解知识产权的人都应向周围的人多多宣传知识产权有关知识。只有越来越多的人了解知识产权，明白知识产权的重要性，我们的社会才能更好发展。

无论是对于公民，还是国家，知识产权都非常重要，所以我们要保护知识产权，尊重专利权，尊重所有人的劳动成果，拒绝盗版，拒绝侵权。要呼吁那些出售盗版的人好好反省，不要再受金钱的“利诱”，不要做侵犯知识产权的事。

知识产权保护工作，既关系人民的幸福，又关系国家的发展，我们要不断健全知识产权保护体系，加强知识产权保护力度，提升知识产权保护意识，只有更好地保护知识产权，国家才有更好的发展，人民才有更幸福的生活。

我的演讲到此结束，谢谢大家！

【此作品获全国中学生创新作文大赛省赛二等奖】

（作者：许梦涵 贯通2104班）

◎点评与写作指导

该作品围绕“了解知识产权的重要性”进行论述，是一篇典型的议论文。文章内容充分反映了现实社会中破坏知识产权的行为是不正确的，更具说服力。正文开头内容权威性极高，可读性高。第三自然段起到承上启下的作用，使文章紧密相连。结尾切中要害，突出了保护知识产权的重要性，点明中心。整篇文章结构不拘一格，语言严谨有序，流畅自如，严苛有力，观点明确。

在议论文的写作中，设置分论点会让文章论证更加立体化，逻辑性更强。

◎相关写作素材链接（课程思政融合案例）

合作创作的作品著作权属于谁？

两人以上合作创作的作品，著作权由合作作者共同享有。没有参加创作的人，不能成为合作作者。

合作作品的著作权由合作作者通过协商一致行使；不能协商一致，又无正当理由的，任何一方不得阻止他方行使除转让、许可他人专有使用、出质以外的其他权利，但是所得收益应当合理分配给所有合作作者。

合作作品可以分割使用的，作者对各自创作的部分可以单独享有著作权，但行使著作权时不得侵犯合作作品整体的著作权。

——《中华人民共和国著作权法》第十四条

保护属于自己的果实

安文琪

如果我猜的没错，看这篇文章的各位现在应该正坐于电脑屏幕前，手持鼠标浏览着信息。怎么猜到的？因为我写下了这篇文章，并把这篇文章上传到了网站，我也就拥有了这篇文章的知识产权，这篇文章就是属于我的果实。

知识产权这个名词听起来也许有些陌生，那我们不妨来了解一下它的来源。知识产权是指“权利人对其智力劳动所创作的成果享有的财产权利”，简单来讲这是一种对于创新的保护。时代的发展需要汲取新鲜血液，人们会在实践中有新的发现，把发现提取再作用到新的实践，这就是一种创新。创新无时无刻不影响、改变着我们的生活，短短70余年，中国已经从建国之初的物资困难枪炮难求，到如今成为拥核国之一，这些成就靠的是广大人民的创新思想，科研院所的发明工作，政府部门谱写的法规。作出贡献的人是需要我们尊重与保护的，知识产权保护法就成为了他们保护属于自己的智慧果实的利器。

在众望所归下，17世纪卡普佐夫首次提出了知识产权，比利时的皮卡第也为其赋予了定义，1967年《世界知识产权组织公约》签订，这个词也在人们的生活中得到了应用。

知识产权的种类也包括专利权、商标权、著作权、植物新品种权等诸多类型。例如我们熟悉的版权就是著作权的别称，是文学家艺术家科学家提出的保护。现在大数据流通，作者写书想要被人知晓就需要上传到网上，其专有性就被极大的削弱，大环境下人们没有了解作者的兴趣，通常只关注作品本身。于是便产生了“套路文”，一部分人为了获取利益在资本的操控下批量制作内容缺乏价值的文章。写作是如此，那么更为数据化的音乐、影视剧就更数不胜数。

为了保护广大创作者的权益和属于自己的成果，我国将法律修改的更加严密。网络并非实物，特点是信息碎片化，知识产权所保护的也更多为虚拟化，法网普及难度也就大大增加。在过去，最先提出一个理论的人就是被保护对象，但现在却有人钻空子。于是在恪守公平的前提下除了时间先后，法律也完善了所有权登记，加大对于违法者的打击力度，罚款数额也极大提升。

虽然法律改进了，但如果知道的人过少，也无法提高人们的保护意识。很多个人及企业因为对法律知之甚少，对侵权行为的概念模糊不清产生疏漏，当实质性的危害已经发生，却早已失去了挽回的余地。为了形成良好的知识产权保护氛围，企业应该对创作者有足够的尊重。身为人民群众的我们也应该支持正版，从正规渠道浏览、下载，做到不私自窃取他人的成果。

如今是一个世界命运共同体的时代，科技共享，创新维系着人与人、国与国之间的关系。身为中国人去学习英语和其他的联合国语言，为的是方便沟通。在各方资源加持下，技术发展迅速，中国自然不能落后，党中央便更注重新领域、新突破，因此创新和保护创新的知识产权战略显得格外重要，它激发着社会的活力与驱动力，让人们对自己的努力成果有了更多的期待。

从古到今，保障所有权这件事都被看重，毕竟这是发展所需要的。维护知识产权，让劳动者受到尊重才能收获果实，得到种子。当种子长成参天大树，人们才有乘凉的地方，汲取营养，代代相传。保护知识产权，每个人任重而道远。

【此作品获全国中学生创新作文大赛省赛二等奖】

（作者：安文琪 贯通2004班）

◎点评与写作指导

该作品以“保护知识产权”为主题，是一篇逻辑严明的说明文。文章从“知识产权”的概念说起，循序渐进地引入其应用。向读者列举了我们身边应该享有的知识产权，继而分析了目前人们对知识产权的保护意识相对较弱的现象。文章前后连贯，在文章的后两段更加突出保护知识产权的重要性，文章有梯度。

写作“知识产权”主题说明文时要注意详略得当，在读者可以深入了解其概念的同时适当增加说明案例。可以考虑通过对比的写法，警醒读者保护知识产权的重要性。

◎相关写作素材链接（课程思政融合案例）

知识产权保护的相关要求规定：

1.针对新业态新领域发展现状，研究加强专利、商标、著作权、植物新品种和集成电路布图设计等的保护。探索建立药品专利链接制度、药品专利期限补偿制度。

2.研究加强体育赛事转播知识产权保护。加强公证电子存证技术推广应用。研究建立跨境电商知识产权保护规则，制定电商平台保护管理标准。

3.编制发布企业知识产权保护指南，制定合同范本、维权流程等操作指引，鼓励企业加强风险防范机制建设，持续优化大众创业万众创新保护环境。研究制定传统文化、传统知识等领域保护办法，加强中医药知识产权保护。

参考资料来源：中央人民政府－中共中央办公厅 国务院办公厅印发《关于强化知识产权保护的意见》

人人都有知识产权

王　睿

亲爱的老师、同学们：

大家好！

今天，我十分荣幸地作为学生代表在这里发言，与大家一同思考与探讨“知识产权保护”的意义。

首先，大家是否知道何为知识产权？知识产权，是关于人类社会实践中创造的智力劳动成果的专有权利。各类创造发明、文学成果、艺术作品以及在商业中使用的商标、产品外观，都可受到知识产权的保护。

其次，我们为什么要保护知识产权？社会上有很多侵犯知识产权，造成社会或个人损失的案例。知识产权民事案件相关案例有“北京搜狗科技发展有限公司与百度在线网络技术（北京）有限公司”“北京百度网讯科技有限公司、上海天熙贸易有限公司侵害发明专利权纠纷案”；知识产权行政案件相关案例有“苹果电子产品商贸（北京）有限公司与国家知识产权局、苹果电脑贸易（上海）有限公司发明专利权无效宣告请求行政纠纷案”；知识产权刑事案件相关案例有“孔丹丹等4人销售假冒注册商标的商品罪案”等等。各类知识产权纠纷案都体现出人们没有重视对自身知识产权的保护，以致被有心之人利用侵害，造成个人巨大损失，对社会影响严重。

如果不大力保护知识产权，将会发生更多侵害知识产权的事件。我们的生活将受到严重影响，商场里的正版大牌逐渐被一模一样且价格便宜的盗版“大牌”取代；二刷爱看的电影时发现屏幕模糊才察觉这是盗版；在商铺买的书纸质差还缺文少字；爱玩的手机游戏经常闪退，提示你“无法连接服务器”。

2021年9月22日，中共中央、国务院印发的《知识产权强国建设纲要（2021–2035年）》，指出我国要建设中国特色、世界水平的知识产权强国。这一纲要发布，政府加大了对知识产权保护的力度，有力打击假冒伪劣产品，增强了民族的文化自信，提升了国家核心竞争力，扩大高水平对外开放。促进社会秩序和谐稳定，社会经济高效发展，有效地保护了企业和人民的利益。

知识产权就是每一个敢想敢做、创造智慧、憧憬未来的新时代人民的有力保障。保障了国家更高质量、更有效率、更加公平、更可持续、更为安全的发展；保障了社会的公平正义、和谐稳定；保障了人民的权利和日益增长的美好生活需要。而大力保护知识产权，就是为了加强保障使得国家富强、民族振兴、人民幸福。加速推动我国成为富强民主文明和谐美丽的社会主义现代化强国。

在此，我呼吁大家增强知识产权意识，保护自身知识产权，不侵害他人知识产权。

我的发言到此结束，谢谢大家！

【此作品获全国中学生创新作文大赛省赛二等奖】

（作者：王睿 贯通2008班）

◎点评与写作指导

文章以思考与探讨“知识产权保护”为出发点，主要内容从什么是知识产权，为什么要保护知识产权以及保护知识产权的重要性三方面进行阐述。这篇文章层次清晰，逻辑严谨。文章语言流畅，让读者可以清晰明了的抓住文章重点。文章结尾进一步深化知识产权的重要性，起到了强调的作用。

写作“知识产权”主题说明文，建议可以将“知识产权”的概念解释地更加清晰一些，可以将“知识”与传统意义上的“知识”进行区别，让读者可以对这一概念更加清晰清楚。

◎相关写作素材链接（课程思政融合案例）

如何更好地保护知识产权?

一方面，要加速专利转化运用，发挥知识产权提升企业发展能力、培育壮大经济新动能的重要作用。去年年底发布的《2020年全国专利密集型产业增加值数据公告》显示，2020年全国专利密集型产业增加值达到12.13万亿元，占GDP的比重为11.97%。今年上半年数据显示，全国专利商标质押融资金额为1626.5亿元，同比增长51.5%，惠及企业9760家，同比增长68%。不难发现，知识产权作为发展要素、发展资源的价值日渐凸显。只有继续拓宽专利技术供给渠道、推进专利技术供需对接、促进专利技术转化实施，才能不断激活专利等知识产权的经济价值，为保市场主体、稳经济大盘和持续激发市场活力提供有力保障。

另一方面，围绕发展需要和产业链条，有必要继续厘清知识产权保护重点，细化知识产权保护措施，形成知识产权保护合力。随着数字经济与实体经济深度融合，知识产权侵权违法行为呈现新型化、复杂化、高技术化等特点，增加了知识产权保护的难度。为此，要加强顶层设计，健全行政确权、行政执法、司法保护、仲裁调解、行业自律、公民诚信等环节的衔接机制，做好源头保护、协同保护等工作，为创新活动营造良好的发展环境。只有紧盯经济社会发展需要和市场主体需求，不断完善现有法规制度体系和保护体系，才能确保知识产权保护工作抓牢重点、解好难题。

摘录自《人民日报》

认识知识产权

柳家安

在现实生活中，很多人可能会觉得知识产权离自己很远，但其实在我们身边知识产权无处不在。5G通信技术有专利、新上映的电影有版权、名牌服装有商标、我们自己的参赛作品有著作权……这些，都是知识产权的体现。

那么，什么是知识产权呢？

知识产权，是关于人类在社会实践中创造的智力劳动成果的专有权利。人们在学习中钻研自己的领域，从而产生各种创造，比如发明、文学和艺术作品，以及在商业中使用的标志、产品外观，在申请知识产权后，都可受到保护。

举个生活中的小例子，如果知识产权不受保护，我们喝的饮料就可能是“雷碧”，吃的方便面就可能是“康帅博”，用的学习资料就可能是粗制滥造的盗版。湖北省检察机关利用“两法衔接信息”共享平台发现，有产地生产假冒“飘柔”“海飞丝”，官方的权益受损不说，消费者也有因其受害的可能，放任的危害巨大，犯罪嫌疑人被即刻立案追诉；购买到冒牌燃气灶，众多消费者生命财产安全受到威胁，湖南检察机关支持起诉……4月25日，最高人民检察院对外发布2016年度检察机关保护知识产权十大典型案例。

最高人民检察院公布的十大典型案例由地方检察机关侦查监督部门评

选，要求中国人民银行检察公诉部门从2016年生效判决的众多知识产权保护典型案例中进行评选。案件类型方面，假冒注册商标案等侵犯知识产权刑事案件8起，违法制造注册商标标识、销售假冒注册商标商品。民事行政检察案件2起，山东省枣庄市山亭检察院办理的江西振实明药业股份有限公司，与董超商标侵权纠纷执法监督案。诸如此类的事件值得我们深入反思。

法律是底线，在政府机关严查严打下，效果初步显现。依法履行检察监督职能，监督公安机关立案，促进公安机关规范执法；主动提前介入，围绕重点取证、鉴定审核等引导调查。在审查起诉中发现违法人员下落不明的，指导公安机关起诉；在有争议的问题上，强烈指控犯罪，反驳被告人在审判中的不合理辩护；主动发出检察建议，督促法院及时采取执行措施，确保生效判决的有效执行；充分履行法律监督职能，支持依法起诉，维护社会公共利益。

2021年9月22日，中共中央、国务院印发的《知识产权强国建设纲要（2021-2035年）》发布。提出以建设中国特色社会主义、着重发展知识产权保护为中心，更持续更健康地发展我国经济，满足人民美好生活需要。

【此作品获全国中学生创新作文大赛省赛三等奖】

（作者：柳家安 贯通2108班）

◎**点评与写作指导**

该文章以“认识知识产权”为主题，是一篇典型的说明文。文章题目清晰，结构简洁合理。文章从生活和法律两方面带读者一起认识了知识产权，语言生动贴切，文章中既包含了十分贴近生活的物品，让读者可以快速清晰地明确知识产权的概念。又带给读者一些法律详解，让读者的认识再提升一个高度。

写作“知识产权”主题说明文要注意讲原本对于读者来说有距离感的文字或者知识变得相对通俗易懂。比如在讲解法律与知识产权有关的内容时，可以更巧妙地添加具体案例，让文章更具有可读性。

◎相关写作素材链接（课程思政融合案例）

知识产权的高质量创造是创新发展的基本内涵。习近平总书记指出："当前，我国正在从知识产权引进大国向知识产权创造大国转变，知识产权工作正在从追求数量向提高质量转变。"创造是一切知识产权活动的初始源头，创造力是体现知识产权实力的首要因素。我国已转向高质量发展阶段，创新能力也要努力适应高质量发展要求。要创造高质量知识产权产品，包括核心专利技术、版权精品、知名品牌，实现知识产权创造由多向优、由大到强的转变。

摘录自中央政治局第二十五次集体学习中习近平总书记讲话

认识知识产权　保护无形财产

程泰宁

提到知识产权的保护，很多人都认为这是国家的事和企业的事，与我们普通百姓相隔千里。其实不然，我们先来了解一下，何为知识产权。

知识产权是一种无形的财权，它指的是智力成果和知识产品，是一种精神的财富，是智力劳动所创造的劳动成果。它与一切物质的财产比如个人的房屋、汽车这些事物的性质一样，都受到国家法律的保护，都具有价值和使用价值，都依法享有独立占权和不受侵害的权力。近些年来，我国出台了一系列法律法规来保护知识产权，如2020年5月国家就通过《民法典》专门规定知识产权侵权惩罚性赔偿的制度，进一步提高了侵权的代价，有效遏制了侵权的行为。自2020年9月以来，最高人民法院连续发布了6个与知识产权有关的司法文件，规定和完善知识产权司法救济的措施，全面加大对知识产权侵权行为的惩罚力度。

了解知识产权法律法规后，你会知道什么是侵犯知识产权的行为。比如，制作产品后张贴其他品牌标签商标属侵权行为，抄袭他人技术属于专利属侵权行为，对他人作品稍加修改便冠以自己姓名属于著作侵权行为等等。一个国家只有对权利人的智力成果及合法权利给予及时全面的保护，才能使人们创作具有安全感，调动人们创作的主动性。据统计，2020年中国国际专利申请量高达6.9万件，稳居世界第一，20年增长了将近250倍。同时，中国重视知识产权的保护也给海外专利拥有者带来巨大收益。

2019年我国对外支付的知识产权使用费就超过了340亿美元，合2200亿元人民币。

知识产权保护工作是国家法律体系完善和政治管理的重要体现，关系未来科技发展建设，关系人民的幸福生活，全面建设社会主义现代化国家必须从国家战略高度和进入新发展阶段的要求出发，全面加强知识产权保护工作，促进建设现代化经济体，激发全社会创造活力，推动构建新发展格局。完善知识产权保护体系，提高知识产权保护工作的法治化水平，还需在强化全链条保护的基础上，深化知识产权保护工作的体制机制改革。

保护知识产权对普通人有什么意义呢？在互联网时代，普通人的行为就是内容创造，比如个人在朋友圈发的照片和文案，在其他平台发布的文章或视频，这些劳动成果都属于个人著作权，都在知识产权保护范围内。比如说哪天你看到你写的文章或你写的书籍被原封不动地刊载到另外一个平台，在短视频平台你看到自己的视频被随意搬运，这些都触犯了你的个人知识产权。

保护知识产权就是保护创新，创新如果得不到保护，那就无法实现成果转化。知识产权保护真的太重要了，尤其是在国家大力推动中小企业专精特新打造隐形冠军的大背景下，知识产权保护被提上了日程。

所以保护知识产权就是保护你我的权利，我们人人有责，人人有份。

【此作品获全国中学生创新作文大赛省赛三等奖】

（作者：程泰宁 贯通2109班）

◎**点评与写作指导**

该文章以“认识知识产权”为主题，是一篇典型的说明文。文章首先为我们讲解了知识产权的概念，而后又列举了侵犯知识产权的行为，让文章具有更强的实操性。全文层次清晰，语句流畅。在文章结尾处再次强调保护知识产权就是保护文化创新，增强读者的保护意识。

写作“知识产权”主题说明文应该注重循序渐进，一点点地带领读者意识到保护知识产权的重要性。文章应该主次分明，层层递进。由法律条例到生活实践，增强人们的认同感。

◎**相关写作素材链接（课程思政融合案例）**

知识产权的高水平保护是创新发展的制度保障。习近平总书记强调“加强知识产权保护工作顶层设计”“提高知识产权保护工作法治化水平”“强化知识产权全链条保护”“深化知识产权保护工作体制机制改革”。知识产权保护事关国际经贸领域的法律秩序，也是本国创新发展的制度基础。中国企业和产业要“走出去”和“走上去”，都离不开知识产权保护。提高知识产权保护水平，需要完善知识产权保护制度，增强知识产权司法效能，提高知识产权行政执法能力，建立遏制侵权的长效机制，提高知识产权保护工作法治化水平，营造有利于创新发展的法治环境。

摘录自中央政治局第二十五次集体学习中习近平总书记讲话

保护知识产权

邵子谦

尊敬的老师、亲爱的同学们：

大家好！我今天演讲的题目是《保护知识产权》。

在我国逐步建设创新型国家的过程中，各领域人才纷纷涌现，发明了各种新事物。但是，这其中也暴露了一些问题：一是有人不知道去申请专利；二是即使申请了专利，也不清楚什么情况下自己的知识产权受到了侵犯，需要用什么手段去保护。

针对这一情况，习近平总书记指出，创新是引领发展的第一动力，创新是重要的、必要的。知识产权保护得越好，敢于创新的人也就越多，高质量发展越有保障。人民法院全面加强知识产权司法保护，切实做到顾全整体、完善法律保护、循序渐进、深化改革，努力为实现自主科技强国提供坚实法治保障。

那么，究竟什么是知识产权呢？

知识产权，是“基于创造成果和工商标记依法产生的权利的统称”。在生活中最常使用也最广为人知的就是著作权、专利权和商标权了，文学、影视作品一类归属于著作权，艺术品、发明属专利权，在商业中使用的标志、产品外观等便是商标权，这些创作都可以受到知识产权保护。

知道了知识产权的定义，那么究竟什么行为算作侵犯知识产权呢？

根据《著作权法》相关规定，未经授权在生意广告、信息宣传、文化表演和各种以经济利益为目的的活动中使用相似的商标，属于盗用他人专利。仿造他人创作成果，伪造、擅自制造相似标志等行为均属于侵犯知识产权。

在生活中经常有类似行为，造成侵权。以最近新兴的短视频来说吧，假设你看到了一位画家发布的绘画视频，觉得成品十分好看，想用在自己的视频中。那么如果你没有提前告知这位画家，并未得到他的授权就使用，这就是侵权行为。再比如，假设你是一家即将开业的商店老板，你觉得某品牌的商标很有设计感，于是未经授权拿来做自己的商店图标，这也是侵权的行为。

看到这里你也许会说，这些行为既然构成侵权，那么为什么在生活中我们所遇见的类似情况并没有被创作者告上法庭呢?

出现这种情况，有两种可能。第一种是创作者本身的产权意识比较薄弱，没有发现这是侵权行为。第二种就是创作者已经与侵犯其知识产权的人进行了私下的交流和沟通，最终达成了一致。因此，并不是所有的侵权行为都只能依靠司法手段来解决，双方之间的和解或是第三方介入的协调都是可以解决侵权问题的。

说了这么多，大家对知识产权的有关知识有了一定的了解，希望大家可以在日常生活中看到侵权的行为给予提醒，自己在生活中也要注重知识产权的保护。

谢谢大家！我的演讲到此结束。

【此作品获全国中学生创新作文大赛省赛三等奖】

（作者：邵子谦 贯通2102班）

◎点评与写作指导

该文章以“保护知识产权”为主题，是一篇典型的演讲稿。文章语言简洁明了。文章结构清晰，主要从何为“知识产权”，什么行为会造成侵权以及侵权后我们应该如何处理三方面进行普及。文章内容相对完整，具有一定的实操性。

既然文章以“保护”为主旨，便应该将重点放在如何保护，适当增加成功进行知识产权保护的具体案例，相关可以采用的保护措施以及相对具体的保护方法，这样会让文章更加饱满完整。

◎**相关写作素材链接（课程思政融合案例）**

浙江周某侵犯商业秘密案

一、基本案情

浙江春风动力股份有限公司（以下简称春风动力公司）是专业从事全地形车、竞技摩托车等产品研发、制造、销售的高新技术企业，对自主研发的2V91系列发动机技术设有保密措施且未许可他人使用。2004年，被告人周某入职春风动力公司从事发动机技术研发，并签订保密协议。2014年2月24日至3月1日，春风动力发动机研究所负责人在出差期间，将该所指定邮箱审核权限授权给周某，周某利用该授权权限，私自将公司研发的2V91系列发动机等技术资料从公司涉密内网邮箱发送至自己的外网邮箱。

2015年3月，被告人周某从春风动力公司辞职后即应聘到飞神集团有限公司（以下简称飞神公司）控股的浙江同硕科技有限公司（以下简称同硕公司）主持研发发动机。其间，被告人周某将其获取的2V91系列发动机技术信息用于同硕公司发动机研发。2017年5月至2018年1月，同硕公司向飞神公司销售涉案发动机314台，其中300台被飞神公司用于配装全地形车销往多地。经鉴定，同硕公司与春风动力公司生产的发动机多项技术秘密点相同。被告人周某的行为给春风动力公司造成损失83.9万余元。

二、检察机关履职情况

审查起诉 本案侦查机关将春风动力公司2V91系列发动机研发成本914.15万元认定为权利人损失数额，并移送浙江省杭州市余杭区人民检察院（以下简称余杭区检察院）审查起诉。办案检察机关认为该损失数额不能作为定罪依据，遂主动联系多家审计评估单位，就本案损失计算方式进行充分论证，最终确定以侵权产品销售数量乘以春风动力每台车辆的利润再乘以发动机价值与整车价值占比的损失数额计算方法，得出本案权利人损失数额83万余元，得到法院判决支持。办案检察机关还根据案件事实和证据情况，通过释法说理，促使被告人周某由拒不认罪转为认罪认罚。

出庭公诉 2019年10月31日，余杭区检察院对周某以侵犯商业秘密罪提起公诉。庭审中，辩护人提出鉴定的技术秘密点均已被权利人在维修手册上公开或者系国家标准明确规定，不构成商业秘密。检察人员仔细查阅大量专业性材料，咨询包括鉴定人员在内的多位发动机领域专家，对全案证据进行严格审查，得出部分技术秘密点已被公开，但部分技术秘密点仍属商业秘密，不影响整体侵权认定的结论；同时收集大量已决案例作为参考，并结合本案具体情况提出适用缓刑和罚金数额的精确量刑建议，被法院完全采纳。2020年3月26日，余杭区法院以侵犯商业秘密罪，判处周某有期徒刑一年六个月，缓刑二年，并处罚金八十万元。周某未上诉，该判决已生效。

三、典型意义

（一）依法惩治侵犯商业秘密犯罪，为国家高新技术企业发展护航。本案权利人春风动力公司系国家高新技术企业，多年来一直走自主创新发展模式，属于国内全地形车领域龙头企业。检察机关坚持知识产权案件专业化办理，有力指控犯罪的同时积极促成双方达成赔偿谅解协议，飞神公司、同硕公司与春风动力公司达成谅解协议，同意停止侵权并赔偿人民币300万元，召回全部侵权产品，有力保护了商业秘密权利人的合法权益。

（二）借力专家智库，准确认定侵权行为和犯罪数额。由于商业秘密的认定以及是否构成对商业秘密的侵犯，往往具有较强专业性，通常需要听取有专门知识的人的意见。办案检察机关经过咨询涉案技术领域专家，认为涉案技术秘密的部分已被公开但其他秘密点部分仍不为公众所知悉的，整体上应当认定为构成商业秘密，侵权行为成立，得到法院判决认可。本案侵权产品尚未获利，市场上缺乏类似许可使用的情况，价值评估条件欠缺。检察机关经与多家审计评估公司研讨，并带领评估人员赴案发企业调查核实，最终确定以侵权产品销售数×春风动力每台车辆利润×

发动机价值与整车价值占比计算权利人损失作为犯罪数额，对同类案件的办理提供了有益借鉴。

（三）延伸检察职能，积极参与知识产权综合治理。办案检察机关认真梳理涉案企业在商业秘密保护制度、商业秘密载体管理、涉密企业管理等方面存在的漏洞，参考国内外先进涉密管理经验，提出建章立制、堵漏除弊的检察建议，助力企业堵塞漏洞。多次赴涉案企业走访交流，开展法治宣传，帮助企业提升商业秘密保护意识和能力，切实防止类似侵权案件发生。

摘录自知乎保护知识产权具体案件

关于保护知识产权

李添依

尊敬的各位老师、同学们：

大家好！

今天我想与大家探讨的主题是知识产权，“知识产权，是关于人类在社会实践中创造的智力劳动成果的专有权利。”人们的创作，不论是文学艺术上或是科学技术上的成果，都能够通过申请受到知识产权的保护。知识是无价的，知识产权是劳动者自己在社会实践中创造的智力劳动成果的专有权利，是劳动者知识的结晶。所以保护劳动者的知识产权就显得非常重要。这不仅是劳动者个人的问题，也是我们国家对知识产权保护意识的提升和完善。这样才有可能更好地保护知识产权。

现如今，很多人对知识产权没有太多的了解，认为知识产权离我们很远，只有少部分人知道知识产权，这应该是我们普及程度不够导致的。当今社会，5G通信技术有专利，新上映的电影有版权，名牌服装有商标，我们自己的参赛作品有著作权……这一切的一切，都是知识产权的体现。如果知识产权得不到保护，就像我们喝的饮料不是饮料，而是粗制滥造的“雷碧”，吃的泡面可能是“康帅傅”，用的学习资料就更有可能是乱七八糟的盗版……这样就是在害我们自己，也在害我们的子孙后代。这样我们的文化就会被摧残，文化得不到发展，文明得不到进步，人类社会也会退步。而我们想要的生活，我们美丽的未来就会变成一个泡影。

前不久在网上，总会看到几个笑话，说有的外国人自己不会发展，就选择以借鉴为由，将别人的成果说成是他们国家的文化，比如韩国的做派，第一件事是2005年，中韩“端午节申遗”之争，韩国江陵胜出。第二件事是2006年，韩国拟将“中医”改为“韩医”申遗。第三件事是2006年，韩国欲将祭孔大典申请世界文化遗产，据说还宣称孔子是韩国人。第四件事是2008年，韩国韩医协会6月18日表示“WHO没有选择中国和日本的针灸穴位作为标准，而是选择了韩国。”韩国韩医协会会长金玄洙认为：“传统韩医学超过中国和日本被选定为国际标准，是一件让人称快的事。”

可以说申遗是对国家文化保护的表现，我们为什么要申遗，其实就是为了保护继承传统文化，弘扬传统文化，发展传统文化。如果我们不申遗，那我们国家的传统文化就会被取代，被别人当做是一个没有文化的国家，他国之所以和我们国家抢，就是想发展他们的文化，剥夺我们文化，申遗就是知识产权保护的方法。同学们，我们应该提高知识产权保护意识，保护属于我们自己的知识产权。

为了保护知识产权，加强知识产权保护意识，国家颁布了知识产权强国纲要，建设知识产权强国，提高国家的竞争力，实现更高质量，更高效率，更为安全的发展，满足人民更高的生活需求，具有历史性重要意义。老师们，同学们，我们都应提高知识产权保护意识。

我的发言到此结束，谢谢大家！

【此作品获全国中学生创新作文大赛省赛三等奖】

（作者：李添依 贯通2101班）

◎**点评与写作指导**

该篇文章首先为我们介绍了知识产权的概念，其次为我们列举了身边的盗版案例以及国家之间的盗版现象，其中作者重点讲解了我们国家为何要进行申遗，这样做其实就是在保护自己的知识产权，以具体例子进行说明。文章结构清晰，有理有据，在结尾处更是表明立场，观点鲜明。

本篇文题是关于保护知识产权的，但是在正文中涉及到的如何保护知识产权的篇幅相对较少，给人一种一笔带过的错觉。建议可以将文章重新调整主次，让读者有一个更清晰的认知，增强文章的可读性。

梦幻联动

杨珺玥

浩瀚无垠的宇宙，神秘虽然多一些，但终归有终点，梦见了，我梦见了……

我看到在深蓝色的太空中漂浮的空间站，空间站轨道高度为400~450公里，倾角42~43度，设计寿命为10年，长期驻留3人，总重量可达180吨，是一个较大规模的空间应用。他是巨大的，在正确的轨道上以肉眼上所见的最慢的速度缓缓移动。在中国空间站上，宇航员穿着可可爱爱的太空服在外面认真地工作。

太空上的生活，空间站就仿佛是地球多出来的分支，多了一个活动的空间，在地球上享受草原的芳香，在太空站大家利用生物技术种植一片草坪，虽然草原没那么辽阔，但草的柔软，草的清香，都不减反增，人们可以在草坪上享受失重与奔跑的感觉。

空间站上的景色一点也不单一，人们在太空中养起了小动物，为他们建造了快乐的生活圈，动物园里有淘气的小猴子，可爱的小猫，活泼的小狗，特质水族箱里五彩斑斓的鲽鱼……在里面摆放着各种各样的小零食给小动物们食用，宇航员累了的时候，到这般圣地也是一种不错的放松体验。

更令人耳目一新的是，做研究使用的水族箱经过轮番改造，研发出了一种太空专用“浴池”，只要往里面一钻，四周钛合金架就会闭合，慢慢的一种特质的玻璃会慢慢展开直至四周无缝隙，然后全自动的出水口会放出适宜温度的水，让宇航员在太空中也能洗个安稳的热水澡。在浴室的旁边还有显示屏和音乐播放器，可以边泡澡边听舒缓的音乐，这样的机械设备科技研究，属实是巧夺天工了。

在天上的宇航员们依旧可以与地球上的人们互动。如果赶上热闹的春节，太空站里宇航员们也穿着自己的衣服，把这里布置的如同家一样。在空间站外面还用特制的环保胶贴上了福字，我还能看到，他们隔着玻璃挥手，宇航服里的面罩上都是哈气，都是他们的笑声。

随着科技进步，不仅空间站防护措施完善，连宇航服也变得轻便许多，服装上编着花绳，一个一个精美的图案让人赞不绝口！印象里的太空服是白色的，充满科技感。但在特殊的节日他们拆开地球礼包，里面是喜庆的红围巾和帽子，带上后的滑稽样子竟是给地球上的人们逗笑了，了解他们喜好的同事还在里面放上来快板儿。他们拿起快板儿，给大家在视频里来了段太空秀。

也正因如此，太空站就好像成为了我们另一个温馨的家，人们可以随时进入这里了，往来自如，中国空间站也充满了新时代中国人朝气蓬勃的气息，开放了许许多多的科学科技园，人们的脚印不止遍布地球，也在太空中留下了足迹……

【此作品获全国中学生创新作文大赛省赛三等奖】

（作者：杨珺玥 贯通2008班）

◎**点评与写作指导**

这篇文章取材新颖，构思奇妙，是一篇充分展现想象力的文章。文章中作者对宇宙中神秘的太空站展开了充分的想象，想象着他的环境、想象着随着科技的发展太空站的功能会有怎样的提高。文章语言非常巧妙，贴近生活。让读者仿佛也被带入了太空站中，让读者非常期待太空站的发展。

作为想象类文章也可以稍加留意文章主次，做到详写略写分明。可以对某一个区域的方方面面进行详细分享，让读者心中也有一个最期待最梦幻的地方，以此来抓住读者，让文章更有层次感。

◎相关写作素材链接（课程思政融合案例）

气垫船直接开上未来市的码头，小虎子的爸爸妈妈开着水滴形状、没有轮子的汽车来接他们。这种汽车与气垫船一样，靠喷气发动机喷出向下向后的两股气流推动汽车前进。它跑起来就像在地面上飘行，所以又叫飘行车。乘飘行车非常安全，它安有自动避撞和自动紧急刹车装置。

在小虎子家里，小虎子的曾祖父正和机器人铁蛋下棋。老人虽然曾在67岁、96岁、108岁时生过三次大病，但是依次换上了人造肺、人造肝脏、人造心脏以后，身体非常结实，凭借装在耳朵里的助听器、嵌在眼睛里的老花镜，他耳不聋眼不花。

节选自《小灵通漫游未来》

空间站的生活

王佳音

莺飞草长，鸟语花香，伴随着轻柔的风我走进了教室。这一堂课我们研究的主题是“神州十二号载人飞船成功着陆”。老师为我们讲解了聂海胜叔叔在太空中如何健身、如何喝水等问题。我幻想着，假如有一天我也去到了外太空，过着没有地心引力的生活，我该如何适应并生存下去?

“我这是在哪?”这是，睡袋? 揉了揉眼睛，坐了起来，望向窗外。不敢置信的喊了一声，“啊!这不是月球吗?”，淡黄色的地上到处是圆形的坑洞，天空也不是蓝色，而是漆黑的，有着无数的小光点点缀在上面，形成了一副“宇宙画作”。透过太空站厚厚的玻璃窗遥望那个又大又蓝的星球——地球，第一次看清了她的全貌。这让我迫不及待地出舱门看看整体。空间站里有指挥台，透过显微玻璃看银河系，一切都好像近在咫尺。这里面还有培养室，培养了许多在地球上见过的植株，可由于环境不同他们长得形态各异，在太空中种植的植物，是地上植物的好几倍。还有的植物会变小，太空中种的茄子，比地上的要小许多，而且还长“鼻子”了。还有一些可爱的动物在里面健康的成长。培养室旁边是接待室，里面有冷冻冰箱，可以为旅者和宇航员提供保鲜的食物。接着，我穿过了一扇门，发现里面放置着一架飞行器，我带着心中的疑问踏了上去，关上门。“咻!”的一下，我竟然穿越回了地球，心情无比的激动。我邀请朋友们一起乘坐飞行器，在太空中遨游。在群星璀璨的太空中，这个银白色的铁皮飞行器，是那样的微小。我们翱翔在这片天地之中，翱翔在太阳系中。那些原本几十年、几百年才能完成的星际漂流，现在从太阳到第十大行星，坐一个星际班车，才需要五个多小时。我们去了趟月球，站在飞行器内，我们望着那个布满着大大小小的陨石坑的月球，各自想起了心事。到了晚餐时间，从柜子中拿出食物，放到专用的微波炉里加热后开始用餐，味道竟然还不错！这里的食品都是一口就吃进去了，营养价值能量也都很高。我们健身锻炼后，就可以休息了。在这里睡觉可是随心所欲，不论是站着睡、倒着睡都一样，因为这是无重力状态。第二天，我把这个消息散播到了全世界，人们纷纷前来参观，来吃可口大餐，来饮神奇之水，来长期居住。而且，我们还发现了外星人，用声波交流，他们也可以享受人类的生活，互相交谈。

"起床了，该上学了！"熟悉的声音将我的意识拉回现实，原来这一切都是梦啊。我们现在的科学技术非常发达，造出一个小小的空间站已经变得容易，可能在不久的将来，我们能造出一个更大、更完美的空间站。我们现在要做的，就是认真学习书本知识，为以后高科技发展奠定坚实基础。

【此作品获全国中学生创新作文大赛省赛三等奖】

（作者：王佳音 贯通2106班）

◎**点评与写作指导**

这是一篇构思巧妙、行文流畅的科幻小说。文中的"我"在梦里从课堂穿越到月球，在空间站里见到了许多新鲜事物，体验了一次有趣的太空生活。作者在文章开头设置悬念，引起读者的思考和阅读兴趣。接着，作者在第二自然段向读者展示了"我"在空间站内外的所见所闻。在这段中，作者对人物的语言、动作以及心理描写得非常细致，写出了"我"初次体验太空生活的激动和惊喜，情节紧凑、连贯，语言生动。最后，作者表达了对未来科技发展的憧憬和期待，紧扣主题。

科幻小说是一种在遵循基本科学原理的基础上，对未来科技与人类社会的发展展开浪漫想象的虚构性文学作品。在写作过程中，作者既要对现有科技发展成果进行深入了解，又要巧妙构思，找准创新点，并适当融入人文思考。

◎相关写作素材链接（课程思政融合案例）

2021年12月9日，“天宫课堂”第一课在中国空间站开讲。进行太空授课的是神舟十三号乘组航天员翟志刚、王亚平、叶光富。这节课展示了航天员在轨工作生活场景以及太空细胞学研究试验、浮力消失实验、水膜张力实验等。

2022年3月22日，神舟十三号乘组在中国空间站讲授“天宫课堂”第二课。这节课对空间科学设施进行了介绍与展示，并演示了一系列有趣的科学实验。

2022年10月12日，“天宫课堂”第三课开讲。负责太空授课的是神舟十四号乘组航天员陈冬、刘洋、蔡旭哲。这节课向观众们介绍了问天实验舱，展示了“太空趣味饮水”“会掉头的扳手”等神奇的太空现象。

知识产权保护

杜心怡

尊敬的各位老师、同学们：

大家好！

大家知道什么是知识产权吗？知识产权是指公民、法人或者其他组织在科学或者文艺方面对创造性劳动所完成的治理成果，依法享有的专有权利。

知识是海浪荡起智慧的帆船，海风会为你保驾护航。为了保护知识，产生了知识产权，从世界上诞生了知识产权保护法的那一刻起，知识的维护就有了标杆，社会多了许多公平、正义。人类已经进入21世纪，在这个充满希望的新世纪，科学技术和文学艺术高速发展，并将取得更加辉煌的成就。伴随着信息社会和知识经济的到来，知识产权的保护与经济、科技和文化发展之间的矛盾日益突出。

知识产权就像保护伞，保护着人民与国家的利益。保护伞一旦被破坏，人们的生活会受到严重影响。随着科学技术的发展，世界上许多罕见疾病的治疗药物被研发并投入使用，可是许多生命垂危的病人支付不起高昂的医药费。这导致社会上出现一些非正常卖药的人喊着令人心动的价格，打着为病人省钱治病的旗号，实际上却用假药击碎病人活着的最后希望。他们的人性早已被利益摧毁，他们为了私利破坏药物的知识产权，制假药卖假药。产生此类问题的原因之一就是药品的相关知识产权没有被保护好。从事药品研发的科研人员为研发新药投入了大量的时间和精力，如果相关知识产权得不到保护，那么将来新药的研发定会受到阻碍。

根据国家知识产权局统计，2015年全国专利行政执法案件高达35844件。其中假冒专利案件21237件。这不是一个小数目，这样的假冒事件不仅使企业承受巨大经济损失，也对我国的企业形象和产品推广造成了极大的负面影响。这一系列问题出现的原因一方面是创新主体对知识产权重要性的漠视，另一方面是我国知识产权保护相关法律法规尚待完善。

为了普及知识产权相关法律常识，全社会深入开展了保护知识产权宣传教育活动，严厉打击侵犯知识产权的违法行为，提高全社会保护知识产权的意识。我们可以积极了解学习《中华人民共和国著作权法》《中华人民共和国商标法》《华人民共和国专利法 》《计算机软件保护条例》等，提高保护知识产权能力，明确知识产权侵犯和保护的条例与方法。对于打击那些不正规的产商，最好的办法就是不贪图便宜，不要为了贪图眼前一时的便宜，助长侵犯知识产权的不正之风。人们都应该对知识产权有一定的认识，国家也要大力宣传知识产权，这对我国的经济贸易和文化保护都有着重要的作用。

维护知识产权要从身边小事做起，让我们齐心协力，让身边的人们都知道保护知识产权的重要性。谢谢大家！

【此作品获全国中学生创新作文大赛省赛三等奖】

（作者：杜心怡 贯通2108班）

◎**点评与写作指导**

本文作者围绕“保护知识产权”的主题，介绍了知识产权的定义和重要价值，并以制卖假药的事例论证了忽视知识产权的危害，进而呼吁人们了解法律知识，提高知识产权保护意识。全文逻辑清晰、主题明确，能够结合社会真实案例辅助论证自己的观点，并能够引用国家知识产权局的相关统计数据让读者进一步意识到保护知识产权迫在眉睫，进而引发读者的关注和思考。

发言稿写作时，作者应当在开头就阐述清楚自己的观点，并选取典型事例或真实数据印证自己的观点和想法。具有真实性、典型性和时代性的事例或数据是一篇优质发言稿不可缺少的一部分。这样的事例或数据更能够引发读者的关注和共鸣。特别需要注意的是，在事例的选择上，作者应当尽量避免选择极具争议的时事或难以辨明真伪的事件，以免影响发言的可信度。

◎相关写作素材链接（课程思政融合案例）

安徽定远："三度"激发知识产权发展活力

2021年以来，定远县市场监管局加大工作力度，创新工作思路，知识产权创造运用保护工作取得显著成效。

宣传有"广度"。通过日常监管、入户走访、线下集中宣传、媒体报道等多种形式宣传知识产权保护工作法律法规、培育流程和典型案例。累计开展宣传活动3次，深入企业宣传350家，发放宣传材料1200余份。

培育有"温度"。加强帮办帮扶力度，全程为企业商标、专利申报培育提供"保姆式"服务。新增注册商标447件，有效注册商标总数达到4720件，总量居全市第二位。新增授权各类专利152件，全县拥有有效专利507件。为2家企业专办理知识产权质押贷款1000万元，解决融资难题。

保护有"力度"。制定工作方案，先后开展知识产权"两节"打假专项行动、"蓝天"专项行动和春茶地理标志专项整治行动等，严厉查处辖区内商标侵权、假冒专利、专利侵权、地理标志侵权等违法行为。

（摘自定远县人民政府官方网站）

勇者的孤独道路

刘 露

“爱你孤身走暗巷，爱你不跪的模样，爱你对峙过绝望，不肯哭一场……”一首《孤勇者》唱出了普通人的倔强与坚强。回望中国历史，从一无所有、砥砺前行到强国富民、繁荣昌盛，正是因为有了那千千万万敢为人先、默默付出、踏实肯干的“孤勇者”，才能使我们的“中国梦”不仅仅只是梦。其实，在我们身边一直有这样一群人，于困境中涅槃重生，在黑暗中重现光芒，迎难直上，坚持别人不能坚持的，用实际行动做自己的“孤勇者”。

“谁说站在光里的才算英雄?”有这样一种人，他们生前不能露脸，死后墓碑无名。他们徘徊在光明与黑暗之间，做真正的孤勇者，他们就是警察中最危险的警种之一——缉毒警。许多缉毒警察为了制服罪犯而牺牲在前线，但是因为职业的特殊性，哪怕死后人们也不会知道他们曾经为了国家为了人民做过些什么。出于安全考虑，出于对家人亲友的保护，他们没有名字，没有容貌，死后也没有墓碑，他们的所有牺牲到最后也只是某份绝密档案上的一个代号和一次任务的终结。悄悄地死去，也许就是他们最后的结局，无法回归故里，无法再见家人最后一面，每天过着胆战心惊、没有过去也没有未来的日子。也许到了最后，哪怕他们死去，他们的家人也不得安宁，他们用自己乃至全家的生命去换取国家的安定祥和。他们无疑是孤勇者，孤独的勇者，虽然我不曾知道他们的姓名，不曾了解过他们的生平，但在我的心中，他们一直拥有伟岸的形象，是他们撑起一片天让我们沐浴在阳光下，他们是我心中永远的勇士与英雄。

除此之外，孤勇者中还有这样一句歌词让我感触颇深："谁说对弈平凡的不算英雄?"当第一次听到这句时，我脑海中瞬间涌出那抹白色的身影——战疫者，那些平凡的逆行英雄。突如其来的疫情导致数百座城市瞬间封闭，上千人因病毒而丧生。霎时间，所有人惊慌、惧怕、不知所措，恐惧与焦虑在城市上空蔓延，在这灰暗之际，一群平凡英雄站了出来，他们放下刚刚拿起的年夜饭的碗筷，写下请战书，收拾好行装奔向疫区。就算前线情况再危险，生命安全再不受保证，他们也义无反顾。你可能会觉得他们是天生的英雄，但当你看到他们口罩下被勒的满是印记，面对病人时却还眼角温柔带笑的脸时，看到他们面对一个又一个人死去却无能为力，在深夜一个人默默哭泣时，看到他们因同是医生的朋友不幸感染，忍不住失声痛哭时，看到他们因负担过重而崩溃无助，却仍努力安抚患者时，才猛然察觉到，哦，原来他们也是平凡人。没有人生来就是英雄，有的只是一群平凡人做着不平凡的事罢了。他们也是孤独的，当他们决定为了祖国这个大家放弃自己小家的时候，就已经走在了逆行的道路上。如今，疫情依旧没有退去。这更需要我们携起手来，共克时艰。疫情终将过去，平凡人的孤勇者精神将在人类发展历程中永存。

而这首歌的作词者唐恬，以及千千万万和她一样与癌症对峙的平凡人可以称得上是孤勇者；花滑选手羽生结弦在短节目失误的情况下依然坚持挑战4A可以称之为孤勇者。心怀爱和阳光，不畏孤独与伤，做最勇敢的自己，我们每个人都是自己的"孤勇者"。

【此作品获全国中学生创新作文大赛省赛三等奖】

（作者：刘露 贯通2105班）

◎**点评与写作指导**

本文作者以"勇者的孤独道路"为题展开论述，开篇点明了孤勇者所具备的特质——敢为人先、默默付出、踏实肯干。接着，作者以《孤勇者》歌词中对孤勇者的定义做分论点，分别列举了几类典型的孤勇者——缉毒警、战疫者、癌症患者、运动员，运用举例论证的方法深入阐述了自己对孤勇者的认识。在文章结尾，作者还提出“每个人都可以是自己的‘孤勇者’。”人的一生中总会有行走在孤独道路上的时刻，但只要内心向阳，无畏艰难险阻，勇敢前行，便是成为了自己的“孤勇者”。全文结构完整、观点鲜明、内涵深刻、耐人寻味。

议论文写作应注意各部分内容的详略安排，尤其是各分论点的论证部分。作者应当在选择论据时有所取舍，让各分论点都能够得到充分论证。

◎相关写作素材链接（课程思政融合案例）

“敦煌女儿”樊锦诗

樊锦诗从小在上海长大，1958年考入北京大学历史系考古专业。毕业后她不顾家人的反对，毅然选择到地处大漠戈壁的敦煌莫高窟工作，一去就是五十多年。这五十多年，她扎根大漠，视敦煌石窟如生命，走遍了735个大小洞窟，完成了敦煌莫高窟的分期断代和保护工程。2019年，樊锦诗获得“文物保护杰出贡献者”称号。在接受采访时，她曾说：“我这一生只做了一件事，就是守护、研究、弘扬世界文化遗产——敦煌莫高窟，这是最大的幸福。”

《感动中国》这样评价樊锦诗：“舍半生，给茫茫大漠。从未名湖到莫高窟，守住前辈的火，开辟明天的路。半个世纪的风沙，不是谁都经得起吹打。一腔爱，一洞画，一场文化苦旅，从青春到白发。心归处，是敦煌。”

疫情中的“孤勇者”

许梦涵

“青春才几年，疫情占三年。”看到这句话，我想包括我在内的大部分青年人都会感到伤感，这句话无比地现实。

2019年，一场突如其来的疫情打乱了我们原本的生活。一方有难，八方支援。大年初一，接到驰援武汉的通知，各个地区的医护人员迅速集结，奔赴武汉，他们义无反顾，只为救治更多的人。有一组照片在网上流出，女医生护士们为了前去支援，剪断了一头乌黑的长发。看着她们模糊的脸，齐耳的发，他们远离亲人，奔赴一场没有硝烟却也异常危险的战斗，他们在陌生的城市互相依偎着、鼓励着，陪伴他们是孤独也是勇敢，他们不仅是天使，更是战士！

他们在抗疫一线的工作非常辛苦，总是需要连续工作十几个小时。每当看到他们工作结束，脱下防护服，取下防护面罩的那一刻，心酸便涌上心头。许多医护人员的脸被面罩弄得全是水泡和红红的“勒痕”。但他们没有怨言，他们顾不上说疼，甚至休息也只能睡在用椅子搭建的简易小床上，休息片刻便继续奔赴前线全力以赴，只为能够挽留一个又一个生命。

团圆时节，新闻里仍在播报着疫情的最新消息，大家似乎都在与苦难做斗争，而他们是黑暗里的那一束光亮，让我看见生命不息，奋斗不止。无数“最美逆行者”挺身而出，逆流而上，用自己的坚守和付出筑起一道保护人民生命安全的防护线；雷神山和火神山医院以迅雷不及掩耳之势被修建起来；84岁的钟南山院士和75岁的李兰娟院士已到花甲年，但在收到疫情指令的一刹那，毅然决然地奔赴前线。他们孤独且勇敢，他们值得我们尊敬。

不知不觉疫情已经三年了，它悄悄偷走了我们的时光，打乱了我们的生活，然而，我们更应该知道，这是不一样的时代，也是不一样的挑战。疫情中没有天使，没有美剧的超级英雄，而是一个个普通人拼尽所能保护家园，他们便成了我们的英雄。

风雨之后不一定会有彩虹，但要相信阳光总会灿烂。请与逆境交手，在逆境里把握方向。不管黎明破晓前有多黑暗，我们终归会迎来曙光，等来春暖花开。我们是华夏儿女，我们是龙的传人，面对困境勇敢而坚强，以信念化盾牌、做刀枪守护着背后的座座城池。

谁说只有站在光里的才算英雄？总有平凡的人做着不平凡的事，他们敢于逆风而行，如萤火一般，有一分热，发一分光，点亮璀璨星河，照拂整座城市。他们每天都坚守在没有硝烟的战场，才阻止了一场又一场的“世界大战”。输液瓶里滴着生的希望，体温表里刻着生的叮咛。他们护卫着一个个生命，是守护神；他们用真诚和智慧托起生命的阳光，他们才是真正的孤勇者。

终有一天，地铁会回归拥挤，街道会重返热闹，一切都会恢复正常。相信爱与希望蔓延的速度会超越病毒。一切都会过去，一切都会重新开始，我们会永远记得在国家危难时刻不顾危险迎难而上的那些孤勇者。

【此作品获全国中学生创新作文大赛省赛三等奖】

（作者：许梦涵 贯通2104班）

◎点评与写作指导

本文以“疫情中的‘孤勇者’”为题，聚焦于当下抗击新冠疫情的医护人员，具有较强的时代性，能够引起读者的共鸣和思考。全文运用层进式的结构，从当下的社会现实引入，以一线的医护人员为例，阐释孤勇者的含义。接着又分别从“勇敢直面困境”和“在平凡中发光发热”两方面进行分析，进一步挖掘孤勇者的深刻内涵。层层递进，逻辑严密。

议论文写作的确应当关注时代性。写文章要“合为时而著”，而写议论文更要“为时代鼓与呼”。近年来，许多考题所运用的材料都具有较强的时代性，即取材于当下的热点和焦点，突出时代精神。本次比赛的题目取材于当下的热门歌曲《孤勇者》，作者应当结合当下的社会背景进行深入思考，论据的选择也可以更加贴近时代、贴近社会、贴近生活。

◎相关写作素材链接（课程思政融合案例）

“卫国戍边英雄团长”祁发宝

2020年6月15日，印度军方公然违背中印两国达成的共识，蓄意越线挑衅。团长祁发宝和战士们坚决捍卫国家领土主权，与印军激烈交战。最终，祁发宝团长身受重伤，营长陈红军、战士陈祥榕、肖思远、王焯冉英勇牺牲。2021年2月，42岁的祁发宝被中央军委授予“卫国戍边英雄团长”荣誉称号。

而鲜为人知的是，在地形复杂、气候恶劣的山区，祁发宝坚持了近20年。无数和祁发宝一样的戍边卫国军人用青春甚至生命镇守祖国边界，他们是祖国的界碑，他们站的地方就是中国。“纵使前进一步死，绝不后退半步生。”这就是戍边英雄们毫不动摇的信念。

明灯一盏

安文琪

仰头深吸自然清透的空气，伸手触碰斜阳洒落的余晖，抬脚踏上铁链编织的渡桥，看不见的尽头，漆黑象征未知危险与迷茫。分明可以安居，却选择提起吊灯去当照亮前路的第一束光，人们赋予他们一个强大而凄美的名字——孤勇者。

文明的进步与发展需要探索，无论和平还是战乱，都需要有一群人以勇气铸盔甲、以理想作行囊，怀揣信念踏上征途。在中国历史上有这样一位女性，我们尊称她林徽因先生。从小受到的教育使得她有着与其他姑娘不同的愿景，她想为拯救这个陷入泥沼的祖国出一份力。16岁时，她的父亲带她赴英、美留学，也遇见了她毕生的爱人梁思成。在那个年代，留在国外赚的钱要比回国远高数倍，但两人依旧决定回国搞建筑，他们一同创办了东北大学建筑系，在教书育人的同时四处奔走，潜心研究。

这话说来简单，但林徽因自己是个福建人，东北的水土不服让她落下了病根，再后来身怀有孕，也依旧奔走于中国大地，为古建筑量身测绘。那个年代注定了生活的艰苦，更何况奔走四方，没有固定休息的场所，风餐露宿成了这一对人人羡艳、才学兼备的夫妇最平常的处境。即便如此，在亲朋好友收到的信件中，他们却没有满腹牢骚，只道安好。再后来日本入侵，七七事变，在人人自危的年代，他们却想着要快些研究，在意外到来之前，为中国留下一份完整的建筑资料。研究耗时耗力，两位富家子女用尽了身上的钱财，一路奔走来到了四川，在这里却等来了林徽因的肺病复发的噩耗。病重使林徽因无法下床，两人决定开始编写《中国建筑史》，这也是梁思成年轻时的愿望。

两年之后，笔落书成，第一本中国人自己编写的建筑史书就这样诞生了。战场上不一样的两位战士，他们是彼此前进路上唯一的战友，孤注一掷为了建筑事业，互相扶持直到耗尽灯油，他们是那个年代最勇敢的人之一，现在他们为中国做出的事业也仍在发光。

放眼国外，二十世纪以前的欧洲男权主义至上，女生们因性别而不能读书，工作上也多少会受到歧视。玛利亚也是其中的受害者。为此，她不得不离开家乡，前往法国读书。在人们带着偏见的目光中，她坚持完成了数学、物理两大学业，也留在了法国教书育人。在工作中她认识了皮埃尔·居里，两人相知相爱，玛利亚也有了我们最熟悉的称呼——居里夫人。两人沉浸于研究且在4年的时间里发现了放射性物质“镭”，伟大的贡献让得居里夫妇获得了诺贝尔奖，居里夫人也成为了诺贝尔奖第一位女性得主。他们并未将镭申请专利，初衷是希望各领域的人才能更多地发现镭的价值，不料却被资本家盯上，还酿成了大祸。当时的人们并未了解放射性物质对人体的伤害，商人以镭为噱头，在各式商品中大量添加，在工厂上班的女孩接触最多首先遇害，但由于性别原因，并未引起重视，直到第一位男性死亡，众人将仇恨的目光看向了镭的发明者居里夫妇。祸不单行，居里先生意外离世，人们对此并未同情，反而变本加厉将矛头直指居里夫人。失去挚爱的居里夫人痛苦万分，外界压力下实验成为了她全部的寄托，她全身心的投入研究，几年后再度取得重大发现，她成为了第一个在化学、物理两个领域都获得诺奖的人。

这次的标签里不再有女性，大家的关注点也更多放在了她的成就上。她不仅是科研工作上的开拓人，也是广大群众中挺出身来为女性争取社会地位的人，失去丈夫的她成为了真正的孤勇者，只身一人抗下舆论压力，秉持自己与丈夫的毕生追求，成为了不可磨灭的一束光。

世界之大，从不乏默默努力与探索的孤勇者。如今，他们的故事被书写成文章，被拍做视频，被越来越多的人们看到。致力于生物科普的张辰亮说："科普视频是为了把科学家们做的事呈现给每个人，为了让孩子们重新想成为科学家。"汪品先院士挺立起已经耄耋的身躯，看向南海升起的国旗，那是一辈子努力最好的回报；三位航天员踏上了承载梦想与浪漫的飞船；奥运会上运动健儿们获得一个个奖牌……这些洒满高光的时刻是人们用十年、二十年乃至一生寻得的。也许有些努力没能广为人知，也许有些人还是黑暗中探路的孤勇者，但他们的意志会化作不灭的灯，在更多人的努力下越发明亮，最终变成太阳。

【此作品获全国中学生创新作文大赛省赛三等奖】

（作者：安文琪 贯通2004班）

◎**点评与写作指导**

本文以"明灯一盏"为题，将孤勇者比作黑暗中的一盏明灯，立意鲜明，切合题意。开篇点明孤勇者是在危险与迷茫中甘愿提灯前行的人。2–6自然段作者提出文明的进步与发展需要探索，每个时代都需要有怀揣理想信念坚定前行的人，并以林徽因和居里夫人的经历进行举例论证。之后，作者进一步总结出孤勇者的高光时刻是十几年甚至数十年的不懈努力成就的。结尾点题，发人深省。

议论文写作需要突出中心论点，并紧紧围绕中心论点设立分论点，再依次展开。分论点的句式应简洁，不宜使用长句子。各分论点之间不要出现交叉或包容的关系，而是应当从不同角度和层面对中心论点进行论证。

◎**相关写作素材链接（课程思政融合案例）**

"燃灯校长"张桂梅

张桂梅是丽江华坪女子高级中学的党支部书记、校长，华坪县儿童福利院院长。张桂梅数十年扎根贫困山区的教育一线，为了解决贫困家庭女孩的上学问题，亲手创办起全国第一所免费的女子高中。对于张桂梅校长来说，最幸福、最自豪的事情就是能把许许多多大山里的女孩送进大学，让女孩们也同样获得接受高等教育的机会，成为对社会有用的人才。

张桂梅曾说："我们要坚持做高山峡谷里的'灯盏'，照亮孩子们前行的路。"现在，张桂梅校长身患多种疾病，但她没有把时间留给自己，而是选择在教育一线奉献自己的人生，只为燃起一盏灯，改变更多孩子的命运。

平凡中的伟大

王 睿

当今社会，有救死扶伤的医生，有起早贪黑、维护社会环境的环卫工，有传授知识、养育祖国的花朵的教师，有赴汤蹈火、义无反顾的消防员，有站在十字路口指挥交通的交警……他们都在平凡而忙碌的岗位上默默奉献，在有限的生命里创造着无限的价值，体现着平凡中的伟大，他们都是“孤勇者”。

在这些平凡的职业中还有一些人，他们比起普通人更需隐姓埋名，他们是行走在刀尖上的人，他们的对手是那些要毒不要命的毒贩，他们的平均寿命只有41岁，比全国人均寿命低32.5岁。他们从事以命去搏成功的职业——缉毒警察。

吴光林是云南省临沧地区凤庆县公安局禁毒大队副大队长，在2004年8月30日伏击毒贩时，倒在了毒贩罪恶的枪口之下。当天下午，吴光林与战友一同在黑山门青龙桥设伏，由于光线极暗，吴光林挺身近距离进行盘查。就在面对毒贩的一刹那，毒贩突然开枪，双方发生枪战，吴光林头部中弹，当场壮烈牺牲，年仅35岁。谁说站在光里的才算英雄？吴光林就是“孤勇者”，就是英雄。

有一部电影，片名叫《缉毒警》。是以吴光林和队友们堵截大毒枭马文东为故事主线，讲述了缉毒警察在武器装备简陋，生活条件艰苦的情况下与毒枭展开“你死我活”的斗争。这不只是一部电影，而是把现实电影化了。因为电影里的内容不是虚构的，是以一位缉毒警察的真实案例改编的。我认为电影内容并没有夸大，生活中缉毒警执行任务时抓捕毒贩远比我们从电影中看到的更危险，更残酷，更孤勇。

近些年，有些艺人因为有钱而选择吸毒，我心中不免愤恨，想痛斥他们的行径。作为艺人，没有为大众做好表率，不自律不负责，为了一己私欲，无视法律，让贩毒之人愈加猖狂。那些为吸毒花出去的钱全都给了贩毒团伙，它们成为了子弹，一颗一颗的打在了缉毒警察的身上。一些缉毒警察为了一锅端掉贩毒团伙而常年潜伏其中，他们身处在巨大黑暗当中，以一己微小孤独的光亮为国家，为社会，为人民付出了巨大的牺牲。即使遍体鳞伤，也要义无反顾的与毒贩抗争到底。

孤独的勇者 —— 缉毒警察。据有关数据统计，公安系统中，缉毒警察的牺牲比例是其他警种的4.9倍，受伤率高达10倍。数字的背后是无数缉毒英雄的英勇无畏，是他们用生命换来了社会的和平，消灭了一个又一个吸毒贩毒团伙，为我们撑起了这片蓝天。我曾看到有人问："为什么缉毒犬牺牲后有墓碑，而缉毒警牺牲后什么都没有？"有人回答说："因为丧心病狂的毒贩会跟随前去祭拜的亲友进行报复。"缉毒警察活着不能露脸，死后没有墓碑，亲人也不能祭拜。他们也是普通人，也有幸福美满的家庭，即使他们在成为缉毒警之前知道自己可能的人生的结局，即便是面对死亡也毫不畏惧，仍然义无反顾的、奋不顾身的加入缉毒警察的行列。我国每年成为缉毒警察的人数不断上涨，一批又一批缉毒警察前仆后继，全力维护中国社会和平稳定。

"孤勇"是孤注一掷的勇敢，是挺身而出的决心，是面对死亡的无畏，是坚守岗位的责任。

这就是中国缉毒警察，他们平凡而伟大，孤独而勇敢，用有限的生命守护着人民，他们是名副其实的"孤勇者"。

【此作品获全国中学生创新作文大赛省赛三等奖】

（作者：王睿 贯通2008班）

◎点评与写作指导

本文以“平凡中的伟大”为题，歌颂了缉毒警察英勇无畏、视死如归的精神。文章中心突出，论证有力，论据具有典型性和时代性。开篇列举了生活中的孤勇者，并阐释了孤勇者的含义，语言简明，观点明确。接着以缉毒警察吴光林的事迹为论据进行深入论证。结尾用排比句总结全文，称赞缉毒警察是名副其实的孤勇者，言简义丰，耐人寻味。

议论文写作要注意选择切合主题的论据。这需要作者对主题进行深入全面的思考。在论证过程中，作者可以联系现实生活中的真人真事，可以联系历史人物和历史事件，也可以引述名言讲道理，从而多角度把中心论点阐述得深刻有力。

◎相关写作素材链接（课程思政融合案例）

泄洪英雄甘宇、罗永

甘宇是四川省甘孜州泸定县得妥镇湾东村湾东水电站的一名普通职工。在2022年9月5日泸定地震中，甘宇和同事罗永第一时间选择的不是逃生，而是迅速爬上大坝、开闸泄洪，保护了下游村庄，挽救了无数村民的生命和财产安全。在确认险情完全排除后，两人开始自救，可是早已错过了最佳逃生时间。9月8日，罗永被救出。甘宇体力不支，在野外失联，于17天后被当地村民找到，成功生还。

事后，面对“中国好人”的称号，甘宇说：“我不愿被称为‘英雄’，因为这是我的职责所在。”每逢危急时刻，总有无数平凡人无畏死亡的威胁，毅然选择前行。在这一刻，他们是当之无愧的孤勇者。

值得歌颂的人们

于梓涛

不知道你是否听说过一种警察，他们的牺牲率极高，但却又不能公开身份，因为贩毒分子大多都是穷凶极恶的人。没错，他们就是我心目中的孤勇者——缉毒警察。

说起缉毒警察，那就不得不提毒品，从鸦片战争到现在，有很多人因为毒品流离失所，家破人亡。或许在安全教育宣传之后，我们对毒品会很警惕，可令人愤怒的是，一些毒贩会想尽各种办法，向未成年销售毒品，因为未成年人还不能明辨是非，如果不慎沾染上了毒品，那么毁掉了自己身体的同时，还危害了社会安全。

现在没有发生世界大战，正处于和平年代，最辛苦的就是缉毒警察了。因为缉毒警察作为毒贩的克星，他们毁了很多贩毒分子的财路，所以贩毒分子很有可能会对暴露身份的警察进行报复，甚至可能会威胁到警察的亲人朋友，为了保护他们的安全，身份绝对不能公开。

什么是孤勇者？张德超获得了多次一至三等功，每一次与毒贩的战斗都是搏命，每一张表扬的证书都写满了一位缉毒警察的不易。他打击毒贩有二十六年了，从没有畏惧过，他对这些大大小小的奖项很自豪，可惜这些奖项只能存放在他的办公室抽屉里，因为他说："我不敢把它们带回家"。

张德超在面对贩毒分子时，眼睛都不眨一下，可面对家人时却用"不敢”两个字，难道他真的不敢吗，他只是怕面对家人的担忧与牵挂，因为荣誉都是用危险的战斗换来的。在面对家人时，他只能默默接受他们的爱，却始终不能做出积极回应。

什么是孤勇者？陈建军是一名年轻的小伙子，他的父亲是警察，在父亲的教导下，陈建军的梦想就是成为一名优秀的警察。长大以后，公安局为了打击毒贩，决定多招录一批缉毒警察，陈建军知道当缉毒警察很危险，但最终他还是报了名，在经过艰苦训练并且优秀地完成了几次任务后，上级决定让他潜伏在贩毒分子集团内部，在一次交易中，贩毒分子频繁更换交易地点，眼看就能把警察甩掉了，他决定铤而走险，谁知贩毒分子太狡猾了，直接围起来把他杀害了。

陈建军在成为卧底之前，必须要把自己包装成一个地痞流氓的样子，他天天去棋牌馆练习牌技，学抽烟喝酒，还跟一些不三不四的人勾肩搭背，最终他成功了。他的妻子以为自己的丈夫变坏了，甚至想要与陈建军离婚，这些行为陈建军的父亲全部看在眼里，但身为一名警察，他有着优秀的观察能力，并没有阻止陈建军，而是摆了一桌好菜，与自己的儿子道别。一个月之后陈建军成功的混入了毒贩内部开始了自己的任务，而他的家人们也好几年都没有再见过他。

一些明星因为禁不住诱惑或者骄傲自满而开始吸毒，在事情暴露之后则会发动社会舆论，使一些年轻的粉丝跟风喊话：“再给他一次机会，他都道歉了，你们还想怎么样?”这样的言论是不正确的，一方面，如果我们给了他们一次机会，那谁给牺牲的缉毒警察一个机会呢？中国缉毒警察的平均年龄是41岁，而普通人的平均年龄是71岁，一句道歉换不回牺牲的缉毒警察。另一方面，明星吸毒会对社会造成负面影响，形成不良风尚，他们的所作所为，会在无形中影响那些三观还未发育成熟的未成年人，一旦尝试就会陷入深渊，走上犯罪道路。

谁说站在光里的才算英雄？那些隐姓埋名，不慕名利，冒着生命危险执行任务的缉毒警察们就是孤勇者，就是我心目中最强大的英雄。

【此作品获全国中学生创新作文大赛省赛三等奖】

（作者：于梓涛 贯通2107班）

◎点评与写作指导

本文以“值得歌颂的人们”为题，开门见山提出缉毒警察就是孤勇者，是值得歌颂的人。接下来围绕中心论点阐述了缉毒工作的意义和危险性，并以缉毒警察张德超和陈建军的事迹为依据，进一步论证了孤勇者的深刻内涵。结尾点题，首尾呼应。全文语言流畅、层层递进，结构完整。论据贴合主题，触动人心。

议论文最常见的写作思路是“引、议、联、结”。“引”指的是结合材料或事例引出中心论点。“议”指的是分析议论，用事实加以论证，用道理说服读者。“联”指的是联系历史或现实生活，举例子，摆事实，讲道理。“结”指的是总结全文，延伸拓展或再次强调论点，照应开头。

◎相关写作素材链接（课程思政融合案例）

“烈火英雄”重庆山火救援者

2022年8月9日开始，重庆市北培、巴南、大足、长寿、江津等地先后发生森林火灾。来自四面八方的消防、武警等救援力量以及重庆市民自发组成的志愿服务队顶着极端高温投入扑救行动。至8月26日，在各方努力下，重庆森林火灾各处明火已全部扑灭。

面对肆虐的山火，森林消防救援队伍始终冲在第一线，昼夜鏖战。进入消防队伍已经20年的刘景强和队友们在近50摄氏度的高温下工作，最近时距离明火只有10米。前来驰援的00后四川消防员成薛文说：“肯定一步都不能退，这是我的职责所在。”

在扑灭山火过程中，“摩托车骑士”们给大家留下了深刻印象。重庆山林茂密，山间林道狭窄崎岖，摩托车在运送救火物资上发挥了至关重要的作用。一个个越野摩托车骑手自发组成志愿服务队，赶赴一线支援。在救援现场，100多辆摩托车在飞奔，最多时有2000名志愿者同时在场。“在路上，马上到！”“还有八分钟，等我！”…… 微信群里消息闪烁，更多微光被点亮。灾难面前，每个人的勇敢和热心，都是守护身后万家灯火不可或缺的力量。

（摘编自光明网）

照进黑暗里的光

黄博文

孤勇者给我们提供了一个特别好的认识英雄的角度，英雄是勇敢的，但是英雄不是完美的，英雄如你我一样，有软肋有缺口。软肋就是我们在人世间一切的爱与牵绊，缺口就是生而为人，不可避免的一些弱点。因为英雄有软肋有缺口，所以他们其实并不是高高在上、遥不可及的神，而是就在我们身边的，能够让我们拥抱，让我们亲近的人。但就是这样的一群人，如你我一样的普通人，却能够舍弃软肋，忍受缺口孤身走暗巷，去赌命运的枪。这种放弃、忍耐、克制是他们荣光背后所背负的代价，是他们区别于普通人的地方，是值得我们崇敬的伟大之处。

初听《孤勇者》时被它动人的旋律吸引，再听时已深深被它的歌词所折服。

“爱你那破烂的衣裳，却敢堵命运的枪。”在狼烟烽火中，你从容地走向战场，用你那不屈的脊梁换来和平的曙光。悠扬的旋律荡漾在心中，却不知何时眼角已经湿润了。1952年，上甘岭战役打响，黄继光所在的志愿军部队奉命夺取高地，随着战斗的进行，人员的伤亡和武器的短缺使我方陷入劣势。关键时刻，黄继光挺身而出，担负起了爆破任务，在敌人的疯狂射击下，黄继光英勇冲锋。即使被子弹贯穿身体也毫无畏惧，拖着受伤的身体匍匐前进，靠近了敌人碉堡后，黄继光连丢几枚手雷，打断了敌方的射击，可残存在碉堡里的机枪，又突然疯狂扫射，我方部队再次受阻。紧急关头，黄继光扑向了碉堡，用自己的身体堵住了敌人的枪管。在一片枪林弹雨中志愿军战士最终夺回了高地。战争结束后，人们找到了烈士黄继光的遗体。他的胸膛已经被火药烧黑了，胸口上布满了弹眼。我们的英雄黄继光的生命永远定格在了21岁。我永远也不会忘记这位民族英雄！

我揉了揉通红的眼睛，跟着歌曲旋律继续往下走。谁说站在光里的才算英雄？谁说历史记不住普通人？在两年多的抗疫行动中，在这场没有硝烟的战争中，那些身披防护服的普通医护人员，用自己的青春浇灌出人民的平安，用平凡塑造了非凡。我很认同一句话："哪有什么岁月静好，只是有人为你负重前行罢了。"在那段居家的日子里，病毒肆意蔓延，披上白色战袍的医务工作者们在细菌病毒中前行，还记得那时每天早上起来第一件事就是打开手机了解防疫情况，我时常能从手机里看到辛苦的大白们。他们有的吃不上热乎饭，有的彻夜工作，脸上被勒出深深的印记，休息时脱下鞋子，汗水如泉涌般流下，累了就直接躺在地上休息。我的父亲是一名社区工作者，就在昨天下午，他被调到了防疫前线，走之前我问他什么时候能回来，他说不知道，母亲几次挽留却阻挡不住父亲坚定为国家做贡献的心。是他们这些普通人的无私奉献，才有了我们今天的安宁。他们是最美逆行者，是这个时代的孤勇者！

美妙的音乐走向尾声，我激动的心久久不能平复。"我的天空里没有太阳。总是黑夜，但并不暗，因为有东西代替了太阳。"这句话出自作家东野圭吾。我想在这黑夜的笼罩之中，我们并不孤寂，因为有那些"孤勇者"代替了太阳的光芒，挥洒在了我们每一个人的身上。最后，向所有的"孤勇者"们致敬！

【此作品获全国中学生创新作文大赛省赛三等奖】

（作者：黄博文 贯通2104班）

◎点评与写作指导

本文以"照进黑暗里的光"为题，开篇引用了材料中歌曲《孤勇者》

中的关键词，并提出了自己的观点。接下来引述歌词中的句子作为分论点，以黄继光的事例和当代医务工作者的事例为论据，层层递进，展现了孤勇者的伟大之处。结尾引用作家东野圭吾的话，总结全文，称赞孤勇者是黑暗中的光芒，表达了作者对孤勇者的崇敬和赞美之情。文章逻辑清晰，语言有力，论据贴合主题，是一篇优秀的议论文。

材料作文写作中切忌开头不引述材料或脱离材料自拟主题。论证过程中也要适时回扣材料。需要注意的是：引述材料不等于照搬材料，而是对原材料进行分析、概述或摘要。引述要清晰、简要，要让读者即使没有读过试题材料也能够充分理解作者的观点。

◎相关写作素材链接（课程思政融合案例）

“渐冻斗士”张定宇

张定宇曾任武汉金银潭医院院长，现任湖北省卫生健康委员会党组成员、副主任、公共卫生总师。金银潭医院是最早开放接诊新冠肺炎患者的定点医院，收治的全都是重症和危重症患者。院长张定宇隐瞒了自己患渐冻症的病情，顾不上已经感染新冠病毒的妻子，一直坚守在抗疫第一线。2020年8月11日，国家主席习近平签署主席令，授予在抗击新冠肺炎疫情斗争中作出杰出贡献的人士国家勋章和国家荣誉称号，张定宇被授予“人民英雄”国家荣誉称号。2021年2月17日，张定宇被评为“感动中国2020年度人物”。

最近，身患渐冻症的张定宇决定捐献自己的遗体，用于渐冻症研究。他说：“我的终点不可能走得太远，我想把时间用足一点，把它用好。”

7 其他作品选录

我的祖国

葛译彭

“五星红旗迎风飘扬，胜利歌声多么响亮，歌唱我们亲爱的祖国，从今走向繁荣富强……”每当五星红旗冉冉升起，我们在操场上庄严敬礼的时候，都会令我想起历经沧桑、不屈不挠和命运作斗争的您。

您，高山巍峨，雄伟的山峰俯瞰历史的疯狂雨落，暮色苍茫，任凭风云掠过。坚实的脊背顶住了亿万年的沧桑从容不迫。从盘古开天地到秦朝统一天下，从唐宋元明清到新中国成立，五千年历史文明熠熠生辉。

您，大河奔腾，浩荡的洪流冲过历史席卷的漩涡，激流勇进，清洗百年污浊，惊涛骇浪拍击峡谷涌起过多少命运的颠簸。鸦片战争、中法战争、中日甲午战争、八国联军侵华战争……一场场强加给中华民族的灾难以及强迫签订了数以千计的不平等条约，将自己的血肉一块块地割掉；“九一八”事变揭开了日本侵略军的真面孔，他们在中国领土上暴戾恣睢，制造了震惊中外惨绝人寰的“南京大屠杀”，经过八年浴血奋战，终于取得了反侵略战争的彻底胜利。

您，地大物博，风采秀丽孕育了瑰丽的传统文化，大漠收残阳，明月醉荷花，广袤大地上多少璀璨的文明还在熠熠闪烁。中国汉字博大精深，源远流长，由古老的象形文字演变到如今的简体汉字，经历了多少朝代更迭，书体种类繁多，如：楷书、行书、隶书、草书……神话传说、诗词曲赋、孔孟儒学……无不彰显中国文化魅力与精髓，中华文化已是世界文化的瑰宝。

您，弹指瞬间、沧桑巨变，中华人民共和国宣告成立，开启了中国历史的新纪元。在中国共产党的领导下，亿万人民艰苦创业，努力探索中国特色社会主义的发展道路。我们沿着几位巨人铺下的路基，驾驶着科学发展的快车，一次又一次将社会主义经济建设推上新的高潮。

青藏铁路被誉为“天路”，全长1956公里，是世界上海拔最高、最长的高原铁路，是“中国新世纪四大工程”之一。2013年9月入选“全球百年工程”，是世界铁路建设史上的一座丰碑。

当梦想之光被点亮，您便会迸发无穷的力量。半个多世纪以来，中国航天事业承载着所有中国人对太空的向往，从披荆斩棘，一步步走向了星辰大海。

“嫦娥五号”月球“挖土”归来；“天问一号”在火星表面成功着陆；“神州十二号”“神州十三号”接连飞天，中国人进入了自己的空间站。发射、入轨、着陆，九天探梦一气呵成；追赶、并跑、领跑，五十年差距一载跨越；环宇问天，探月逐梦，五星红旗一次次闪耀太空，中国航天必将行稳致远。

2020年的钟声敲响，一场无硝烟的战争开始了，全国人民齐心奋战“新冠疫情”，救助武汉，建造“雷神山”“火神山”医院，团结一致，捐赠物资，医护人员奔赴救助，经过3个多月的努力，终于迎来了曙光。但一次又一次的“战争”向我们逼近。

三年来，您一直用您坚强有力的臂膀把我们紧紧搂在怀里，用您坚挺的胸膛让我们依靠，用您魁梧的身躯替我们遮风挡雨。我们需要您，同样，您也需要我们；如今，让我们用中国精神去维护和保护您，我们敬爱的母亲。

未来遥不可知，但千千万万的中国人相信，您，注定会摆脱病魔，带我们远离风险，走向幸福安定。作为新一代的青年，我们应年少有为，不负韶华！

（作者：葛译彭 锦州现代服务学校；指导教师：兰羽）

好孩子

于晓航

同同是个胖胖的男孩儿，一年级入学时，我就注意到了这个比其他孩子高出一个头的男生。同时，我也见证了他从一年级时的80斤，长到了现在二年级的110多斤。操场上在同学们老鹰捉小鸡的游戏中，同同因为体形健硕，扮演的也是老鹰的角色，去抓鸡妈妈身后那一只只弱小的鸡宝宝。除此之外，在班级日常生活中也有着相似的情形。开学第一个月，我听到班级同学告状最多的就是：老师，同同上完厕所洗手时朝我泼水；老师，同同在操场上玩的时候来追我，还打我！对于同同在学校的表现，我也和孩子的家长认真沟通过，可无奈他是家里的“混世魔王”，更是爷爷奶奶的小宝贝，父母只要稍微严厉管教，老人就会拼命阻拦。父母虽然知道同同的问题所在，但是对于孩子的教育却又无可奈何。所以，同同的这些小问题一度成为家长和老师共同的小烦恼。

直到有一天，一件微不足道的小事，改变了我对同同的印象，让我对这个小小的男子汉刮目相看。那天上课，同同的同桌有道题怎么也搞不懂。我见状对同同说：“同同，中午吃完饭，你负责教会你同桌这道题，好不好？老师相信你肯定没问题！”话音刚落，我发现同同和平时很不一样，他眼睛里闪着亮亮的光，使劲地点头，大声说道：“好的，没问题！”中午吃完饭，因为天气好，几乎所有的孩子都出去玩了，教室里只剩下同同在认真地教同桌做题。那一霎那，我有点意外，因为如果换作以前，他一定会着急吃完饭就跑去操场玩，今天竟真的兑现承诺，耐心地当起小老师了！看着同同认真细致的样子，我对他有点刮目相看。一会儿我抬头一看，发现同同推着同桌在教室里一圈一圈地走，我想，一定是贪玩的老毛病又犯了。于是我把同同叫过来，打算教育一番。同同走到我跟前，竟然兴奋地说道："老师，爸爸在家教我做题时，有时候会让我转几圈，爸爸说转几圈可能会忘掉的。于是我想要同桌在教室里转几圈，看看我刚才教他的题，他到底还会不会？"我强忍住笑，也为自己刚刚的想法感到羞愧，看着同同稚嫩而又自豪的小脸蛋，夸奖他真是一个想得周到的好老师！

对！就是这样的一个孩子，不仅让我刮目相看，更让我感动不已。有一次过年前，班级发滑雪票，每个拿到票的孩子都在高高兴兴地和同伴们商量，约好哪一天一起去玩，只有同同拿着他的票走过来对我说："老师，我看您没有票，我把我的票给您，您也去玩儿吧！"那一刻，一股暖流涌上心头，我忙说："谢谢同同，但是这张票是学校发给同学的，是小孩才能去玩的，让妈妈带着你去吧。"结果，同同把票往我手里一推，说："老师，您带着您的孩子去吧。"在那一刹那，我被他的天真感动了。

就是这些零零碎碎的小事，点缀着我们平淡却又熠熠生辉的生活。虽然有时候会因为同同的淘气而生气发火，但是，我分明感受到，在他调皮的背后还有一颗如金子般热忱的心，带给我那么多暖心的瞬间和感动。

是的，孩子的天真和善良是在这个世界上最宝贵的财富。作为教师，我们不应该以统一的标准去要求每一个孩子，而是应该用一颗平等的心去感受他们的世界，用一双善于发现的眼睛去挖掘他们的闪光点。因为，不吵不闹又听话的孩子是好孩子，暖心天真善良的孩子也是好孩子！

（作者：于晓航 大连市金州区城内小学教师）

秉我家风　荣我家国

李潍廷

习近平总书记说：“天下之本在国，国之本在家，国风之本在家风。”

“家风”，是由家中祖辈提倡，并以言传身教来约束和规范家庭成员的作风和风尚。家风是一个家庭长期培育形成的一种文化和道德的氛围。家风作为一种精神力量，它既能在思想道德上约束家庭中的成员，又能促使家庭成员在一种健康向上、幸福和谐的氛围中不断发展。

我们家的家风家训是——孝顺。

小的时候，父母让我读《三字经》《弟子规》《孝经》《诗经》《论语》，是家中的国学熏陶，是父母的教育，让我懂得了孝的含义，做孝顺的孩子。

再大一些我问妈妈——您和爸爸教了我那么多的道理，要我善良诚实正直，要我勇敢坚韧进取，要我博闻强识有个性，要我宽容乐观有担当，那么，你们第一希望我做到的是什么呢？妈妈让我背《孝经》的第一句话——身体发肤，受之父母，不敢毁伤，孝之始也。妈妈说他们第一希望我健康，我要按时吃早餐，注意个人卫生，锻炼身体，减少生病，不能让父母担心，这就是践行孝道；我过马路要注意安全，让自己远离伤害、远离危险，不能让父母惦记，这就是践行孝道。我们一家人都懂得爱惜自己，努力让自己健健康康的，这就是好家风！

爱惜自己，健康成长，我一定会让父母放心！

《弟子规》中说“身有伤，贻亲忧，德有伤，贻亲羞”。我不但不能让自己的身体受伤，更不会让自己的品行有伤。我们每一个人都代表着自己的父母、家庭。试问，一个让父母蒙羞的的孩子，谈何孝顺？一个劣迹斑斑的孩子，又怎么能彰显家风？因为孝顺，所以我诚信；因为孝顺，所以我善良；因为孝顺，所以我正直；因为孝顺，所以我勇敢。正是因为孝顺，我更知道《论语》中孟懿子问孝，子曰“无违”的深刻内涵。

因为疫情，清明不能回四川老家祭祖。爸爸和我聊了很多家中祖辈的事。我和爸爸都是家中的长子长孙，爸爸常说，我们的一切，不仅仅代表我们自己，还代表我们家族的一代人，我们都有责任光耀门楣。所以为人品行要好，要勤奋努力有成就，还要有责任感有担当。望着写着我们名字的族谱照片，我心潮起伏，我将来也要成为家中的中流砥柱，深感自己的责任重大。古人说“立身行道，扬名于后世，以显父母”，我要有能力，让我的父母、我的家族，因我而骄傲！

我们的祖辈父辈，他们都是普通人。我们的家，也是一个普通的中国家庭。我们家的家训只有两个字——孝顺，但这两个字里面，却有千年的传承，温暖的历史，包含着所有中国人的美德。

当然，我也不仅仅只有一个家，班风优良的班级是我的家，校风纯正的市高中是我的家，文明和谐的盘锦也是我的家，辽宁、东北，巍巍中华，泱泱华夏，更是我们的家。做个品行端正的人，是践行孝道；努力学习，创造价值，有益社会，有益国家，更是在践行孝道！

生为人子，身为集体的一员，作为一个中国人，我懂得：孝顺，始于以赤子之心对待父母；进而要以博爱之心做到老吾老以及人之老；而最终，定要尽自己的全部力量让自己有能力做到荣我家国，胸怀天下！

（作者：李濉廷　盘锦市高级中学　指导教师：谢锦萍）

我和我的茶韵

冯　琳

我是一个茶痴。

儿时外公伴我身边时，大部分记忆中都蕴藏着茶香。外公总是泡茶，年幼时的好奇心令我在旁边不停打探，一次两次，便也成了习惯。但是我却不愿去喝上两口，只因那入嘴的茶水会立刻化为苦涩侵入我的味蕾，令我皱起眉头。外公见此景，总会笑呵呵地笑我，手上泡茶的动作却不会停止。外公娴熟地把茶叶撒进茶壶，此时茶叶如干涸的枯叶静静落在杯底，毫无波澜，当清甜的沸水滚滚而下，倾入茶壶时，茶叶竟如鱼儿般跃起在水面，上下嬉闹，闷泡一会，开盖时候茶肆意腾起，氤氲在碎木香的空气中，流转个不停，我竟从中嗅出一丝甘甜。抬起头对上外公笑眯眯的眼睛："只有练习次数多了，才能从苦中尝出乐来。"彼时，对茶一概不通的"茶痴"，也对茶产生别样的认识。

再长大一点我学习了象棋，总是吵着闹着要和外公对弈，只是技术太过稚嫩，输多赢少，可年少轻狂的我哪会接受。几局输的体无完肤之后心境浮躁起来，看着残留的棋子便恼羞成怒地把棋盘掀翻在地。外公也不恼，只是笑着泡了一杯红茶放到我面前。红茶浓如琥珀，色泽乌润，挂杯持久，香气浓郁，如老者般厚重。茶水滴落，泛起链漪，一口闷下，浓郁的花果香浸满口腔，内蕴的香气高纯，竟也能抚平心头那抹烦躁。

我明白，外公的话语让红茶替他传递："秉节持重，方最可贵。"

从那时起，我渐渐爱上茶的独特魅力。岁月流逝，我也乐在繁重的学业中品茶，每种茶的茶品不同，所带给我的韵味亦有不同，铁观音有“音韵”醇正回甘，岩茶有“岩韵”香气馥郁，普洱茶有“陈韵”温和沉稳，西湖龙井有“雅韵”清冽芬芳，绿茶有“幽韵”沁人肺腑……把生活的波澜收归于一方小小碧水中，成了我的宣泄口感悟口。早在小时候，一盏茶不小心洒在我的人生画布上，书写每一笔所蕴的茶香缭绕不绝。

入口依旧是属于茶叶的清苦，细品，或浓或淡的甘香交织其中。平淡是它的本色，苦涩是它的历程，清香则是它的回馈。茶如人生，虽困难重重，但我只愿甘之如饴，苦中作乐。

我依旧是个茶痴，但此“痴”非彼“痴”，如今我是痴迷于这茶中韵味……

（作者：冯琳 北京市第五十四中学 指导教师：于晓）

为了活着而活着

——读余华《活着》有感

张　琰

幸福的人都是相似的，而不幸的人各有各的不幸。

——题记

人为什么活着？我不止一次地思考，可是却从来没有结果，前几天偶然读到了余华《活着》这本书，我终于找到了答案。人不为什么活着，只是为了活着而活着。或许这种活着是受到祝福万众瞩目的，又或许是不被祝福孤芳自赏的。只是不论如何，人生常态无规矩、无方圆，我们都无可奈何，只能被历史大潮、人生大潮裹挟着不断前行。

在一个夏日的午后，在村头，在福贵闭着的眼睛和不断哽咽的声音中，我知道了这个令人心碎的故事。

死并不是最悲惨的，而活着才是最折磨人的。逝者已矣，生者却要经历无尽的痛苦，茕茕孑立、形影相吊。

福贵是悲惨的。作为有钱人家的少爷，他从小呼风唤雨，受到万千宠爱。甚至每天都有长工背着他不用走路，以至于他什么都没学会，只会吃喝嫖赌、沉迷享乐。而终有一天，他家道中落却发现早已物是人非，自己沦为最悲惨的存在。人都是被逼出来的，福贵也不例外。在这种情况下，他无可奈何，总得生存。于是低声下气地求人，受苦。终于通过他的努力，他总算能生活下去。可是命运就是这么残忍，接下来就是无休无止的悲剧。

他的儿子有庆心地善良，为了救别人的性命，输血血尽而死，而令人心疼的是，他竟然还担心自己的血型不匹配，可他不知道，配对成功之时就是他生命走向尽头之时；他的妻子家珍日夜操劳，最终魂归西天；他的女儿凤霞产后大出血而死；他的女婿万二喜在工地上出事被砸死。在这漫漫长路中，福贵还被抓壮丁打仗，九死一生地回来。在经历了这些后，福贵老了，这么多亲人的相继离去已经让他千疮百孔的心禁不起一点风雨的摧残，他以为这就是结束，他可以和自己的孙子苦根相依为命，即使这样，他也已经很满足了。而我在看到这里的时候，我也以为这就是结束，可是命运就是要把这最后一点的希望都残忍剥夺。最后，苦根死了，而原因竟然是苦根太饿，福贵给孙子煮了一些大豆吃，可怜的孩子就这样吃撑死了！这是多么讽刺，多么可怜，又多么可悲！

最后的最后，只剩下福贵和他的老牛相依为命，在缓缓的叙说声中去感受什么叫做真正的不幸和痛苦……

余华的前期写作充满暴力和血腥，后期转向温情的悲剧。在《活着》这本书里，他解构了福贵作为父亲的形象，所有亲人的离去，特别是凤霞和有庆的离去，本身就解构了他作为父亲的这一角色。这种对父亲形象的解构存在于众多小说中，例如余华的《许三观卖血记》、韩少功的《爸爸爸》、老舍的《月牙》等等。

我并不相信不幸是生命的常态，要坚强等等，也讨厌成功的人对我的说教。谁也不是谁，不能体验别人的痛苦，我只知道当各种痛苦和不幸相继来临的时候，我所能做的只有接受、接受和接受。这并不是我有多么坚强，而是我不得已必须承受的东西。

福贵的故事让我心疼，也让我知道要怎样面对生命中的悲剧，当暴风雨翩然而至的时候，欣然接受或许是对自己、对它最负责的态度，因为我们无法逃脱只能接受……

（作者：张琰 深圳市新安中学（集团）外国语学校教师）

我的奶奶

葛东雷

时光如水，岁月如梭。转眼间奶奶已经去世三周年了，而这三年也是我们国家极不平凡的三年，新冠疫情突如其来，这三年我们见证了太多悲欢离合，但是我们依然坚挺地不断前行。

我的奶奶叫高慧琴，1942年出生在东北农村一户普通农民家庭，奶奶出生在一个战火纷飞的年代，幼年时在炮火声中长大。奶奶共有兄弟姐妹八人，但是因为当时生活条件较差，再加上医疗条件有限，有四个兄弟姐妹不幸夭折了，便只剩下了奶奶和她的姐姐高慧兰，弟弟高文华和高文生。

奶奶从小热爱学习，学习成绩也在班级里名列前茅，但是由于当时重男轻女等传统思想盛行，再加上经济条件有限，四年级时父母就让她辍学在家务农，当时普遍支持男孩子读书，女子读书无用的思想依旧较为严重，家长认为女孩子读几年书，能够认识男女厕所和货币就可以了，奶奶就这样被迫辍学在家务农了。但是她心中仍对读书充满了向往，奶奶多次独自一人到菜地哭泣。后来学校老师主动找到奶奶家中，老师已经向学校申请了免除奶奶的学费，让奶奶到学校重新读书，听到这个消息，奶奶心中欣喜若狂。重新回到学校后，奶奶更加珍惜来之不易的学习机会，一段时间后学校需要每个同学定一本八角钱的教材《农业常识》，奶奶深知自己的家庭情况已经不可能再拿出这笔费用，经过几天的思想斗争，她主动向父母表达了自己愿意辍学的想法，从此奶奶便在家务农，这年奶奶十二岁。奶奶的青少年时期正值新中国刚刚成立，百废待兴，群众劳动热情高涨，都在积极投身社会主义建设，奶奶也在其所在的生产队参加农业劳动，挣取公分，补贴家用。

到了该谈婚论嫁的年纪，此时奶奶的姐姐已经嫁到了辽宁省鞍山市，那个年代农村人普遍有想嫁到城里的愿望，奶奶和爷爷在鞍山经人介绍认识，后来确定了恋爱关系。但由于时代的特殊原因，那时城镇户口可以转为农业户口，而农业户口则不能转为城镇户口，因为奶奶是农业户口，根据当时的政策不能转为城镇户口，就这样爷爷就跟着奶奶来到了农村。爷爷来农村的时候正值秋天，他看到满眼丰收的景象，便决定留了下来，在爷爷去世前，奶奶曾问他有没有后悔跟着她来到农村，爷爷说我从来没有后悔过。就这样他们在东北的农村开始了自己的生活，那时候农村家庭生活条件普遍不好，解决全家人的温饱就是最大的问题，爷爷和奶奶共养育了四个子女，两个儿子，两个女儿。奶奶多年后曾经说过由于经济条件不好，她当年没有读书，所以她特别渴望自己的后代能够通过读书出人头地，读书是那个年代改变命运的唯一方式。

1986年，辽河流域发生特大洪涝灾害，奶奶家所在的村子正坐落在辽河边上的康平县两家子公社下荒小队，家里的一切财产都被无情的洪水冲走了。当我父亲结婚时，爷爷奶奶家搬到了另外一个村子，寄住在学校的教室中。1987年，家中盖了新房子，欠下了几千元的借款。在我的印象中爷爷奶奶常年都在地里忙农活儿，我没上学之前，便跟爷爷奶奶一起到地里，找一处树荫凉自己玩泥巴便是童年的记忆。奶奶是一个爱干净的人，不管干农活儿多累，每天都要给我洗澡，为了能让我晚上睡得更好。

我上学以后，对很多事情才有了一些记忆，奶奶的很多习惯影响了我。其一，奶奶干净整洁。奶奶摆放物品井井有条，更重要的是还能讲出来摆放物品其中的道理，例如外观一致的放在一起，高度一致的要放在一起，这一习惯深深影响了我，我今天生活中的很多习惯都是那时跟奶奶学的。其二，奶奶生活节约。爷爷奶奶一辈子都以务农为生，卖粮食和蔬菜所获得的收入是家里的主要经济来源，在我的印象中，每当夏秋两个季节，爷爷每天4点起床，骑着自行车到10多公里以外的县城早市卖自己所种的蔬菜，卖相不错的豆角、黄瓜、土豆等都拿到了市场上去卖，家里吃的蔬菜基本都是卖相不好或有缺陷的，但奶奶从未有过任何怨言。奶奶在生活上勤俭节约，从不浪费一粒粮食，奶奶曾说："一粒大米就是农民的一滴汗水。"奶奶这句话给我留下了深刻的记忆，至今不敢忘却。其三，奶奶待人真诚。虽然一辈子勤俭节约，并不富裕，但是奶奶对待家人、对待亲人都很真诚，在我童年记忆中，家里面来了客人，奶奶都会热情地留下来家里做客的亲属吃饭，以表待客之礼。爷爷奶奶共有四个儿女，奶奶对儿女家的小孩都不同程度地帮着照看过，而且还在自己力所能及的范围内给予其他帮助。

2018年，这一年奶奶76岁，在我收到中央民族大学博士研究生录取通知书之后，7月2日，我独自一人用轮椅推着奶奶来到了北京，奶奶一生向往北京，向往天安门，这趟北京之旅也是为了满足奶奶多年来的心愿，这是她第一次，也是最后一次来北京。当时奶奶已经患有严重的腰间盘突出，不能长时间行走，所以大部分时间都是我用轮椅推着奶奶。在短短的几天里，先后带奶奶去了天安门、故宫、颐和园、天坛、鸟巢、水立方等景点，每次拍照，奶奶都要求从轮椅上站起来，尽管艰难，也要把最好的状态留在照片中。

2019年秋季，奶奶感到身体不适，经多次到医院检查，确诊为胰腺癌晚期，我得知消息后，立刻赶回家中陪奶奶待了几天，但是当时我还有繁重的学习任务，几天后不得不匆匆赶回学校，只能经常与奶奶通电话。再后来奶奶经常有强烈的疼痛感，已经不愿再接视频电话了，她不想给家人留下她痛苦的表情。后来与奶奶通话，奶奶问我什么时候回来，我说元旦放假就回去，奶奶说："那我等你。"奶奶一生不愿意给别人添麻烦，她不想我因为要回来看她而耽误课程。12月31日，我结束课程后乘坐夜车赶回家中，也就是我回到家中的那天，奶奶走了。

奶奶走后，我总想写点什么怀念她，但是几次想写又不由自主停住笔尖，因为每当想起奶奶，我心中就一阵酸楚。时间过得很快，转眼间奶奶已经去世三周年了，但奶奶留给我的财富是无形的，或许它早已化成了一种精神、一股力量融入到我的血液中了。

（作者：葛东雷）

青春

谢天赐

青春像一年四季中的春天，
青春又像一天中的清晨，
青春的关键词是奋斗和拼搏，
我们不能虚度光阴，耗费青春。

青春就像一盏灯，
照亮前方的路，
每个人的青春都是闪耀的，
我们不做坠落的人，
争取把自己做到最好。

青春就像果子的一生，
我们要努力去开花，
直到结出沉甸甸果实。

（作者：谢天赐 铁岭市求实高中）

遇见“希望”

靳则宏

山西省吕梁市兴县蔡家会镇距离我生活的城市有630余公里，驱车前往大约需要8个小时，如果不是工作原因，我今生可能也没有机会来到这里，也更不会有接下来的故事。

一

在阳光少年报成立7周年之际，我们决定走进最基层的中国，到广袤大地上的乡村中去，把外面多彩的世界通过报纸送给那里的孩子们。

去蔡家会镇要绕过很多座山。这里的山与家乡的山不同，这里多为土山，在过去的老人口中土山是无法种植作物的，所以有土山的地方也就意味着贫穷。

到了镇上，我发现全镇只有一条像样子的柏油路。这是唯一可以容纳两辆汽车并行的路，也是唯一通向山外的路。路两侧，家家户户盖着错落的两三层小楼。村民告诉我们，镇上现在只剩下老人和各个村来镇中心校上学的孩子，眼前的这些楼很多都已经空了，因为很少有年轻人愿意回来。

尽管我们到达的时间是下午5点，可整个镇子却安静的不像话。顺着柏油路走，看见三三两两的老人坐在路边打牌聊天，似乎是在等待着孩子们放学回家。再往前，我们听到了下课铃声和孩子们追逐打闹的声音，顺着找过去便看到了桥另一边的蔡家会镇明德小学，也终于到达了我们此行的目的地。

二

当你只能通过书本了解外面的世界时，你最想去到的地方是哪里？当你已经长至十一二岁却很少能见到爸妈时，你最想和他们说什么？当你长大后拥有了选择的权利时，你又最想做什么……在我见到这群孩子时，出于职业本能，有无数个问题从我脑子里蹦出来。

作为阳光少年公益捐赠活动的首站，我们此行有两个目的，其一与学校建立联系，便于日后定期向学校捐赠报纸，供孩子们阅读；其二是希望通过镜头记录下乡村学校孩子们那质朴且简单的生活与梦想。

正在读三年级的子豪，父母常年在青海工作，在校一日三餐过后回到家就由奶奶照顾。由于子豪的爷爷之前是一名退休干部，所以他了解到的、知道的比同班孩子都多一些，从冬奥会滑雪冠军苏翊鸣，到青海湖的湖水闻起来是什么味道……随你从什么话题开始问起，他都能和你聊上几句。

不过在谈起老师时，子豪的表情瞬间严肃起来，从他的表情不难看出，因为他的活泼调皮估计在老师那儿已经“榜上有名”了。他说老师们平时就住在教室后的窑洞里，我们和老师都是只有周末和节日才会回到自己家，不过我们不喜欢放假，因为回到村儿里，能作伴儿的就只有羊和狗。

课间，隔壁教室五年级的几个小姑娘突然拦住我问：“你们是谁？从哪里来？”我回答：“郑州。”小女孩们说：“应该很远吧？”记得当时我还追问到，你们去过最远的地方是哪里？其中一个女孩想了想说她去过晋城，是去给妈妈看病。

这所只有99个孩子的镇中心小学，每个年级只有一个班，班上人数平均不到20人，而且大部分都是从周边村子里来的，考虑到上学路程较